**Julia Blesken,** 1976 in Berlin geboren, wuchs im Elternhaus und bei der Großmutter auf. Nach dem Abitur studierte sie Geschichte. 2009 eschien ihr Debütroman *Ich bin ein Rudel Wölfe*. 2020 erhielt sie für *Mission Kolomoro* den Kirsten-Boie-Preis der Hamburger Literaturstiftung. Sie lebt mit ihrem Mann und ihren fünf Kindern in Berlin.

JULIA BLESKEN

# HASEN HERZ

Held aus Versehen

Verlag Friedrich Oetinger · Hamburg

1. Auflage

© 2023 Verlag Friedrich Oetinger GmbH

Max-Brauer-Allee 34, 22765 Hamburg

Alle Rechte vorbehalten

© Text: Julia Blesken

© Einband: Felicitas Horstschäfer

Druck und Bindung: GGP Media GmbH,

Karl-Marx-Straße 24,

07381 Pößneck, Deutschland

Printed 2023

ISBN 978-3-7512-0404-0

www.oetinger.de

# Es geht los!

»FRIDI!«

Fridi sitzt auf dem Teppich im Kinderzimmer und hört nichts. Er ist viel zu beschäftigt.

»Der Fuchs kommt aus dem Loch, um den Baum herum und wieder zurück ins Loch«, murmelt er, aber im selben Moment ist das Seil in seinen Händen auch schon vollkommen verknotet, und er hat nicht die leiseste Ahnung, welches Ende man wo durchfädeln muss. *Mist!*

Fridi hält sein altes Springseil in der Hand. Es ist hoffnungslos. Dabei hat er sich mindestens siebzehn Mal auf YouTube angeguckt, wie man so einen Knoten richtig macht. Den Palstek kriegt er nie im Leben hin! Das ist der schwierigste Knoten von allen. Den Webleinstek und den Achter aber garantiert auch nicht. *Vergiss es, Fridi Schulze. Absolut keine Chance!* Es ist ...

»FRIDI!«

... als ob seine Finger immer automatisch was anderes machen.

»Fridolin, das Frühstück ist fertig!«

Seufzend erhebt er sich, trottet in die Küche, lässt sich auf einen Stuhl plumpsen und ...

»WAS IST DAS?«

»Schnurzelchen, das ist Haferbrei«, sagt Mama und lächelt.

Vor Fridi auf dem Tisch steht eine Schüssel mit ... *Ja, so genau ist das eigentlich nicht zu erkennen. Es ist grau und schleimig. Sieht fast ein bisschen aus wie ... wie Kotze.* Sofort überkommt ihn ein Gefühl größter Übelkeit. Seine Kehle wird ganz trocken, die Zunge klebt im Mund wie Esspapier.

»Iss doch, mein Hase!« Mama steht in einem dottergelben Pullover am Herd und wirft ihm einen aufmunternden Blick zu.

Fridi starrt auf den Haferbrei. Er sitzt ganz steif da. Wie ein paralysiertes Kaninchen. Ihm ist heiß und kalt gleichzeitig. Klarer Fall von Schockstarre. Die kann durch alles Mögliche ausgelöst werden, wenn ihn ein Lehrer ausschimpft, zum Beispiel, weil er sein Bonbonpapier einfach auf der Treppe hat fallen lassen, obwohl er versucht hat, es ganz heimlich und unauffällig zu Boden gleiten zu lassen, oder wenn einer ankommt und was Blödes zu ihm sagt, *Stinkmorchel* oder *Mistmade* oder *Pupskopf.* Oder durch Haferbrei, der aussieht wie Kotze.

»Haferbrei ist sehr gesund.« Mama strubbelt Fridi durch die Haare. Die stehen sofort in alle Richtungen ab, wie elektrisch.

Seine Haare, das ist sowieso ein Thema für sich.

Er lässt sie grad wachsen. Aber so eine coole Frisur geht bei ihm nicht. Das Blöde ist nämlich, dass seine Haare nicht nur sehr hell, sondern auch ziemlich dünn sind. Sie hängen an den Seiten runter wie Strippen, und wenn er rennt, flattern sie im Wind. Zum Glück kleben sie an der Kopfhaut fest und können nicht wegfliegen.

Die Sache ist die: Er braucht seine Haare zur Tarnung. Fridi hat nämlich leider auch ziemlich abstehende Ohren, richtige Segelohren, und immer, wenn ihm etwas unangenehm ist, was ziemlich oft vorkommt, dann färben sie sich knallrot und beginnen an den Rändern mordsmäßig zu glühen, und das sieht so außerirdisch aus, dass alle anfangen zu lachen und so Sachen rufen wie: »Ey, deine Segel brennen!« Früher hat er seine Ohren probehalber mal mit Tesakrepp am Kopf festgeklebt, hat aber nicht so gut gehalten.

Es ist natürlich ziemliches Pech, dass er abstehende Ohren und dann noch solche Haare abgekriegt hat, weil: Alles, was auffällt, ist riskant. Es ist besser, ungefähr so unauffällig wie ein Borkenkäfer zu sein, der sitzt auf der Rinde eines Baumes, unsichtbar, du siehst ihn nicht. So fühlt sich der Borkenkäfer am wohlsten. *Ich mich auch.*

Fridi sitzt da und starrt auf den Haferbrei.

»Du brauchst doch Kraft für die Fahrt«, sagt seine Mama und streicht ihm über die Wange.

Fridi zuckt zusammen. *Oh, mein Gott!* Heute geht es los. Er hat sich so lange davor gefürchtet, und jetzt ist es so weit. Im Flur steht schon sein Rucksack, ein riesiger Rucksack. Fridi hasst den Rucksack. Er hasst auch die Pfadfinder und das Wandern und überhaupt diese ganze blöde Fahrt. Dass er die Sache mit den Knoten nicht hinkriegt, ist sowieso schon klar. Knoten, die hasst er auch. Sollte er aber können, denn am letzten Abend findet so eine Prüfung statt: das große Ankerkreuz. Da geht man in kleinen Gruppen von Station zu Station und muss Aufgaben lösen: Knoten binden, ein Feuer mit möglichst wenig Streichhölzern entzünden, zu zweit eine Kothe aufbauen, das ist so was wie ein Zelt aus vier großen Stoffbahnen, die man aneinanderknüpfen muss, einen Flicken aufnähen und ein Lied singen.

*Echt, ein Lied! Ich kann überhaupt nicht singen. Das Schlimmste ist aber, dass alle um einen rumstehen, wäh-*

**7**

rend man diese Dinge tut, die man noch nie in seinem Leben getan hat, denn, mal ehrlich, wann versucht man schon mal ein Feuer mit Streichhölzern in Gang zu bringen oder einen superfesten Knoten zu machen oder einen Flicken aufzunähen? Und wann, verdammt noch mal, singt man bitte schön ein Lied?

Während Fridi auf den Haferbrei starrt, fallen ihm noch mehr Dinge ein, die er hasst.

In seiner Pfadfinder-Horte, da ist zum Beispiel so ein Junge namens Knall. Ist natürlich nur sein Spitzname, klar. Aber der hat auch echt einen Knall, und was für einen. Einmal hat der ihm eine Kröte in den Schlafsack gesteckt. Das muss man sich mal vorstellen. Hat schon mal einer eine Kröte angefasst? Das ist eklig! Also, angefasst hat Fridi die natürlich nicht, er hat nur den Schlafsack aufgemacht, und da ist sie zum Glück von ganz alleine rausgehüpft.

Und plötzlich fällt ihm auch noch das Allerschrecklichste ein: Auf der Fahrt kriegt jeder einen Spitznamen. Für ihn gibt es da, klar, eine ganze Menge möglicher Namen: Tomatenohr. Segelschiff. Feuermelder ... Seine Ohren fühlen sich schon ganz heiß an.

Das Einzige, was vielleicht noch furchtbarer ist, als auf Fahrt zu gehen, ist zu haiken. Da wandert man mit seinem Gepäck einfach drauflos. Gekocht wird überm Feuer, geschlafen in der Kothe, und du weißt nicht, wo du ankommst ...

»Jetzt iss doch endlich«, sagt Mama und nickt mit dem Kopf in Richtung Brei.

Oh Mann, da kann man sich gar nicht entscheiden, was grad am schlimmsten ist. Sogar das Kaninchen hat sich wieder verkrochen und wartet erst mal ab. Das Kaninchen ist eigentlich immer irgendwo in ihm drin, es kann sich ganz klein machen, und manchmal vergisst er es sogar, aber wenn die Angst besonders schlimm ist, BÄM, springt es hervor! Dann kann Fridi nichts mehr machen. Dieser Schockzustand dauert manchmal nur ein paar Sekunden und manchmal eine Ewigkeit, *also gefühlt*.

Der Haferbrei riecht komisch, irgendwie muffig. Und dieser Geruch, das spürt Fridi ganz genau, lockt das Kaninchen hervor. *So eine Mischung aus geronnener Milch, Spülschwamm und Staubsaugerbeutel.*

In dem Moment, als er seiner Mama gerade sagen will, dass er den Brei hier unmöglich essen kann, kommt sein Papa in die Küche und setzt sich ihm gegenüber. Er ist richtig aufgekratzt und trommelt mit den Fäusten auf den Tisch. Seine rotblonden Haarsträhnen wippen. Ansonsten hat Papa nicht mehr so viele Haare, also, hinten zum Beispiel und an den Seiten. Deshalb ist er auch sehr stolz auf seine neueste Errungenschaft, *Streuhaare*. Die sind in einer kleinen runden Dose, die aussieht wie für Gewürze, nur dass eben nicht Gewürze drin sind, sondern Haare, keine echten natürlich. Sondern künstliche. Die schüttet sich sein Papa jetzt voller Begeisterung über den Kopf, damit niemand sieht, dass er eigentlich eine Glatze hat, also fast.

*So oder so: Ich würde mal sagen, Papas Frisur ist noch außerirdischer als meine!*

Ein Glück, dass er nicht noch so einen Westernhut aufsetzt, weil sein Papa liebt Western. *Ich mein, das wär echt oberpeinlich!*

»Heute geht es los, mein Junge.« Papa rüttelt ihn an der Schulter. Er freut sich, dass sein Sohn heute auf Fahrt geht.

Das ist deutlich zu sehen. Papa war früher auch mal Pfadfinder, und das war die schönste Zeit seines Lebens, sagt er.

»Das wird top! Den ganzen Tag wandern«, schwärmt Papa. »Den ganzen Tag an der frischen Luft und in der Natur!« Er trommelt so doll auf den Tisch, dass der Breilöffel kleine Hüpfer macht. »Zelten, ein Traum!«

Fridi schluckt. Den ganzen Tag wandern! Natur und frische Luft! Zelten! Was für ein Albtraum! Da würde er ja schon lieber mit seiner Mama zum Friedhof gehen und seiner Oma Chrysanthemen aufs Grab pflanzen.

»Fridi, ich pack dir noch das Nähzeug ein«, sagt Mama. Fridi geht im Kopf blitzschnell die Packliste durch. Auf der Packliste steht, was sie alles mitnehmen dürfen, und nur das, wirklich nur das, darf in den Rucksack rein. Fridi hat die Liste so oft angestarrt, dass er sie schon auswendig kennt.

*Punkt zwölf: Nähzeug, okay!*

*Ist natürlich alles andere als okay! Erstens kann ich nicht nähen, und zweitens komm ich mir dabei, na ja, auch irgendwie blöde vor.*

*Warum kann ich nicht einfach zu Hause bleiben? Ich würde viel lieber drei Tage in meinem Zimmer verbringen, als auf Fahrt zu gehen. Ich mag mein Zimmer. Mama hat es gelb gestrichen, und wir haben ganz viele Fotos an die Wand geklebt, lauter Erinnerungen an Sachen, die ich mal gut fand, zum Beispiel meine früheren Lieblings-Pokémons, Pikachu, Reitschu, Evoli und Glurak (also eigentlich mag ich die immer noch).*

Fridi stochert ein bisschen im Haferbrei herum. *Wie Kotze, ehrlich!*

Da klingelt das Telefon. »Alle leise!«, ruft Papa. Er springt vom Stuhl, wirft einen schnellen Blick in den Spiegel, *alles top!*, schiebt sich mit einer Hand die Haare zurecht und lächelt. Dann öffnet er schwungvoll die Tür zur Kabine.

Die Kabine steht mitten in der Küche wie eine Raumkapsel. Sie ist nur sehr klein, gerade mal ein Minischreibtisch und ein Stuhl passen rein, es ist wahnsinnig eng da drin, aber wenn man mit irgendjemandem einen Videoanruf macht, sieht es aus wie ein echtes Büro. Papa hat die Rückwand der Kabine mit einem riesigen Bürofoto tapeziert. Da ist ein Fenster drauf mit einem kleinen Blumentopf davor und als Aussicht der Fernsehturm. Jeden Morgen Punkt sieben Uhr dreißig verabschiedet Papa sich, zieht seine Schuhe und die graue Blousonjacke an, sagt: »Ich geh ins Büro«, und verschwindet in der Kapsel.

Mama wollte früher mal Gärten mit ganz vielen Blumen anlegen, doch dann kam Papa dazwischen und Fridi gleich hinterher, und es wurde nichts draus. Jetzt hilft sie Papa bei der Buchführung, und manchmal geht sie auch ans Telefon wie eine *echte* Sekretärin. Sie darf nur nicht wieder vergessen, die Tür der Kapsel zuzumachen, das hat sie nämlich einmal, und da hat der Anrufer gefragt, was mit dem Fernsehturm los ist, weil der ja in der Mitte eine Kugel hat, und da war jetzt ein Loch, und man guckte genau auf Schulzes Küchentisch mit dem schmutzigen Frühstücksgeschirr. »Wird gerade umgebaut«, hatte Mama nur gesagt. Papa war das natürlich *sehr* peinlich!

Jetzt hört man, wie er sich räuspert: »Guten Tag, Versicherungsbüro Reiko Schulze am Apparat, was kann ich für Sie tun?«

Leider sind die Wände der Kapsel nur sehr dünn, weil sie

aus Pappe sind, und man versteht jedes Wort. Mama und Fridi müssen ganz still dasitzen. Obwohl am Telefon, das hört man genau, nur der Klempner dran ist, weil das Klo schon seit Ewigkeiten Verstopfung hat.

»Muss dein Büro ausgerechnet in unserer Küche stehen?«, fragt Mama wieder mal genervt, als Papa aus der Kapsel kommt.

Papa macht ein wichtiges Gesicht: *»Give all for your business.«* Das ist sein Lieblingsspruch und heißt so viel wie: Gib alles für dein Geschäft.

Papa hat im Sommer einen Kurs in Business-Englisch belegt, den Rest hat er sich selbst beigebracht. Seitdem Papa den Menschen auf eigene Faust Versicherungen verkauft, sitzt er den ganzen Tag in der Kapsel und wartet darauf, dass ihn jemand anruft. Das klappt nur so semi, also besonders viele Leute rufen ihn, um ehrlich zu sein, jetzt nicht an. Aber Papa gibt die Hoffnung nicht auf. »Abwarten, man muss nur bereit sein für den richtigen Moment«, sagt Papa, und dann: *»When the luck flies over you, take it!«*

Das ist sein Motto und heißt so viel wie: »Wenn das Glück an dir vorbeifliegt, greif zu!«

Nur, dass es bis jetzt eben noch nicht an ihm vorbeigeflogen ist ...

»Die Margarine!« Mama schlägt sich an die Stirn.

*Margarine, geht klar. Knall bringt Marmelade mit. Brett Honig. Ich Margarine.*

Plötzlich fällt Papa ein, dass sie auf Fahrt nachts mal einem die Füße mit Margarine eingerieben und mit zerriebenen Hundeleckerlis paniert haben, am nächsten Morgen hingen dann ganz viele Nacktschnecken an seinen Füßen dran. »Überall klebten die Dinger!« Er klopft sich auf die Schenkel vor Lachen. »Oh Mann, wie viel Spaß wir damals hatten!«

*Also, wie Spaß hört sich das für mich jetzt nicht unbedingt an. Mehr wie: Hell on earth, was so viel heißt wie: Hölle auf Erden!* Sofort fällt Fridi eine Kröte in einem gewissen Schlafsack ein, und auf einmal fühlt er sich ganz schlapp, vielleicht ist er ja krank, wenn man krank ist, kann man unmöglich auf Fahrt gehen. »Ich glaub, ich bin krank«, piepst Fridi.

Seine Mama legt ihm die Hand auf die Stirn.

»Ach, Quatsch! Der Junge ist kerngesund!« Papa lacht.

»Aber du solltest jetzt wirklich etwas essen.« Mama sieht Fridi besorgt an.

Oben auf dem Brei hat sich eine dicke, schleimige Haut gebildet. Er kann diesen Schleimbrei nicht essen, niemals. Lieber fällt er auf der Stelle tot um, tot ist noch besser als krank. Wenn man tot ist, kann man definitiv keinen Haferbrei essen. Und man kann definitiv auch nicht auf Fahrt gehen.

»FRIDOLIN, DU ISST JETZT SOFORT DIESEN BREI!« Sein Papa klopft ungeduldig mit der Hand auf den Tisch.

Da traut man sich gar nicht, tot zu sein.

»Was meinst du, was wir auf Fahrt alles gegessen haben, da dreht sich dir der Magen um.« Papa grinst.

Fridi spürt, wie sein Magen sich jetzt schon umdreht. *Das Zeug sieht aus, als hätte es schon mal jemand gegessen, also echt wie ... Lieber nicht dran denken.* Er sitzt mit aufgerissenen Augen da und starrt auf den Brei. Es dauert nicht mehr lange, und das Kaninchen springt hervor. Nie kriegt er so was runter. *Lieber würde ich mir jedes Haar einzeln ausrupfen und mit dem Hammer auf beide Daumen hauen ... Ich muss den Brei irgendwie verschwinden lassen, nur wohin damit, ist die Frage?*

»Hast du deinen Ausweis?«, fragt Mama, und genau in dem Moment kommt Fridi die Idee!

Ganz langsam macht er die blaue Bauchtasche auf. *Sipp.* Ganz langsam holt er den Ausweis und die Krankenkassenkarte heraus und legt sie neben sich auf die Küchenbank. Ganz langsam streckt er seine Hand aus, und langsam, ganz langsam schiebt er den Löffel in den Haferbrei, lädt sich eine volle Fuhre auf, zieht ihn aus der klebrigen Masse, hebt ihn zum Mund und macht, kurz bevor der Löffel seine Lippen berührt, eine scharfe Biege nach unten. Mit einem Schwung kippt er den Haferbrei in die Bauchtasche. *Klatsch!*

Fridi schielt zu seinem Papa rüber. Sein Blick ist weit weg, wahrscheinlich denkt er gerade an all den Spaß, den er damals hatte.

Vorsichtig streckt Fridi seine Hand noch einmal aus. Diesmal lädt er den Löffel so richtig voll, führt ihn in Richtung Mund, biegt ab und, *schwupps,* in die Bauchtasche damit. Der dritte Löffel gleitet schon fast von ganz allein da hin. *Sipp.* Bauchtasche zu, fertig! Jetzt kann man nur hoffen, dass die Tasche wirklich wasserdicht ist, wie der Typ in dem Outdoor-Laden behauptet hat, sonst hat er ein echtes Problem.

Fridi wirft einen erleichterten Blick in die Schüssel, die tatsächlich schon viel leerer aussieht.

»JETZT GEHT'S LOS!«, sagt Papa und schiebt den Stuhl mit einem entschlossenen Schwung zurück. Seine Stimme ist voll freudiger Erregung, so als ob er selbst gleich auf Fahrt gehen würde.

Fridi guckt seine Mama an. Sie muss doch spüren, dass ihr

Sohn lieber hier in seinem gemütlichen Zimmer bleiben will, als auf Fahrt zu gehen.

Da macht seine Mama den Mund auf, aber, Fridi sieht wohl nicht richtig, nur, um sich da eine Blüte, *Hallo? Eine Blüte!*, reinzustecken. Sie kaut und kaut und macht ein Gesicht, als würde sie gerade auf so was wie einem Center Shock mit Colageschmack herumbeißen.

»Komm schon!«, ruft Papa und winkt ihm ungeduldig zu.

Fridi schluckt. In Zeitlupe erhebt er sich. In Zeitlupe geht er in den Flur. In Zeitlupe zieht er seine schweren Wanderschuhe an. Das ist nicht so einfach, weil am linken Fuß sein dritter Zeh so komisch absteht. Der ist irgendwie immer im Weg. Als Papa ihm den Rucksack aufsetzt, sackt Fridi gleich ein bisschen zusammen. »Keine Muckis.« Papa schüttelt bekümmert den Kopf. Er mustert ihn. »Und deine Haare!«, stöhnt er. »Die müssen dringend mal geschnitten werden!«

Fridi setzt sich lieber schnell das Käppi auf. *Fehlte noch, dass Papa mir jetzt die Haare schneidet, dass man meine Ohren vielleicht noch besser sieht? Die längsten Ohren hat laut Guinness-Buch übrigens ein englisches Widderkaninchen namens Nipper's Geronimo. Seine Löffel sind ganze 79 Zentimeter lang. Das ist mehr als ein Drittel seiner Gesamtkörperlänge. Na gut, soo lang sind meine Ohren jetzt nicht, aber kommt fast hin!*

»Ich pack noch die Pflaster ein«, ruft Mama. »Und fünf Euro.«

*Pflaster?* Blitzschnell scannt Fridi die Packliste vor seinem inneren Auge. *Abgehakt! Und fünf Euro Taschengeld, Punkt sieben auf der Packliste, auch in Ordnung.*

Papa wirft noch einen Blick in den Spiegel, *top!*, und schon geht's los! Nein, nicht ganz, da ist noch was. Papa sieht Mama an. »Ach, und Sigune, würdest du bitte diesen grellen Pullover ausziehen, da kann ich mich bei der Büroarbeit sonst gar nicht konzentrieren«, jammert er.

»Sag mal, spinnst du?«, faucht Mama. »Konzentrieren, wobei denn? Besonders viel hast du ja nicht zu tun.«

Mama sieht Papa böse an. *So richtig böse.* Und plötzlich schießt Fridi der Gedanke durch den Kopf, dass seine Mama sich von seinem Papa trennen könnte. *Ich mein, viele Eltern trennen sich. Das ist jetzt gar nicht so ungewöhnlich.*

Mama drückt Fridi an sich. Es knistert ein bisschen, und er kriegt einen kleinen Schlag. Das kommt eindeutig vom dottergelben Pullover. Der ist irgendwie elektrisch. »Tschüss, mein Hase! Und zieh dich immer schön warm an«, ruft Mama. »Ich hab dir auch noch deinen Schlafanzug eingesteckt.«

*Meinen Schlafanzug ... MEINEN SCHLAFANZUG!*

*Der steht nicht auf der Packliste, ganz klar. Ein Schlafanzug ist was für Weicheier und Windelfurzer, für Lappen. Und so was gibt's bei den Pfadfindern natürlich nicht.*

Das Ding muss da wieder raus. Und zwar sofort! Er dreht sich um und will in die Wohnung zurück stürzen, doch sein Papa hält ihn am Arm fest und zieht ihn, *falsche Richtung, da geht's lang,* einfach mit sich.

Fridis Beine sind ganz wackelig, als er mit seinem Riesenrucksack Stufe für Stufe die Treppe runtersteigt. Die ganze Zeit denkt er nur an den Schlafanzug, weil ... *Das ... das ist jetzt auch nicht irgendeiner, sondern na ja ...*

Papa klickt schon ungeduldig den silbernen Audi auf. Fridi legt den Rucksack auf die Rückbank und quetscht sich daneben.

Plötzlich dreht Papa sich noch mal um und hält Fridi ein riesiges Messer mit einer ziemlich langen, glänzenden Klinge entgegen: »Für dich!«

Fridi zuckt zurück.

»Ein Fahrtenmesser«, haucht Papa. »So eins hab ich mir immer gewünscht!« Er guckt das Messer einen Moment zärtlich an, dann schiebt er es wieder in die lederne Hülle und überreicht es ihm feierlich.

»Danke.« Ein dicker Kloß sitzt in Fridis Hals. *Messer sind,* er schluckt, *so überhaupt nicht mein Ding.* Zögernd streckt er die Hand aus und greift zu.

»DAS IST EIN MESSER!« Papa strahlt.

Er schiebt eine CD in den Player, seine Finger wippen im Takt der Musik.

*On the road again*
*can't wait to get on the road again*
fliegt eine leichte Stimme durch das Auto. Fridis ganzer Körper vibriert.

Papa dreht gleich ein bisschen lauter. »Super Song!« Er lässt das Fenster runter. Seine Haarsträhnen flattern im Wind. Fridi fragt sich, warum der, der da singt, so scharf drauf ist, wieder unterwegs zu sein, aber eigentlich ist es ihm auch völlig egal, denn eins steht fest: Er, Fridi, würde jetzt viel lieber zuhause sein als in diesem Auto auf dem Weg in den Albtraum seines Lebens. Er würde so ziemlich überall lieber sein ...

*Der Schlafanzug!* Ihm ist heiß und kalt gleichzeitig. Sein Hirn hämmert im Takt der Musik. *Ich muss das Ding schleunigst loswerden, aber wie, ohne dass Papa was merkt?* Es bleibt auch nicht mehr viel Zeit, gleich sind sie da. *Ist die Not*

**17**

*am größten, ist Gott am nächsten,* hat Oma mal gesagt. Und da, ganz plötzlich, bleibt Papa einfach stehen.

Er dreht sich zu Fridi um. »Los, du steigst schon hier aus, da hinten kriege ich keinen Parkplatz«, meint er nervös.

*Gott hat mich erhört!*

Papa guckt immer wieder in den Rückspiegel und kommt so ins Schwitzen, dass ihm lauter platinblonde Härchen auf der Stirn kleben. *Klar, Schweiß ist Gift für Streuhaare!*

»Hast du das Messer?«, fragt Papa heiser. Fridi nickt. »Dann los!« Papa macht eine eilige Handbewegung.

Schon ist Fridi ausgestiegen, den Rucksack wuchtet er hinter sich her und schmeißt die Autotür zu. Papa knufft Fridi gegen die Schulter. »Und lass dir nichts gefallen, mein Junge!« Der Motor gibt schmerzvolle Töne von sich. »See you later, Alligator!« Und schon braust er los.

Da steht er, Fridi Schulze, mit seinem Riesenrucksack, in dem der absolut peinlichste Schlafanzug auf Erden steckt, und guckt dem silbernen Auto hinterher. Am liebsten will er schreien: *Nimm mich wieder mit.* Aber aus seiner Kehle kommt kein Ton.

# Irgendwo im Nirgendwo

*Eine Stunde später*

Fridi trottet langsam, mit gesenktem Blick die Straße runter. Er hält sich immer dicht am Bordstein, damit er mit seinem Riesenrucksack niemanden anrempelt. Seine Schultern schmerzen, die Wanderschuhe drücken, und er hat keine Ahnung, wo er gerade ist.

Aber das ist eigentlich auch gar nicht wichtig. Wichtig ist, dass er es echt gemacht hat! Er hat die Fahrt einfach geschmissen! Nicht mit Absicht, ist ja klar, es war, sagen wir mal, eine Verkettung unglücklicher Umstände ... *An der ich, zugegebenermaßen, nicht ganz unschuldig bin.*

Jedenfalls sind die Pfadfinder jetzt gerade auf dem Weg in den Harz, und er ist nicht dabei. Ein bisschen ist Fridi deshalb erleichtert, nein, halt, stopp: Er ist sogar sehr erleichtert, aber in die Erleichterung mischt sich gleich sein schlechtes Gewissen und, klar, die Angst. Denn eins steht fest: nach Hause geht nicht. Er hat absolut keinen Plan, was er jetzt machen soll und wie er die nächsten drei Tage übersteht. Plötzlich fällt ihm was ein: die Survival-Regeln. Die hat er im Internet gelesen. Die Regeln sollen einem helfen, in Notsituationen zu überleben. Regeln sind gut, an Regeln kann man sich halten.

**SURVIVAL-REGEL NUMMER EINS:**
**Bleib ruhig und kriege nicht die Panik, sonst hast du schon verloren.**

*Okay, okay, okay, ich **versuche**, ruhig zu bleiben, auch wenn das in Anbetracht der Lage ziemlich schwierig ist, ich mein, es ist gar nicht so leicht, ruhig zu bleiben, wenn man grade was Superschlimmes gemacht hat und ... egal, komm schon Fridi, RUHIG BLEIBEN, tief durchatmen.*

**SURVIVAL-REGEL NUMMER ZWEI:**
**Sei gut vorbereitet, geh nie unvorbereitet los.**

*Also, unvorbereitet bin ich wenigstens nicht. Schließlich schleppe ich einen Riesenrucksack mit mir rum, in dem ist eine Menge drin, was man braucht, um in der Natur zu überleben. Einziges Problem: Ich bin nicht in der Natur, sondern in der Stadt, egal, zumindest bin ich vorbereitet (was immer das heißt) ...*

**SURVIVAL-REGEL NUMMER DREI:**
**Du kannst schaffen: drei Wochen ohne Nahrung, drei Tage ohne Trinken, drei Stunden ohne Unterschlupf, drei Minuten ohne Sauerstoff.**

*Ich brauche die nächsten drei Tage also nicht unbedingt was zu essen und was zu trinken, das ist schon mal beruhigend. Sauerstoff ist nicht das Problem, ich bin ja nicht im Meer gelandet oder verschüttet oder so. Bleibt nur ein Punkt, der schwierig werden könnte: ein Platz für die Nacht! Wahrscheinlich hab ich etwas mehr Zeit als drei Stunden, ich hab mich schließlich nicht in den Bergen verirrt, wo sich das Wetter von einer Sekunde zur nächsten ändert, also vielleicht so ungefähr, bis es dunkel wird, aber bis dahin muss ich dringend einen Unterschlupf gefunden haben! Sonst ... Denk nach, Fridi!*

Durch seinen Kopf schießen alle Gedanken gleichzeitig:

*Ein Hausflur, das Blöde ist nur, dass es da ziemlich zieht und jeder rein und raus kann, vielleicht ein Dachboden, quatsch, die meisten Dachböden sind abgeschlossen, genauso wie die Keller, und wer will schon in einem dunklen, feuchten Keller schlafen? Okay, wie wär's damit: Ich könnte mich im Naturkundemuseum einschließen lassen, da ist es warm, aber, also die ausgestopften Tiere sind schon gruselig, und da gibt es garantiert auch Kameras, weiter, der Park wär eine Möglichkeit, ja, eine Bank im Park ... bloß was, wenn da nachts jemand vorbeikommt, der mich ausraubt, ein Obdachloser oder so ... außerdem gibt's da vielleicht auch Ratten, nee, ganz sicher sogar ...*

Fridi schüttelt sich. Zum Glück hat er ja noch ein bisschen Zeit, bis die Sonne untergeht. So lange kann er ja einfach durch die Gegend laufen.

Natürlich ist es ziemlich gefährlich, einfach so durch die Straßen zu laufen, vor allem, weil er gleich wieder in seinem Viertel angekommen ist. Irgendwie haben seine Beine ihn von ganz alleine da hingetragen. Das ist blöd, weil sein Papa manchmal das Talent hat, in den unmöglichsten Situationen plötzlich irgendwo aufzutauchen. Neulich hat Fridi Jennifer Klar auf dem Parkplatz vom Supermarkt getroffen, und er hat sich gerade überlegt, dass er ihr ja vielleicht einen Kaugummi anbieten könnte, *Hubba Bubba*, den er für genau diesen Fall immer in der Tasche hat. Er hat sich also gerade überlegt, wie er das möglichst locker rüberbringen kann, das erste Wort lag schon so gut wie auf der Zunge, nach kurzem Zögern hatte er sich für *Hallo* entschieden, also räusperte er sich, checkte nur noch mal schnell seine Ohren, alles war gut, da stand sein Papa auf einmal hinter ihm, und Fridi hat absolut keinen Ton mehr rausgekriegt, das *Hallo* klebte auf der plötzlich staubtrockenen Zunge, er schluckte, hustete, schluckte, doch es steckte fest, so hartnäckig wie ein Krümel im Hals. Im selben Moment schoss ihm auch schon das Blut in die Ohren, und klar: paralysiertes Kaninchen, totale Katastrophe.

In solchen Momenten würde Fridi seine Angst am liebsten eintauschen: gegen Wutanfälle oder Lachkrämpfe in den unmöglichsten Situationen zum Beispiel. Alles ist besser als das Kaninchen. *Geht natürlich nicht, klar.*

Fridi biegt um die Ecke. Er muss *echt* aufpassen! Nicht dass er noch seiner Mama in die Arme rennt. Die ist in letzter Zeit sowieso ständig unterwegs. Und plötzlich fragt sich Fridi: *Was ist, wenn Mama irgendwann einfach gar nicht mehr wieder kommt?* So wie Frau Pistorius, die ist auch weggegangen und nie wieder zurückgekommen. Dabei war Frau Pistorius sehr nett, sie hat Danny immer Schrippe mit Duplo mit in die Schule gegeben, und einmal hat sie beim Schulfest Saft ausgeschenkt. Und wenn Frau Pistorius Danny und ihren Mann einfach dagelassen hat, könnte es ja sein, dass seine Mama das auch macht. *Ich mein, so böse, wie sie Papa vorhin angeguckt hat.*

Plötzlich wird der Himmel ganz dunkel. *Na toll, jetzt fängt es bestimmt auch noch an zu regnen!*

Auf einmal fallen ihm Papas Streuhaare ein, die schwimmen bei Regen bestimmt weg, und er muss kichern. Aber er hört gleich wieder damit auf, weil lustig ist das Ganze ja nun wirklich nicht. Nein, er, Fridi Schulze, hat ein echtes Riesenproblem! So sieht es mal aus.

Sein Blick fällt auf eine gelbe Jelly Bean im Rinnstein, ihm fallen manchmal solche kleinen Sachen auf.

*Ich sehe*

*eine gelbe Jelly Bean*

*etwas Moos in einer Ritze zwischen zwei Pflastersteinen*

*ein ...*

»Hoppla!«

# Kaugummi-Operation
# mit Komplikationen

Fridi hebt den Kopf.

Da steht sie, Jennifer Klar, vor dem roten Dreischachter an der bröckeligen Hauswand. Also, wenn man jemanden vor dem Süßigkeitenautomaten trifft, dann natürlich Jennifer, klar! Die Dinger ziehen sie einfach magisch an.

Sie steht im ersten hellen Lichtfleck dieses Tages, weil die Sonne beschlossen hat, ganz plötzlich hinter den Wolken hervorzukriechen, und ihr Haar schimmert golden, *ehrlich wahr!*

Fridis Herz macht einen kleinen Hüpfer. Seine Ohren werden gleich ein bisschen warm und bestimmt auch rot, aber er versucht, sich sofort zu beruhigen, wahrscheinlich sieht man die Ohren durch die Haare gar nicht durch, und er hat ja auch noch das Käppi auf. Also *alles okay.*

Jennifer hat ihre Glitzerbauchtasche heute so schräg über der Schulter, *ziemlich cool!* Sie trägt einen türkisen, flauschigen Pullover mit einem winzigen Loch am Ellenbogen. Und sie hat ihren Katzen-Haarreif auf, der ist schwarz und hat kleine dreieckige Katzenohren rechts und links mit so Spitze drum herum. In ihrer Jeans sind ziemlich viele Löcher und Risse, und Fridi ist sich jetzt nicht sicher, ob die mit Absicht drin sind oder aus Versehen.

»Wolltest du nicht mit den ... wie heißen die gleich noch mal ... weg?« Jennifer sieht ihn forschend an.

Fridi schluckt. »Pfadfinder«, murmelt er und spürt, wie seine Ohren unter dem Käppi gleich warm werden, aber Jennifer ist mit ihren Gedanken schon wieder ganz woanders.

»Die Wunderschnuller sind leider alle.« Sie zeigt auf das leere Fach in der Mitte des Dreischachters. »Na ja, ich hab eh kein Geld«, meint sie und nagt ein bisschen an ihrer Unterlippe. »Mama wollte mir heute Morgen was geben, sie hat stundenlang in ihrer Handtasche gekramt, aber viel war da nicht drin, und sie brauchte noch Zigaretten ...«

Fridi weiß nicht so richtig, was er sagen soll. *Vielleicht, dass Rauchen ziemlich ungesund ist.*

Plötzlich schreit Jennifer auf.

»Mensch, guck mal, da unten!« Sie deutet mit dem Finger auf einen vergitterten Schacht am Boden.

Mit Jennifer ist das wie bei einem Feuerwerk, alles glitzert und sprüht und funkelt und knistert gleichzeitig, und man weiß gar nicht, wo man zuerst hingucken soll. Das macht ihn manchmal ein bisschen nervös, er ist eher so der Typ für nacheinander. Wenn er eine Rakete anzündet, sieht er zu, wie sie durch den Himmel schießt, so lange, bis sie im Nichts verglüht. Manchmal würde er auch gerne im Nichts verglühen.

*Irgendwann würde ich dann auch gerne wiederauftauchen, klar, aber eine Zeit lang unsichtbar zu sein, würde mir nichts ausmachen.*

Aufgeregt zieht Jennifer Klar an seinem Rucksackriemen. »Guck doch mal!«

Fridi lässt den schweren Rucksack zu Boden gleiten und hockt sich neben sie. Jennifers türkisfarbener Pullover kitzelt ihn am Knie. Er schiebt seinen Kopf dicht über das Gitter. *Ja, eindeutig, Jennifer hat recht, da unten ist was!*

Neben dem Papier eines Schokoriegels, einer alten Brottüte und welken Blättern, liegt etwas rundes Glänzendes ...

»Zwei Euro!« Jennifer beißt auf ihrem Daumennagel herum. »Nur, wie wir sie da rauskriegen, ist die Frage.« Sie reißt ein kleines Stück vom Fingernagel ab und, Fridi sieht wohl nicht richtig, schluckt es runter.

»Auf Fingernägeln herumbeißen ist ziemlich gefährlich, weil sich unter den Nägeln Bazillen sammeln, und davon kann man Würmer bekommen, und die kleinen Nagelstückchen können im Magen stecken bleiben und tierische Bauchschmerzen machen«, stottert Fridi.

Jennifer guckt ihn interessiert an. »Ach, echt?«

Fridi nickt. Das weiß er von Oma. Die war Gesundheitsexpertin. Sie hörte den Menschen gerne zu, wenn sie von den Ursachen ihrer Leiden erzählten, und dann versuchte sie, genau diese Dinge *nicht* zu tun, also zum Beispiel *keine* Fingernägel zu kauen. Auf diese Weise hatte sie vor, den Altersrekord für Frauen in Europa zu knacken und im Guinness-Buch der Rekorde zu landen. Oma meinte, den Rekord weltweit schaffe sie nicht, da müsse man realistisch sein. Deshalb hatte sie sich ein überschaubares Ziel gesetzt: hundertzwanzig. *Minimum.*

Aber Jennifer hat grade ganz andere Probleme, sie fasst mit beiden Händen ans Gitter und rüttelt. »Manno, sitzt bombenfest.« Dann wirft sie einen prüfenden Blick zu Fridis Rucksack. »Hast du da vielleicht 'ne Angel oder so was drin?«

Fridi spürt, wie er rot wird. Dieser Riesenrucksack ist ja auch *echt peinlich.* Schnell schüttelt er den Kopf. »Ich glaub nicht.« Was natürlich Quatsch ist, er ist sich ganz sicher, dass da keine drin ist, weil sie ja nicht auf der Packliste steht. Genauso wenig wie der Schlafanzug ...

»Mensch, ich hab eine Idee!« Jennifer strahlt. »Das hab ich mal in einem Film gesehen! Man klebt einfach einen Kaugummi an einen Faden, und dann, schwuppsdiwupps, zieht man ihn mit dem Geld dran wieder hoch.«

Im nächsten Moment macht sie ein trauriges Gesicht. »Leider hab ich keinen mehr.«

So ein Riesenmist, an jedem gewöhnlichen Tag hätte er jetzt ganz lässig eine Kaugummipackung aus der Tasche ziehen und Jennifer einen Kaugummi anbieten können. Das wäre so was von perfekt gewesen! Aber leider ist das kein gewöhnlicher Tag! Und alles nur wegen dieser blöden Pfadfinder-Fahrt! Nur deshalb hat er diese total bescheuerte Hose an, mit hundert Taschen, die alle vollkommen leer sind, das heißt ... nicht ganz ... Schnell schiebt Fridi die Hand in die linke Hosentasche. Da stecken noch vierzig Cent drin. Der letzte Rest, der vom Fahrten-Taschengeld noch übrig ist.

Fridi hält Jennifer die Geldstücke hin.

»Super!«, jubelt sie. »Wozu sitzen wir vor dem Süßigkeitenautomaten!« Nur eine Sekunde später streckt sie Fridi einen zitronengelben Kaugummi entgegen. Den orangen steckt sie selber in den Mund. Zufällig liebt er Süßigkeiten!

Die stehen auch auf der Packliste, nur andersrum, ganz unten mit Ausrufezeichen: Keine technischen Geräte, keine Taschenlampe, **keine Süßigkeiten!**

*Also, Oma hatte ja schon lange nichts mehr mit Zucker drin gegessen ...*

»Na, dann mal los.« Jennifer schiebt sich den Kaugummi, den sie im Mund hat, in die Backe und beißt kräftig zu. Es knackt laut zwischen ihren Zähnen. Die Dinger liegen bestimmt schon hundert Jahre da drin und sind jetzt hart wie

Stein. »Garantiert mörderisch schlecht für die Zähne.« Jennifer grinst.

Fridi nickt. Während er noch versucht, das Ding so vorsichtig wie möglich zu kauen, sieht sich Jennifer schon um: »Bloß, wo nehmen wir jetzt den Faden her?«

Ihr Blick gleitet umher. »Mensch, ich hab's!« Sie guckt auf ihre Chucks. Der linke ist lila, »darf ich vorstellen, das ist Charly«, der rechte, »das ist Oskar«, war mal grün. Oskar sieht schon ziemlich grau und mitgenommen aus. Während Fridi noch verblüfft denkt: *Wer bitte gibt denn seinen Schuhen einen Namen, mal ganz davon abgesehen, dass sie zwei verschiedene anhat*, ist Jennifer schon dabei, einen langen schwarzen Schnürsenkel aus dem lila Turnschuh, *also aus Charly?*, zu ziehen. »Meine waren schon total ausgefranst, die hier sind aus Mamas alten Wanderschuhen, aber Mama benutzt die eh nicht«, erklärt Jennifer. »Irgendwann, da hatte sie mal kurz einen Freund, der hieß Jakob und wollte mit ihr auf einen Berg steigen, irgend so einen hohen, Alpia oder so. Der hat Mama immer Vorträge gehalten über Rauchen und Kaffee, wie ungesund das ist und dass man da nicht fit genug ist fürs Wandern. Morgens hat er immer Müsli gegessen, und er hatte so Dosen mit allen möglichen Kernen drin.« Jennifer macht eine Pause.

Fridi überlegt. Solche Elternsachen mit Liebe und so, das ist doch eigentlich *privat*. Aber es wäre schon gut, etwas darüber zu erfahren, warum sich andere Frauen denn so trennen …

Er zögert. »Und dann hat deine Mama vorher Schluss gemacht, und sie sind gar nicht auf den Berg gestiegen?«, fragt er vorsichtig.

Jennifer schüttelt den Kopf. »Nee, nee, die sind schon losgewandert, Mama hat den ganzen Rucksack mit Instantkaffeetütchen und Zigaretten vollgestopft, sie hat gesagt, sonst hält sie das nicht durch, also nicht das Wandern, sondern den ganzen Tag mit Jakob. Aber nach zwei Tagen war Mama schon wieder da, Jakob hatte Höhenfieber und Luftnot, typischer Fall von Kreislaufkollaps. Na ja, Mama hat sich dann von ihm getrennt, die ganzen Körner und so waren echt nicht ihre Sache.« Sie zuckt mit den Schultern. »Hat einfach nicht gepasst.«

Ganz schnell macht Fridi im Kopf eine Liste.

Trennungsgrund: *Müsli und Körner.* Na ja, da besteht bei Papa kein Grund zur Besorgnis. Sein Lieblingsessen ist Bratwurst. Aber dann kommt er zum nächsten Punkt.

*Passt nicht.*

Fridi überlegt gerade, ob seine Mama und sein Papa eigentlich zusammenpassen, da holt Jennifer den Kaugummi aus dem Mund. »Gib mal deinen«, meint sie.

Jennifer findet irgendwie gar nichts eklig, sie küsst sogar ihren Rehpinscher Püppi. Auf den Mund! Da würde Fridi lieber gleich tot umfallen.

Fridi zögert. Er nimmt den Kaugummi vorsichtig zwischen zwei Finger und hält ihn Jennifer hin. Fasziniert betrachtet er, wie sie an der Masse herumdrückt und knetet, *brrr!,* dann den weißen Klumpen am Metallschniepel des Schuhbandes befestigt und zufrieden nickt. »Müsste klappen. Klebt fantastisch.«

Jennifer leckt sich die klebrigen Finger ab, *also echt!,* und los geht's. Seelenruhig fädelt sie den Schnürsenkel durch das Gitter. Mit angehaltenem Atem verfolgt Fridi, wie der Kaugummi auf die glänzende Münze trifft. »Bete, dass sie nicht abfällt«, murmelt Jennifer. Fridi betet stumm, *lieber Herrgott im Himmel,* doch da ist die Münze schon runtergefallen. *Zweimal so kurz hintereinander kann man eben nicht auf Gottes Hilfe hoffen!*

»So eine Scheiße!« Jennifer schließt die Augen. »Jetzt nur nicht nervös werden, ganz ruhig bleiben. Meeresrauschen.« Sie macht mit den ausgebreiteten Armen kleine Wellenbewegungen. »Da wird man ganz ruhig. Ist Mamas und meine Medazion. Mama war im Mallorca-Urlaub mal mit einem Typen zusammen, der war Surflehrer und hat ihr das beigebracht. Wenn der vorher Medazion gemacht hat, konnte er mit seinem Bord minutenlang auf den Wellen reiten. Mama sagt, Chris war der beste Wellenreiter vom ganzen Strand und der coolste.«

»Und warum sind sie nicht zusammengeblieben?«, fragt Fridi interessiert.

Jennifer macht eine wegwerfende Handbewegung. »Da war sie noch ganz jung, und Mama sagt, der hatte nur Wasser im Hirn.«

Fridi ergänzt blitzschnell seine Liste. Grund der Trennung: *Wasser im Hirn.*

Fridi weiß nicht genau, was sein Papa im Hirn hat. *Wasser* wahrscheinlich nicht, eher Sauerkraut, also, etwas in der Art.

Jennifer legt sich auf den Bauch, robbt ganz dicht an das Gitter heran und lässt den Schnürsenkel erneut in die Tiefe gleiten. »Schön dranbleiben«, murmelt sie. »Jetzt klappt es, ganz sicher.«

Der Trick ist, den Kaugummi geschickt auf die Münze treffen und ihn zuerst ein paarmal hintereinander auf dem Boden auftippen zu lassen, bevor man die Schnur wieder hochzieht.

»Okay!« Ganz langsam versucht Jennifer, den Kaugummibatzen durch das Gitter zu fädeln, da stößt das Geldstück schon mit einem hellen *Pling* gegen das Gitter und schaukelt bedenklich. Jennifer zischt, als hätte sie auf eine heiße Herdplatte gefasst, doch der Faden beruhigt sich wieder und taumelt nur noch sacht. »Ja, gut so«, sagt sie ganz sanft und beginnt, auf das Geldstück einzureden, wie bei einer komplizierten Operation. »Ruhig. Gleich haben wir es geschafft. Schön stillhalten.«

Plötzlich steht ein kleiner Junge mit Spider-Man-Turnschuhen vor ihnen. »Das da unten ist mein Geld«, sagt er mit einer ziemlich quakigen Stimme und deutet auf die zwei Euro am Kaugummischnürsenkel. Fridi erschrickt, doch Jennifer hebt nur genervt den Kopf. »Ach ja, und woher weiß ich das bitte schön?«

Der Junge zuckt mit den Achseln. »Ist eben meins.«

Jennifer hält den Schnürsenkel einen Moment still. Sie sieht den Jungen scharf an. »Ganz einfach. Wer es rausholt, dem gehört es.«

Der Kleine zieht bloß laut seinen Rotz durch die Nase. »Wenn du mir mein Geld nicht gibst, dann hol ich meinen großen Bruder.«

Fridi ist jetzt schon ein bisschen beunruhigt. Aber Jennifer grinst nur. »Das hab ich früher auch immer gesagt, der Witz ist nur, ich hab gar keinen.« Sie zwinkert Fridi zu.

Der Junge verschränkt wieder die Arme vor der Brust und quakt: »Ich hab einen. Der ist da drüben beim Späti.« Er deutet mit einem Arm die Straße runter. »Und der hat einen Hund. Der heißt Fletscher.«

Jennifer verstellt ihre Stimme. »Ach Gottchen, da hab ich

aber Angst.« Sie lacht laut auf. »Das kannst du von mir aus deiner Omi erzählen, und jetzt ab mit dir! Für so einen Schwachsinn haben wir echt keine Zeit, also kusch dich.«

Da dreht sich der Kleine um und läuft in seinen Spider-Man-Turnschuhen mit merkwürdig tippelnden Schritten die Straße runter. Fridi schaut ihm besorgt hinterher.

»Tok. Tok. Tok. Geht's noch?« Jennifer tippt sich an die Stirn. »Glaubt der jetzt allen Ernstes, wir holen ihm die zwei Euro raus und geben sie ihm dann, oder wie?«, schnauft sie.

»Nö!« Jennifer sagt auch immer NÖ, wenn Herr Schmittkatze sie um einen Gefallen bittet. *Kannst du bitte mal die Tafel wischen, das Klassenbuch holen, die Blumen gießen, die Hausaufgaben einsammeln.* Nö. Fridi würde nie Nö sagen, wenn ihn ein Lehrer um einen Gefallen bittet, er würde vielleicht so tun, als hätte er nichts gehört, höchstens, allerhöchstens ...

»Aber wenn es wirklich sein Geld ist«, beginnt Fridi vorsichtig. »Vielleicht wollte er sich ja was aus dem Automaten holen, und es ist ihm runtergefallen.«

»Pech. Dann hätte er eben besser aufpassen müssen.« Jennifer schüttelt energisch den Kopf. »Außerdem gibt es an diesem Automaten gar nichts für zwei Euro«, sie wirft einen triumphierenden Blick auf den Dreischachter an der grünen Hauswand, »und deshalb werden wir mit diesem wunderschönen Zweieurostück auch zum Kiosk gehen und uns eine Superriesenleckkugel holen.«

*Hilfe!*

Fridi zuckt gleich ein bisschen zusammen. Leckkugel heißt ja, dass sie beide an einer Kugel lecken, klar. Jennifer macht das unter Garantie nichts aus, *ich mein, die küsst sogar Rehpinscher*, aber er ist sich da jetzt nicht so sicher, denn selbst wenn jeder von einer Seite anfängt, trifft man sich ja irgendwann in der Mitte ...

»Also, wenn, dann müsste er schon beweisen, dass es sein Geld ist«, überlegt Jennifer, während sie auf den schlenkernden Kaugummi starrt, »und das klappt höchstens bei Geldscheinen, die können zerrissen sein oder Flecken haben oder so.« Sie beugt sich wieder über den Schacht.

Jennifer hat natürlich recht, bei Emil und den Detektiven funktioniert das vielleicht, da sind dann so Nadelstiche in den Scheinen drin, die beweisen, dass das Geld Emil Tischbein gehört, aber im echten Leben ist das nicht so einfach. Und im echten Leben kennt sich Jennifer Klar nun mal aus.

Jennifer hängt jetzt so dicht über dem Gitter, dass sie es fast mit ihrer Nasenspitze berührt. »Wenn wir es uns nicht holen, holt es sich ein anderer«, murmelt sie.

*Also, mir wäre das, um ehrlich zu sein, gar nicht so unlieb.* Gerade als Fridi das denkt, sieht er ein Stück weiter zwei Gestalten auftauchen, eine kleine mit Spider-Man-Turnschuhen, die über das Pflaster tippeln, und eine große, ziemlich breite, die einen Boxer an der Leine hält.

»Du«, murmelt Fridi, »ich glaub, wir sollten jetzt besser gehen.«

»Spinnst du?« Jennifer fixiert mit zusammengekniffenen Augen die Münze, während sie dabei ist, den Schatz zielsicher durch das Gitter zu fädeln.

»Bitte«, drängt Fridi, »da hinten ist der Kleine, und er hat seinen Bruder dabei und den Hund.« Fridi spürt, wie seine Ohren langsam immer wärmer werden. »Die sehen echt sauer aus!«, stottert er.

Fridi schaut nervös zwischen den Gestalten, die immer näher kommen, und der Kaugummi-Operation hin und her. Der Hund sieht ziemlich angriffslustig aus. Die schwarze Zunge hängt ihm sabbernd aus dem Maul. Das ist eindeutig Fletscher! Fridi würde am liebsten ganz schnell wegrennen, aber vor Hunden darf man nicht wegrennen, da werden sie erst so richtig aggressiv, weil ihr Jagdtrieb angeregt wird. Die denken dann, sie verfolgen ein Kaninchen *oder einen Angsthasen.*

Fletscher zieht so stark an der Leine, dass der Typ ihn nur mit Mühe festhalten kann. Dabei haben seine Arme so viele Muskeln, dass sein enges T-Shirt fast platzt.

Im nächsten Moment jubelt Jennifer laut auf. »Yeah! Geschafft!« Sie steckt sich, *oh mein Gott, ich glaub's nicht,* den Kaugummi wieder in den Mund und hält Fridi strahlend das blanke Zweieurostück unter die Nase. »Riesenleckkugel, wir kommen!«

Eine Schocksekunde lang weiß er wirklich nicht, was schlimmer ist, doch dann, ganz plötzlich, weiß er es, denn genau vor ihnen stehen das Muskelpaket und Fletscher, und kein Zweifel: *Dagegen ist eine Riesenleckkugel mit Rehpinscherspucke gar nichts!*

# Können Totenköpfe grinsen?

»Hergeben.« Der Muskeltyp streckt seine Hand aus. Auf seinem Hals prangt ein Totenkopf-Tattoo, *echt gruselig*. Aber Jennifer denkt überhaupt nicht dran, irgendetwas herzugeben. Sie hält das Geld fest in der Hand.

Fridi kann sich von einer Sekunde zur anderen nicht mehr bewegen.

»Geld her, hab ich gesagt, oder hast du was an den Ohren.«

Jennifer schüttelt nur trotzig den Kopf. Das Geld gibt sie nicht her.

*Bitte, gib's ihm doch! Mit solchen Typen ist echt nicht zu spaßen!*

»Pass mal auf, ich hab die Faxen jetzt langsam dicke. Du gibst meinem Bruder hier sofort sein Geld zurück!«, donnert Muskels Stimme so laut, dass ihr Echo in Fridis Brustkorb wiederhallt. »IST DAS KLAR?!«

Muskelprotz stemmt die Hände in die Hüften. Seine Muskeln sind wirklich dicker als dick. Dafür hat er fast keine Haare auf dem Kopf. Der Totenkopf an seinem Hals grinst hämisch.

*Können Totenköpfe grinsen? Keine Ahnung. Aber der tut's, ehrlich wahr.*

Jennifer schüttelt wieder den Kopf. Fletschers Zunge hängt ihm hechelnd aus dem Mund. Wenn Fridi könnte, würde er jetzt doch am liebsten weglaufen. Geht aber nicht. Er steht da wie festgefroren.

»Okay, du hast es nicht anders gewollt. Wenn das Geld bei drei nicht in meiner Hand liegt, kann dich deine Mutter im Krankenhaus besuchen. Verstanden! Eins, zwei ...«

Fridi wird es ganz kalt ums Herz. Es ist ja klar, was jetzt passiert, entweder Jennifer gibt ihm das Geld, oder er macht Hackfleisch aus ihr. Eins von beidem.

*Warum gibt sie ihm, verdammte Scheiße noch mal, nicht einfach das ...*

Da fühlt er plötzlich etwas Kaltes, Glattes in seiner Hand.

*Das ist doch wohl jetzt nicht ihr Ernst?*

**Drei!**

Jennifer macht ein ganz unschuldiges Gesicht und streckt dem Muskeltyp ihre leeren Hände entgegen.

»Weggezaubert!« Sie lächelt von einem Ohr zum anderen.

*Oh, mein Gott!*

Fridis Hände werden sofort ganz schwitzig. Kaninchen-Totalkatastrophe, war ja so was von klar! Das Blut schießt ihm in den Kopf, dafür frieren seine Füße.

*Survival-Regel Nummer eins: Ruhig bleiben, Fridi, sonst hast du schon verloren.*

Der Muskeltyp guckt immer noch wie ein Mondkalb. Er hat fest damit gerechnet, dass Jennifer das Geld in der Hand hat. *Und um ehrlich zu sein, wäre mir das auch lieber, viel, viel lieber sogar.* Fridis Herz fängt an zu flattern.

Da wirft Jennifer ihm einen Blick zu und zwinkert, und dieses Zwinkern, er weiß auch nicht. Fridi hat auf einmal Angst, na ja, dass sie nach der ganzen Mühe dann sauer auf ihn ist. Außerdem werden diese Typen in den Western erst so richtig fies, wenn sie bekommen haben, was sie wollen. Aus Rache oder so. Oder um den anderen zu demütigen.

Jetzt guckt Muskel zu Fridi. Gleich wird er seine Hände sehen wollen, ist ja klar. Und dann?

*Was mache ich nur? Was mache ich nur? WAS MACH ICH NUR?*

Er könnte das Geld einfach ganz unauffällig auf den Boden fallen lassen und einen Schuh draufstellen, aber da beißt ihm Fletscher vor Wut womöglich noch den Fuß ab, der sieht so was von verfressen aus. *Hoffentlich nimmt er dann wenigstens den Teil mit hochstehendem Zeh, der macht ohnehin nur Ärger. OH MANN, was denke ich nur für Schwachsinn. Mein Zeh ist jetzt wirklich nicht das Problem!*

Plötzlich bellt Fletscher wie verrückt los und zieht an der Leine und Muskel beugt sich kurz zu ihm runter. Das ist *die* Gelegenheit! Die Frage ist nur, wo lässt er das Geld am besten verschwinden. *Denk nach, Fridi Schulze, denk nach!*

Da schießt Fridi eine Idee in den Kopf. Er öffnet den Mund, schiebt das Zweieurostück rein und klappt ihn blitzschnell wieder zu. Dabei versucht er, nicht daran zu denken, wie viele Menschen das Geldstück schon in der Hand hatten. *Vielleicht so vier bis fünf Millionen ...*

Keine Sekunde zu früh!

Der Typ richtet sich auf. Vier Augen starren ihn finster an, zwei davon gehören dem Totenkopf.

»Zeig mal deine!«, donnert Muskel.

*Hab ich's doch gewusst! Ruhig bleiben, ruhig bleiben. RUHIG BLEIBEN!*

Fridis Herz bummert so schnell, dass es ihm gleich aus dem Körper fliegt. Er streckt seine Hände vor, kann aber leider nicht verhindern, dass sie dabei ziemlich doll zittern. Sein ganzer Körper zittert, das Zweieurostück in seinem Mund zittert und stößt gegen seine Zähne.

*Pling, pling, pling*

Vor lauter Aufregung fließt mehr und mehr Spucke in seinen Mund und ... *Kann mir mal bitte einer erklären, wo diese ganze Spucke herkommt?*

Muskel sieht ihn durchdringend an und geht mit dem Kopf ganz dicht an Fridi heran, so dicht, dass sich ihre Stirnen beinahe berühren.

»Mach mal den Mund auf, Kleiner!« Muskels Gesicht verzieht sich zu einem Grinsen.

»ÄHM«, Jennifer räuspert sich, »würd ich nicht riskieren. Er hat ziemlich scharfe Zähne. Hat er von seiner Oma.«

»Ist mir scheißegal, von wem er seine Beißerchen hat«, knurrt Muskel. »Ich werd dich so lange schütteln, bis du das Geld von ganz alleine wieder ausspuckst!«

Fridis Herz hämmert. Im Mund breitet sich ein metallischer Geschmack aus. Ein bisschen wie Reissuppe im Kindergarten, die hat auch immer nach Blut und Geld geschmeckt, *echt eklig!* Er würgt, unwillkürlich muss er schlucken und da ...

Oh nein, OH nein, OH Nein, OH NEIN! NEIN! NEIN! NEIN!

Fridi spürt, wie das Geldstück langsam seine Kehle hinunterrutscht. Zum Glück hat er so viel Spucke im Hals, er hustet und schluckt und würgt und hustet und schnappt nach Luft, und dann ist es unten, *na ja, nicht ganz, so halbwegs.*

Muskelprotz ist fassungslos. Fridi ist selbst so geschockt, dass er für einen Moment vergisst, normal weiterzuatmen.

*OH, MEIN GOTT!*

Muskel sieht Fridi so an, als würde er ihn am liebsten zwischen seinen Muskeln zerquetschen. Okay, also das ist jetzt so ziemlich der Moment, in dem man in den Western abgeknallt und an einen Baum gehängt wird. *Renn!*, schreit etwas in ihm. Aber er kann sich einfach nicht rühren.

»Tja, Pech gehabt, würd ich sagen.« Jennifer grinst.

»Ich lass mich doch von dir nicht verarschen.« Der Typ macht einen Schritt vorwärts, doch Jennifer fasst nach Fridis Arm und zieht ihn einfach mit sich. Im letzten Moment greift Fridi noch nach seinem Rucksack! *Weil da ist ja auch das Messer von Papa drin.* Jennifer hilft ihm, im Rennen das Riesenteil auf seinen Rücken zu wuchten. Zuerst sind Fridis Beine noch steif, aber dann schießt er los wie ein Torpedo. Nur der bescheuerte Rucksack scheint da hinten ein Eigenleben zu führen: Das Ding schaukelt und hüpft und scheppert wie verrückt.

»Los, komm schon, Dicker«, schreit Muskel hinter ihnen verzweifelt.

Fridi und Jennifer rennen durch die frühlingsfeuchten Straßen. »Hier rein«, ruft Jennifer plötzlich, drückt eine Tür auf und zieht Fridi in einen Hauseingang. Schnell schlägt sie die Tür hinter ihnen zu. »Geschafft!«

Sie stehen schwer atmend mit klopfenden Herzen im Hausflur. Fridi zittert immer noch. Er lehnt sich an die kalte Wand und schließt die Augen.

»Alles in Ordnung?«, keucht Jennifer.

*In Ordnung?* In Fridis Mund ist immer noch dieser eklige Geschmack, sein Kaninchenherz rast wie verrückt, sein Hals fühlt sich innen ganz rau an. Aber *noch* lebt er zumindest.

»Mensch, das war echt spitze!« Jennifer lacht. »Geniale Idee!«

*Also, ich weiß wirklich nicht, was daran genial sein soll, mir steckt jetzt ein Zweieurostück im Hals, ich mein, die Dinger sind echt riesig!*

Fridi fasst sich an den Hals. »Ich glaub, es ist noch nicht ganz unten«, röchelt er und muss gleich ein bisschen husten. Erschrocken wirft er einen Blick zur Tür.

»Keine Angst! Die kommen noch nicht. Ich hab Fletscher ein paar Leckerlis hingeworfen.« Jennifer fasst in ihre Tasche und hält Fridi einen kleinen braunen Hundekuchen hin. »Willst du? Damit rutscht es vielleicht runter.«

Fridi schüttelt hastig den Kopf.

»Nach Frolic ist Püppi ganz verrückt. Nur Käsecracker, die isst sie wahrscheinlich noch lieber.« Jennifer dreht einen Hundekuchen zwischen ihren Fingern und, Fridi sieht wohl nicht richtig, beginnt dann, gedankenverloren daran herumzuknabbern.

*Okay, also das ist jetzt echt eklig!*

»Bist du dir sicher, dass man das darf?«, stottert er verstört.

»Was?« Jennifer sieht ihn verständnislos an. Fridi deutet mit dem Kopf auf den Hundekuchen in ihrer Hand. Das ist sogar zu haarsträubend, um es auszusprechen.

»Ach so«, sie lacht, »klar!« Jennifer betrachtet den Hundekuchen und beißt noch ein Stück ab. »Die schmecken gar nicht so schlecht, willst du nicht doch mal probieren?«

*Lieber durchbohre ich meine Zunge und lasse mir eine Tätowierung stechen (also nur eine kleine und da, wo es niemand sieht).*

Da hören sie Schritte, schnelle Schritte, und das Quietschen von Gummisohlen auf dem Pflaster. Dicht zusammengedrängt stehen sie an der Wand und horchen. »Nicht bewegen!«, flüstert Jennifer. Aber Fridi kann sich vor lauter Schreck sowieso nicht mehr rühren. Paralysiertes Kaninchen, aber so was von ...

*Was ich sehe*

*Hundekuchenkrümel*

*einen herzförmigen Fleck auf der grauen Bodenfliese ...*

Bellen. Scharfes, wütendes Bellen. Fletscher muss genau vor der Tür stehen. Jennifer ist jetzt so nervös, dass sie wieder an ihren Fingernägeln kaut.

*Einen blauen Wollfaden*

Plötzlich klingelt etwas. Laut und schrill. Jennifers Handy! *Oh, mein Gott!*

*Zu meiner Beerdigung kommt Mama ganz in Schwarz, dann kann sich Papa gut konzentrieren, und ich krieg bestimmt auch Chrysanthemen aufs Grab ...*

Jennifer zieht hektisch ihr Handy aus der Bauchtasche und schaltet es aus. »Elisa hat ein Talent, immer im falschen Moment zu klingeln«, flüstert sie aufgeregt und kichert ein bisschen.

*Also, witzig finde ich das echt nicht.*

»Einen Kaugummi müsste man haben! Nichts beruhigt so sehr wie Kaugummikauen«, murmelt Jennifer und steckt sich stattdessen ein Frolic in den Mund, diesmal ein ganzes. »Du willst wirklich nicht?«, fragt sie und hält Fridi eine Handvoll bröseliger Hundekuchen entgegen.

Fridi kriegt automatisch einen Brechreiz. Man hört, wie Jennifer kaut, es knackt richtig zwischen ihren Zähnen. *Also, gerade ist es vielleicht ganz gut, dass mir was im Hals steckt, sonst ...*

»Ich glaub, sie sind weg.« Jennifer setzt sich hin und beginnt, den Schnürsenkel wieder in den lila Chuck zu fädeln. »Charly war wirklich spitze«, schwärmt sie.

»Du hättest den Schnürsenkel doch genauso gut aus dem anderen ...«, beginnt Fridi, doch Jennifer fällt ihm ins Wort. »Sag das nicht! Die beiden sind völlig unterschiedlich! Charly liebt das Risiko! Oskar dagegen ist schüchtern und auch ein bisschen ungeschickt. Also, wenn einer in Hundekacke tritt, dann Oskar!« Sie streckt ihm den grünen Chuck entgegen. Fridi zuckt unwillkürlich etwas zurück. »Nee, keine Sorge«, Jennifer lacht, »war gestern. Aber ich hab ihn mit meiner Zahnbürste geschrubbt.«

*Ach du Schreck, hoffentlich hat sie die wenigstens hinterher weggeschmissen!*

»Mit meiner alten«, setzt Jennifer hinzu und seufzt, »obwohl ich Lilo echt mochte, aber nach ihrer Heldentat haben wir uns verabschiedet. Sie war durch!«

*Wer mit Zahnbürsten, Schuhen und Handys befreundet ist, bei dem wundert mich, um ehrlich zu sein, gar nichts mehr.*

Jennifer stößt vorsichtig die Tür auf und lugt hinaus.

»Ich glaub, das wäre erledigt«, grinst sie.

»Hoffentlich!«, murmelt Fridi und bleibt mit seinem Rucksack fast in der Tür stecken.

Immerhin hat er schon zwei Riesenprobleme: Er hat die Pfadfinder-Fahrt geschwänzt, was wirklich schon schlimm genug ist, und jetzt klemmt ihm auch noch ein Zweieurostück im Hals fest. Das ist für jemanden, der nicht mal schleimige Haferflocken runterkriegt, schon eine große Sache, *obwohl, das wäre für jeden eine große Sache. Ich mein, zwei Euro, das muss man sich mal vorstellen, ZWEI EURO!*

Jennifer guckt in den Himmel und zuckt mit der Nase.

»Also, ich glaub, das wird heute ein richtig toller Tag, hab ich im Gefühl.« Sie sieht sehr zufrieden aus. »Meine Nase juckt.«

»Glaub ich nicht«, seufzt Fridi.

*Der Tag hat schon mal so was von beschissen angefangen, da ist garantiert nichts mehr zu machen. Und was, um Himmels willen, hat jetzt wieder ihre Nase damit zu tun?*

»Okay, wir wetten.« Jennifer überlegt. »Sagen wir, um zwei Euro. Auf meine Nase ist hundertprozentig Verlass.«

»Meinetwegen.« Fridi zuckt mit den Schultern.

»Prima!« Jennifer spuckt in ihre Hand und hält sie Fridi hin. »Schlag ein!«

Fridi kriegt sofort am ganzen Körper eine Gänsehaut.

*Schlag ein? Lieber würde ich ...*

»Die Wette gilt!« Jennifer grinst.

*Also, das ist doch jetzt echt ...*

»Komm, die anderen warten!« Und sie hüpft einfach los, während Fridi seine Hand noch schnell, aber gründlich an der Hose abwischt.

# Zwei Euro auf Abwegen

Als sie um die nächste Ecke biegen, sehen sie schon Musti, Zeck und Polina auf dem Stromkasten sitzen. Zeck liegt mit unter dem Kopf verschränkten Armen auf dem Rücken, lässt die Beine mit den dicken Schuhen baumeln und schaut in den Frühlingshimmel. Polina guckt auf ihr Handy und feilt an ihren Fingernägeln. Musti hat seinen Naruto-Pullover an und kaut auf der Plastikummantelung der Kordel rum, während er damit beschäftigt ist, irgendetwas in seine Tasche zu drücken. Bestimmt eine Riesentüte Chips, da könnte Fridi drauf wetten! Musti hat eigentlich immer Chips dabei und Cola.

»Hey, Leute!«, ruft Jennifer schon von Weitem.

»Da bist du ja endlich«, meint Zeck und richtet sich auf. Er zieht einen Jutebeutel unter Mustis Po hervor und betrachtet mit gerunzelter Stirn eine zerdrückte Porreestange. Als er Fridi bemerkt, sieht er ein bisschen überrascht aus. »Hallo, Kumpel, hab dich gar nicht gleich erkannt.«

Musti guckt hoch und ist bei Fridis Anblick so verwirrt, dass er einen Moment vergisst, auf seiner Kordel herumzubeißen.

»Ich schwöre, wie siehst du aus, Mann?«

Fridi guckt an sich runter. *Okay,* er sieht wirklich etwas merkwürdig aus: Auf dem Kopf sitzt sein Käppi mit Nackenschutz, so weit geht es klar. *Hat sogar Vorteile, na ja, wegen meinen Ohren und den Haaren und so.* Aber dann kommt's: Er trägt eine Juja, das ist so eine dunkelblaue Wolljacke mit einem großen Kragen und vorne drei queren Knopfleisten, die man über den Kopf zieht. Darunter hat er seine weiße Takelbluse an, also so was wie eine Matrosenbluse mit einem Band zum Zubinden. Zum Glück sieht man die nicht so richtig, die hat nämlich auch noch einen Aufnäher auf dem Arm, aber nicht einen von diesen coolen Zeck-Aufnähern gegen Atomkraft oder Krieg, sondern eine silberne Lilie auf violettem Grund. Außerdem hat er ein schwarz-weißes Halstuch um, so was hat ja sonst wirklich kein Mensch, und dazu kommt noch die graue, regenfeste Hose mit den irre vielen Taschen. Seine Füße stecken in dicken Socken und klobigen Wanderschuhen, und auf dem Rücken trägt er den großen Rucksack, an dem eine Isomatte festgeschnallt ist und zudem noch eine Trinkflasche, ein Topf und ein Kochgeschirr baumeln. Selbst an den Seiten sind mit kleinen Karabinern eine Menge Sachen befestigt: Fernglas, Erste-Hilfe-Tasche, und ein Schweizer Messer. *Das große Messer von Papa hab ich ganz tief nach unten in den Rucksack gesteckt.* Dieses ganze Zeug auf seinem Rücken klappert wie verrückt. Nicht zu vergessen die Bauchtasche. *Nee, halt, die vergess ich lieber doch ganz schnell!*

»Ich schwöre, machst du eine Expedition in den Dschungel oder so?«, fragt Musti. Dann kommt ihm ein Geistesblitz. Er senkt die Stimme und sieht sich um. »Bist du in geheimer Mission unterwegs? Kannst du ruhig sagen, Bruder. Und hast dich verkleidet, damit dich niemand erkennt, Tarnung, sozusagen. Sehr schlau von dir. An welchem Fall bist du dran? Vielleicht kann ich dir helfen, Mann? Ich schwöre, mit Krimis und so kenn ich mich voll aus.«

»Das ist meine Kluft«, stottert Fridi und wird knallrot. »Meine Pfadfinder Kluft.«

Musti guckt verwirrt. »Pfadfinder, was ist das, Mann?«

Jennifer stupst ihn an. »Ist wie bei Donald Duck, kennst du nicht? Seine Neffen, Tick, Trick und Track, die sind auch da, bei den … wie heißen die noch gleich?« Sie überlegt einen Augenblick, dann strahlt sie: »Fähnchen Schweiß!«

»Fähnlein Fieselschweif«, korrigiert Zeck.

»Genau!«, jubelt Jennifer. »Die machen jeden Tag eine gute Tat!«

Auf Mustis Gesicht breitet sich ein Grinsen aus. »Klar kenn ich die. Ich schwöre, gibt es so was in echt? Wusste ich gar nicht, Mann.« Er fängt so an zu lachen, dass er fast vom Stromkasten fällt.

»Nun krieg dich mal wieder ein, so komisch ist das auch wieder nicht.« Zeck rammt Musti den Ellenbogen in die Seite.

Vor lauter Unbehagen fängt Fridi gleich ein bisschen an zu husten.

»Geht's?« Jennifer klopft ihm ein paarmal fest auf den Rücken. Dann dreht sie sich mit einem Schwung um. »Also, Leute, ihr glaubt gar nicht, was gerade passiert ist!«

»Elisa ist dir ins Klo gefallen?«, fragt Polina genervt. Sie feilt an ihren Fingernägeln, während sie dabei auf ihr Handy starrt.

»Nee, also letztens mal, ist aber schon 'ne Weile her.« Jennifer schüttelt den Kopf.

»Püppi hat eine Tüte Chips gegessen und hat jetzt Bauchweh.« Zeck legt den Kopf schief.

»Also, das mit der Tüte Chips stimmt und sogar noch Mamas Käsecracker dazu, aber Bauchweh hat sie nicht. MHMH.«

»Du hast einen Süßigkeitenautomaten geknackt?« Musti wirft ihr einen hoffnungsvollen Blick zu.

»Nee, alles falsch! Fridi is 'n Held.«

Vor lauter Schreck muss Fridi gleich noch mehr husten.

»Doch, echt!« Jennifer strahlt. »Also, wir haben da vorhin zwei Euro in einem Schacht gefunden, da kam so ein kleiner Junge an und hat behauptet, das wäre sein Geld.«

»Ja, ja, auf jeden. Ich schwöre, er wollte euch voll reinlegen, Mann.« Musti lutscht an seiner Pulloverkordel und wackelt belustigt mit den Beinen.

»Jedenfalls hat er mit seinem großen Bruder gedroht ...«

»Hört sich nach 'nem billigen Trick an.« Zeck grinst.

»Nee, nee«, Jennifer schüttelt den Kopf, »hab ich ja auch zuerst gedacht. Aber der kam wirklich, der Bruder. Mit Fletscher, seinem Hund.« Jennifer lächelt verschmitzt. »Und da hat Fridi das Geld einfach runtergeschluckt!«

Die anderen starren Fridi entgeistert an. Selbst Polina hebt den Kopf von ihren blasslila Fingernägeln. Das Display ihres Handys behält sie allerdings aus den Augenwinkeln im Blick.

Jennifer rammt Fridi den Ellenbogen in die Seite: »Er ist jetzt sozusagen sein eigenes Sparschwein.«

»Das ist echt hart«, meint Zeck.

»Vollkommen bescheuert.« Polina tippt sich an die Stirn.

Fridis Ohren glühen wie zwei Blinklichter, bestimmt sogar noch unter seinem Käppi und den Haaren durch.

»Jetzt guckt ihn doch nicht so an wie das achte Weltwunder«, sagt Jennifer lachend.

»Echt krass.« Musti ist immer noch fassungslos. »Ich schwöre, da schluckt er eiskalt zwei Euro runter«, murmelt er. »Auf so eine Idee wäre ich gar nicht gekommen, Mann.«

»Nee, auf so was kommt auch kein normaler Mensch. Das ist mal wieder typisch Jennifer«, stellt Polina schnippisch fest.

»Ich hab nichts damit zu tun!«, meint Jennifer und hebt die Hände in die Luft.

Polina zieht nur die Augenbrauen hoch, als würde sie ihr kein Wort glauben.

*Und irgendwie stimmt das ja auch: Wenn Jennifer mir nicht die zwei Euro in die Hand gegeben hätte, dann hätte ich sie auch nicht verstecken müssen, und dann hätte ich sie garantiert auch nicht verschluckt.*

Musti legt den Arm um Fridi. »Aber voll mutig, Mann. Hätte ich mich nicht getraut. Ich schwöre, ich hätte ihm die zwei Euro gegeben.«

»Geht ja nicht um die zwei Euro, geht ums Prinzip«, meint Zeck. »Lässt du dir was wegnehmen, oder kämpfst du?«

»Kämpfen für zwei Euro?« Polina zuckt spöttisch mit dem Mundwinkel. »Na, ich weiß nicht. Das lohnt sich ja wohl nicht.«

»Nee, nicht für zwei Euro. Für Gerechtigkeit. Ich mein, genau darum geht es doch auf der Welt, dass es gerecht zugeht, aber keiner traut sich mehr, dafür zu kämpfen. Und dann kommt einer, der ist stärker und hat auch noch 'ne Bestie dabei, und du gibst trotzdem nicht nach, find ich prima, dass nenn ich mal Kampfgeist für Gerechtigkeit!«

Polina guckt Zeck skeptisch an. »Wir wissen ja wohl alle, dass Fridi das Geld nicht runtergeschluckt hat, weil er so schrecklich mutig ist, sondern weil er einfach Schiss hatte.«

Die anderen sehen sie betreten an. »Entschuldigung, das musste einfach mal raus. Also, ein Held ist Fridi ja nun wirklich nicht.« Polina senkt den Blick wieder auf ihr Handy.

»Eigentlich ist es aus Versehen passiert«, piepst Fridi leise. *Dabei wäre ich eigentlich ganz gerne mal ein Held, so wie in den Western immer. Das muss ein gutes Gefühl sein, wenn man alle Feinde besiegt hat und dann mit seinem Pferd in den Sonnenuntergang reitet ...*

»Ist ja auch egal«, meint Zeck. »Dann bist du sozusagen ein Held aus Versehen.« Er grinst.

Fridi schüttelt den Kopf. »Nee, also ein Held ist echt was anderes.«

Keiner sagt ein Wort.

Plötzlich guckt Zeck Fridi an. »Warum bist du überhaupt hier? Ich dachte, du bist im Harz wandern.«

Sofort wird ihm ganz unbehaglich zumute, und er muss wieder husten. Aus dem Husten wird diesmal ein lautes Würgen. Fridi räuspert sich: »Irgendwie hab ich das Gefühl, es ist noch nicht ganz unten.«

»Hier, trink mal was, Mann.« Musti zieht eine kleine Flasche Wasser aus seiner rechten Hosentasche.

»Wasser?«, entfährt es Polina und Jennifer beinah gleichzeitig. Klar, sonst hat Musti eigentlich immer Fanta oder Cola dabei.

»Willst du abnehmen?«, fragt Polina.

»Nein, Mann. Wo denkst du hin.« Musti schüttelt heftig den Kopf und zieht sich seinen Naruto Pullover über den Bauch. »Ist gerade Ramadan«, sagt er würdevoll. »Ich trinke nur Wasser.« Musti reicht Fridi seine Flasche. »Hier, willst du?«

»Geht schon«, piepst Fridi.

*An der Flasche hat Musti ja rumgenuckelt, da ist bestimmt ganz viel Spucke von ihm drin. Und wer weiß, ob das Wasser überhaupt an dem Geld vorbeikommt, sonst hab ich nicht nur ein Zweieurostück in der Kehle, sondern auch noch Wasser, also einen Stau ...*

»Und da kannst du nicht mal schnell heimlich was essen?«, fragt Jennifer. »Ich mein, sieht ja keiner.«

»Allah sieht alles«, sagt Musti würdevoll, »den kannst du nicht beschummeln.« Er seufzt. »Ich mach zum ersten Mal mit. Ich schwöre, darum vergess ich das auch manchmal. Heute früh wollte ich fernsehen, mit Chips, weil zum Fernsehen gehören einfach Chips, ist so.« Er zuckt mit den Schultern. »Mein Bruder hat mich richtig ausgelacht: ›Musti, kleiner Salak, vergisst, dass Ramadan ist!‹ Serkan hat mir die Chips einfach weggenommen, Mann.«

»Chips sind eh ungesund«, meint Polina ungerührt.

»Ich schwöre, das waren so Western Style, anders lecker, sag ich euch«, murmelt Musti. »Aber Ramadan ist so. Wir essen vor Sonnenaufgang und dann erst wieder nach Sonnenuntergang. Einen Monat lang.«

»Aber, warum?«, fragt Jennifer und kaut an ihren Nägeln. »Was hat Allah davon?«

Musti zieht die Stirn in Falten. »Ist doch ganz einfach, Mann. Wir zeigen ihm so, dass wir an ihn glauben. Und dann sollen wir in der Zeit auch anderen helfen und bisschen über unser Leben nachdenken und so.« Musti macht ein unglückliches Gesicht. »Meine Geschwister wissen schon, was sie später mal werden wollen, ich schwöre, nur ich hab keinen Plan.«

*Ein Plan wäre jetzt echt gut.* Doch Fridi kommt nicht dazu, den Gedanken weiterzudenken, denn er sieht da hinten was Dottergelbes ...

Umständlich zerrt er ein Fernglas hervor, dabei fällt das Mückenspray, das seine Mama ihm gestern noch lose in die

Seitentasche seines Rucksacks gesteckt hat – *völlig okay,
steht ja auf der Packliste unter freiwillig* –, scheppernd
aufs Pflaster. Hastig bückt er sich, doch der Riesenrucksack
rutscht ihm mit einem leisen Plumps in den Nacken. Erst
im letzten Moment kann er sich fangen und mit hochrotem
Kopf wieder aufrichten. Schnell schiebt Fridi das Spray zurück in den Rucksack und fängt an, die Schnur seines Fern-
glases zu entwirren.

Und weil ihm alle dabei zugucken, werden seine Hände
ganz schwitzig, und die Ohren, klar, werden schon wieder
warm, und er verheddert sich gleich noch doller. Wenigstens ist das Dottergelbe bloß eine Briefträgerin mit Regen-
cape, noch mal Glück gehabt!

Plötzlich meint Zeck:»Nur mal so, der Typ, den ihr gefoppt
habt, hat der so kurz rasierte Haare und ziemlich viele Muskeln? Und Fletscher ist ein Boxer, der so aussieht, als würde
er jeden, ohne lange zu fackeln, in Stücke reißen?«

Jennifer nickt. »Ja, genau.«

»Ich schwöre, woher weißt du das?«, fragt Musti.

Zeck zeigt mit ausgestrecktem Arm die Straße runter.
»Ganz einfach, die kommen da grad an und scheinen echt
eine Mordswut zu haben.«

*Und schon hüpft das Kaninchen hervor, und ich kann mal
wieder überhaupt nichts dagegen machen ...*

# Drei Sekunden, um abzuhauen!

»Scheiße, wenn die uns sehen, sind wir dran.«

Jennifer versucht, hinter Zeck in Deckung zu gehen, aber es ist zu spät, der Muskeltyp hat sie bereits entdeckt und kommt mit geschwellter Brust genau auf sie zu.

Zeck schnappt sich seinen Jutebeutel und springt vom Stromkasten.

»Bruder, muss los, Mann.« Musti rutscht gleich hinterher.

*Das war so was von klar, dass der Typ uns jetzt sucht, und mir ist auch klar, was er macht, wenn er uns hat, also mich, ziemlich klar sogar ...*

Am liebsten würde Fridi wegrennen, aber seine Beine sind wie gelähmt. Muskel kommt immer näher, Fletscher, der wie verrückt an der Leine zieht, bellt ihnen laut entgegen.

»Hunde, die bellen, beißen nicht«, sagt Jennifer zögernd.

*OH MANN! Ist das jetzt wirklich ihr Ernst?*

Musti sieht Fridi strafend an. »Warum hast du das Geld auch verschluckt, Mann.« Er beißt so heftig auf seine Kordel, dass er das Plastikteil sprengt.

»Vielleicht kann man ja mit ihnen verhandeln«, schlägt Polina, die nervös mit ihrer Feile spielt, vor. »Wir geben ihm zwei Euro, und er lässt uns in Ruhe.«

»Gute Idee, Mann!« Musti strahlt und spuckt das zerbrochene Plastikteil auf den Boden.

»Hast du zwei Euro?«, fragt Jennifer hoffnungsvoll.

Polina schüttelt die Locken. »Nö.«

»Ich auch nicht«, jammert Jennifer, »nur wegen Mama und den blöden Zigaretten.«

Musti kramt hektisch in seinen Taschen. »Ist fast leer, Mann. Aber ist ja klar, ich brauchte mein Geld richtig dringend, weil ...« Er beißt sich auf die Lippen. Der Muskeltyp donnert genau auf sie zu. »Oh Mann«, jammert Musti. »Ich schwöre, der macht uns voll fertig.«

Zeck stemmt die Arme in die Seite. »Wie jetzt? Fridi verschluckt das Geld, und wir geben es ihm einfach so zurück?«

»Wir können es ihm gar nicht zurückgeben, weil wir nämlich wie immer pleite sind«, stöhnt Musti. »Hast du noch nicht kapiert? Außerdem haben wir jetzt echt keine Zeit. Willst du dich von dem zerfleischen lassen für Gerechtigkeit auf Erden, oder was? Ich schwöre, davon hat keiner was, Mann.«

»Diese Fieselschweiflinge, die haben doch so ein schlaues Buch?«, fällt Jennifer plötzlich ein.

»Ja, Mann, stimmt.« Musti nickt eifrig.

Die Kinder sehen Fridi gespannt an.

Der schüttelt den Kopf und schließt schnell die Augen. Im Dunkeln beruhigt sich das Kaninchen. »Aber es gibt Regeln«, bringt er stockend hervor. »Survival-Regel Nummer eins: Immer schön ruhig bleiben! Survival-Regel Nummer zwei: Gut vorbereitet sein. Survival-Regel Nummer drei: Drei Wochen ohne Nahrung, drei Tage ohne Wasser, drei Stunden ohne Schutz, drei Minuten ohne Sauerstoff.«

»Und schätzungsweise drei Sekunden, um abzuhauen«, ruft Zeck und spurtet los.

Fridi steht noch eine Blitzsekunde da wie festgefroren, dann zieht ihn eine *leicht klebrige* Hand vorwärts, und er läuft einfach mit. Es ist, als wenn die Angst auf einmal Beine bekommt.

*Weg, bloß weg!*

Bis plötzlich von hinten eine Stimme ertönt:

»Leu-te, ich hab ein Problem.«

Die anderen bleiben ruckartig stehen, nur Fridi macht noch ein paar schnelle Schritte. Polina sitzt auf dem Stromkasten, das Handy in der einen Hand, die Feile in der anderen, baumelt mit den Beinen und sieht sie mit großen Augen an.

»Ich komm nicht runter!«

Zeck braucht nur den Bruchteil einer Sekunde, schon ist er wieder bei Polina, die sich in seine Arme fallen lässt wie in so einem Liebesfilm. Hand in Hand rennen sie weiter.

»Wir müssen über den Markt.« Zeck gibt ihnen ein Zeichen, und sie schlüpfen zwischen die Marktstände, die rund um einen kleinen Platz aufgebaut sind.

»Mensch, lauft, der hat Fletscher von der Leine abgemacht!«, ruft Jennifer.

Fridis Rucksack hopst auf seinem Rücken gleich noch ein bisschen schneller. Seine Füße tun jetzt so weh, dass ihn bei jedem Schritt ein stechender Schmerz durchzuckt.

»Fletscher kommt!«, schreit Jennifer aufgeregt.

Fridis Beine rennen wie von selbst. Dabei bleibt er mit seinem Riesenrucksack dauernd irgendwo hängen, an ein paar Taschen, die an einem Marktstand baumeln, an einem »Esst mehr Obst«-Schild, das im Wind flattert, an einem gestrickten Pullover mit Elchen drauf. Mit glühendem Kopf rennt er weiter. Muskelprotz ist ihnen dicht auf den Fersen. Von hinten hören sie seine Stimme. »Fletscher, da rüber!« oder »Fass, Fletscher!« oder »Los, Fletscher, schnapp sie dir endlich!«.

Die Kinder rempeln durch die Menge.

»Hierher!«, ruft Zeck, als sie um eine Ecke biegen, und ist schon dabei, unter einen leeren Marktstand zu krabbeln. Er hält die Plane hoch, und in Windeseile kommen Polina, Jennifer und Musti angerannt und kriechen zu ihm unter den Tisch, nur Fridi bleibt mit seinem Rucksack natürlich stecken. Jennifer hilft ihm, das Ding von seinem Rücken zu zerren. Zeck zieht den Rucksack unter den Tisch, und Fridi krabbelt zu den anderen in die Dunkelheit. Hier hocken sie dicht an dicht mit schlagenden Herzen und linsen durch einen Spalt in der Plane.

»Ich schwöre, ist genau wie bei *Ein starkes Team*.« Musti muss tief Luft holen, bevor er weitersprechen kann. »Ich hab euch doch von der neuen Serie erzählt, die ich gerade gucke, mit dem Kommissar mit der Mütze, Otto, der macht auch immer so wilde Verfolgungsjagden.«

»Mensch, zum Glück ist der Typ, dem der Stand gehört, noch nicht da, sonst hätten wir jetzt echt ein Problem«, meint Zeck. Im nächsten Moment hört man Fletschers lautes Bellen. »Andererseits kommt da schon das nächste Problem auf uns zu.« Zeck zieht seinen Kopf zurück. »Ganz still bleiben, nicht bewegen.« Aber das hätte er gar nicht erst zu sagen brauchen. Fridi sitzt mucksmäuschenstill da, nur sein Hasenherz schlägt wie verrückt.

*Dusch, dusch, dusch.*

# Sabber und Schleimbrei

Im nächsten Moment schiebt sich Fletschers Schnauze durch die Plane. Er röchelt wütend, und seine Zunge hängt ihm sabbernd aus dem Maul. Zwischen den schwarzen Lefzen sieht man selbst im Dunkeln scharfe weiße Zähne blitzen.

»Ganz ruhig bleiben«, meint Zeck.

*Wie bitte soll man ruhig bleiben, wenn eine Bestie einen gleich zerfleischt???*

Musti versucht, ganz weit wegzurücken.

»Hat jemand von euch vielleicht was zu essen?«, fragt Jennifer mit Flüsterstimme.

»Was zu essen wär jetzt echt gut«, stöhnt Musti vom äußersten Rand.

*Fridi hört wohl nicht richtig?*

»Geht's noch?«, fragt Zeck.

Im nächsten Moment schlägt sich Musti an die Stirn. »Stimmt! Ist ja Ramadan, Mann.«

»Wie könnt ihr jetzt ans Essen denken?«, faucht Polina.

»Ja, stimmt, Mann. Wieso redest du von Essen? Bei mir ist schon schlimm, aber bei dir ist noch schlimmer. Hier ist eine Bestie, die will uns fressen. Und bestimmt nicht solche dürren Hungerhaken wie euch, ich schwöre, der hat's voll auf mich abgesehen.«

»Mensch, ich will doch jetzt nichts essen«, zischt Jennifer, »wir müssen Fletscher ablenken.«

*Okay, na, wenigstens etwas.*

»Scheiße, ich komm nicht an meine Tasche ran!«, stöhnt Zeck.

Musti wirft Zeck einen Blick zu, und selbst im Dunkeln kann man sehen, dass er nicht glaubt, dass in dieser Tasche irgendetwas drinsteckt, was ihnen weiterhelfen kann.

Da fällt Fridi etwas ein. Er stößt Jennifer an. »Die Hundekuchen«, flüstert er und verschluckt sich fast vor lauter Aufregung.

»Die hab ich vorhin schon aufgegessen«, flüstert Jennifer zurück.

*AUFGEGESSEN?*

*Ja, wenn sie vorhin nicht so verfressen gewesen wäre! Ich mein, wie kann man nur Hundekuchen, so als kleinen Snack für zwischendurch, in der Bauchtasche mit sich rumtragen, andererseits, wenn ich daran denke, was ich in meiner Bauchtasche mit mir rumtrage ... Oh Mann, das ist es!*

»Ich hab was!«, flüstert Fridi. Ganz langsam macht er den Reißverschluss auf. Der Brei ist eindeutig fester geworden. *Echt eklig!* Fridi fragt sich gerade, wie er ihn da am besten rauskriegt und ob er jetzt wirklich so einfach reinfassen soll, da schiebt sich die sabbernde Hundeschnauze auch schon ganz nah an ihn heran. Mit schreckensgeweiteten Augen starrt er auf die riesige dunkle Zunge. Er sitzt da wie ein Kaninchen kurz vor der Wiederbelebung. Bestimmt hat er kaum noch Puls. Er atmet nur noch ganz flach.

*Ich glaube, ich sterbe, ich STERBE! ICH STERBE!*

Aus seiner Bauchtasche hört man ein Keuchen, Kauen, Schlucken und Schnaufen, Röcheln, Schlabbern, Sabbern und Schmatzen. Dann schlägt ihm ein Stoß warmer Hundeatem mitten ins Gesicht – *eine Mischung aus Salami, schwit-*

zendem *Gras, Kompost und fauliger Milch* –, und plötzlich fährt ihm etwas – *oh mein Gott!* – übers Gesicht. *Fühlt sich an wie ein warmer Lappen, ein stinkender warmer Lappen ...* Fridi spürt, wie er ganz schwach wird. Fletscher hört gar nicht auf, ihn abzulecken. »Nun komm schon, mein Kleiner, *Kleiner ist gut*, genug gefressen, geh schön zurück zu Herrchen«, sagt Jennifer mit ganz sanfter Stimme und versucht, den Boxer in Richtung Plane zu schieben.

Da dröhnt auf einmal die Stimme von Muskel zu ihnen unter die Plane.

»Leise«, zischt Zeck.

Die Kinder hocken ganz starr da. Fridi kann sich sowieso nicht mehr rühren.

»Pfui. Komm her, Dicker, was frisst du denn da schon wieder?«, schimpft Muskel und bückt sich jetzt so schräg nach unten.

»Inschallah«, murmelt Musti und schließt die Augen.

*Gleich hat er uns, gleich hebt er die Plane hoch, und wir sitzen in der Falle.*

Alle starren auf die beringte Hand, die sich ihrem Versteck nähert. Ein dicker silberner Ring, auf dem sich zwei Knochen kreuzen, *was sonst.* Doch plötzlich schreit der Typ laut auf. »Mich hat was gestochen!« Er fährt herum und richtet sich auf. »Aua, scheiße, Mann. Was war das?«, ruft er entsetzt. Im nächsten Moment macht Fletscher einen Satz unter der Plane hervor. Muskel schnappt ihn sich und zieht ihn, laut fluchend, hinter sich her.

Die Kinder krabbeln unter dem Marktstand hervor. Jennifer sieht den beiden nach. »Ich wüsste bloß mal gerne, was Muskel gestochen hat.«

»Das war ich.« Polina lächelt und zieht ihre reichlich verbogene Feile hinter dem Rücken hervor. »Mit der da.«

»Wo hast du ihn denn hingestochen?«, erkundigt sich Zeck.

»Na, in den Po natürlich«, meint Polina. »Den hat er mir so richtig schön entgegengestreckt, wie eine Wassermelone. Da musste ich einfach reinpiksen.«

Die anderen lachen. Jennifer ist ganz beeindruckt. »Vielleicht sollte ich auch eine Feile mit mir rumtragen«, meint sie.

»Wozu, deine Fingernägel sind eh abgekaut«, stellt Polina mit einem Blick auf Jennifers Hände fest.

»Stimmt auch wieder.« Jennifer zuckt seufzend die Achseln.

Zeck sieht Fridi amüsiert an. »Sag mal, Kumpel, eine Frage: Warum hast du Brei in deiner Tasche?«

Fridi schluckt.

»Also, ich finde, jeder Mensch hat das Recht, in seiner Bauchtasche mit sich rumzutragen, was er will!«, verkündet Jennifer.

»Genau!«, meint Musti. »Einer hat Brei dabei«, er stockt und fasst sich an die Tasche, »und einer eben was anderes, Mann.« Musti schielt zu Zecks Beutel: »Ich schwöre, du hast bestimmt nur so Gemüse da drin, aber kannst du, ist okay, Bruder!«

Sie wissen alle, dass Zeck am liebsten gesunde Sachen isst. Er hat sogar die Marshmallows von seiner kleinen Schwester weggeschmissen, weil Martha beschlossen hat, sich nur noch von Marshmallows und Schokopoppis zu ernähren und Zecks Eltern das völlig in Ordnung finden. Zeck aber nicht!

»Und der Brei war doch echt praktisch!«, meint Jennifer. »Also, zum Verfüttern jetzt, nicht zum Essen.«

»Absolut!« Zeck nickt. »Okay, Survival-Regel Nummer fünf: Hab immer ein bisschen Schleimbrei in der Tasche.«

Die anderen lachen. Nur Musti macht ein gequältes Gesicht.

»Was ist?«, erkundigt sich Jennifer.

»Ich schwöre, hier riecht es überall so gut«, murmelt er und schnuppert. »Und ich darf doch nichts essen, Mann.« Er wirft einen Blick in den strahlend blauen Himmel. »Aber ist ja zum Glück bald Sonnenuntergang.«

*Zum Glück?* Und schon ist es wieder da, sein Problem. Survival-Regel Nummer drei: Bis heute Abend einen Unterschlupf finden ... auch wenn das in Wirklichkeit ja noch ein paar Stunden dauert.

*Was ich sehe*
*Eine Zigarettenkippe*
*kalte Asche*
*Wolkenschatten auf den Steinen*

# Ein fantastischer Plan

»Also, was machen wir an diesem schönen Tag ganz ohne Schule?« Zeck sieht die anderen erwartungsvoll an und lässt seinen Jutebeutel ein bisschen hin und her schwingen.

Fridi schielt auf seine Wanderschuhe, seine Füße tun mordsmäßig weh. *Also, viel laufen kann ich echt nicht!*

Während ihre Finger in Windeseile eine Nachricht schreiben, meint Polina: »Also, am Montag schreiben wir eine Biologiearbeit zum Thema *Der Wald als Lebensraum ...*«

Es durchzuckt Fridi wie ein Blitz! *OH GOTT! Die Arbeit, die hab ich bei der ganzen Aufregung ja völlig vergessen. Auch das noch! Dabei hat Herr Schmittkatze uns extra noch mal daran erinnert! Aber ich war einfach zu sehr damit beschäftigt, mich auf diese blöde Ankerkreuz-Prüfung vorzubereiten und im Internet zu recherchieren: Knoten, Nähen, Feuer machen! So eine Scheiße!*

»Wie wär's mit Kino?«, meint Jennifer schnell, die bestimmt auch nicht für die Arbeit gelernt hat, aber im Gegensatz zu ihm macht ihr das ja nichts aus. Meistens guckt sie sich die Sachen sowieso erst morgens beim Frühstück an, deshalb sind auf den Heften auch oft Milch- oder Schokoladenflecken von den Nougat Bits drauf. Fridi hofft jedenfalls, dass sie so was zum Frühstück isst und nicht etwa Hundekuchen mit Milch oder so. *Also, zuzutrauen wär's ihr!*

Jennifers Gesicht verdüstert sich. »Das Blöde ist, ich hab echt überhaupt kein Geld, ich mein, auch zu Hause nicht, ihr?«

Die anderen schütteln die Köpfe.

»Kino ist nicht«, meint Zeck.

»Also, ich hab sowieso nicht viel Zeit, ich hab morgen nämlich ein Vortanzen.« Polina klemmt sich das Handy unters Kinn und beginnt, sich das lange blonde Haar zu bürsten.

»Vortanzen?«, fragt Zeck und hebt eine Augenbraue.

Polina nickt. »In der Ballettschule. Wenn ich das bestehe, werde ich professionelle Balletttänzerin.«

Musti pfeift durch die Zähne. »Nicht schlecht, Mann!« Er überlegt einen Augenblick. »Was heißt professi-dingsda?«

Polina hört einen Moment auf, sich zu bürsten. »Professionell bedeutet, dass man das dann später mal beruflich macht.«

»Nicht nur so als Hobby«, erklärt Zeck.

»Ganz genau. Das erfordert natürlich viel Arbeit und Willen«, Polina stockt, »und Talent.« Sie hebt den Kopf, fängt das Handy gekonnt mit einer Hand auf und steckt mit der anderen die Bürste wieder in die Balletttasche.

»Gehste dann nicht mehr auf unsere Schule?«, fragt Zeck und wischt mit dem Schuh über den Asphalt.

Fridi wirft einen schnellen Blick zu ihm rüber. *Ist ja klar, dass er Polina gernhat.*

Polina schüttelt den Kopf.

»Schade«, meint Musti, »ich schwöre, auch wenn du manchmal ziemlich anstrengend bist, wirst du mir fehlen, Mann.« Er lächelt Polina an, und Polina lächelt nur ein bisschen beleidigt zurück.

»Ja, echt so«, meint Jennifer und guckt auch ganz traurig.

*Ich fände es auch schade, wenn Polina nicht mehr da wäre, auch weil es immer gut ist, einen dabeizuhaben, der noch* weniger mutig ist und sich noch weniger traut als man selber. Da fällt man weniger auf. Vor allem, weil Polina sich immer so anstellt. Aber das kann ich ihr ja schlecht sagen und außerdem kann ich so was auch nicht. Sobald es um Gefühle geht, BÄM, springt das Kaninchen hervor.

Polina seufzt. »Zuerst muss ich mal das Vortanzen bestehen.« Sie hebt ihre Beine und beginnt, mit ihren Sneakern abwechselnd in der Luft zu wedeln.

»Okay, ich bin ehrlich, ich hoffe, du bestehst nicht«, meint Zeck so halb im Spaß. Er ist ja eigentlich dafür, dass jeder sich frei entscheiden kann, wie er so leben will, und dass die anderen das dann akzeptieren müssen, ganz egal, ob es ihnen passt oder nicht. In diesem Fall aber fällt ihm das sichtlich schwer. Das merkt man.

»Okay, Leute, was machen wir jetzt?«, fragt Jennifer.

»Lernen, was sonst?«, meint Zeck und blickt ernst in die Runde.

Musti macht ein ungläubiges Gesicht. »Echt, Mann?«, jammert er. »Ich schwöre, was hab ich mit dem blöden Wald zu tun?«

Fridi überlegt. Um ehrlich zu sein, fände ich das gar nicht so schlecht, das mit dem Lernen. Ich bin noch nie unvorbereitet in eine Arbeit gegangen. Ich lerne jetzt nicht, weil ich das alles so spannend finde oder weil ich supertoll sein will, aber Lernen hilft gegen die Angst, die Angst, dazusitzen und nichts zu wissen, die Angst vor dem strengen Ausdruck in Herrn Schmittkatzes Gesicht, die Angst vor Mamas enttäuschten Augen und Papas blöden Sprüchen. »Always give your best!« Dabei gebe ich eigentlich immer mein Bestes, klappt bloß nicht immer. Lernen verscheucht das Kaninchen.

*Ja, ich bin auf jeden Fall dafür, aber das sage ich lieber nicht laut, sonst denken die anderen noch, ich bin ein Streber!*

»Spaaaß«, meint Zeck und lacht.

Fridi lässt sich seine Enttäuschung nicht anmerken. Hätte er sich ja denken können!

»Na, da bin ich aber froh«, murmelt Jennifer.

»Und ich erst.« Musti atmet aus. Er schmeißt die Arme in die Luft. »Scheiß auf den Wald, Mann! Wir haben heute bisschen Spaß.«

»Oh ja!« Jennifer boxt Fridi in die Seite.

*Nur wie, bitte, soll man Spaß haben, wenn das Kaninchen die ganze Zeit in einem lauert? Wenn ich bis heute Abend keinen Unterschlupf gefunden habe, bin ich erledigt. Mal ganz zu schweigen davon, dass mir ein Zweieurostück im Hals steckt.*

Fridi wird plötzlich ganz schwach. Der Rucksack auf seinem Rücken ist so schwer, und die Schuhe drücken so doll, dass er sich zu einer Bushaltestelle schleppt und sich auf einen der weißen Plastiksitze fallen lässt. Wegen dem blöden Rucksack sitzt er nur mit einem Stückchen Po auf dem Sitz. Er lehnt sich nach hinten und schließt für einen Moment die Augen. *Ich weiß echt nicht mehr, was ich machen soll!*

»Was ist los, Mann?«, fragt Musti und rüttelt ihn an der Schulter. Fridi öffnet die Augen. Die anderen stehen vor ihm und gucken ihn mit großen Augen an.

»Willst du Bus fahren?« Zeck grinst.

*Eigentlich gar keine schlechte Idee. Ich könnte mich einfach in den Bus setzen und losfahren, egal wohin, vielleicht bis ans Ende der Welt oder lieber noch ein bisschen weiter ...*

Fridi fühlt sich so schlapp, dass selbst das Kaninchen in ihm drin keine Kraft hat, hervorzuspringen.

*Was ich sehe*

*Sonnenblumenschalen*

*Einen Riss im Asphalt*

*Eine graue Feder*

»Jetzt sag uns doch endlich, was los ist.« Jennifer lächelt ihn ganz sanft an.

Fridi senkt den Blick unschlüssig auf seine dicken Wanderschuhe. Er holt tief Luft und piepst, ohne jemanden anzusehen: »Ich bin weggelaufen.«

Die anderen starren ihn an.

»Na ja, nicht richtig«, beginnt Fridi kläglich. *Los, Fridi Schulze, fang einfach an!* Dass seine Ohren schon wieder ganz warm sind, versucht er einfach zu ignorieren. »Also, mein Vater, der wollte unbedingt, dass ich auf diese Pfadfinder-Fahrt gehe. Er hat mich heute früh zum Treffpunkt gebracht, aber mich dann schon früher rausgelassen, weil er keinen Parkplatz gefunden hat.« Fridi hält einen Moment inne. *Okay, der Anfang ist schon mal geschafft!* Er atmet einmal tief durch. »Das war gut, ich wollte nämlich noch schnell was aus meinem Rucksack nehmen, das hat meine Mutter mir eingepackt, aber es gehört da eigentlich nicht rein.« *Na bitte, geht doch!* Fridi räuspert sich. »Und der Hortenleiter, also Keule, der kontrolliert doch immer die Rucksäcke, ob man auch keine verbotenen Sachen dabeihat.«

Musti zieht die Augenbrauen hoch. »Verbotene Sachen? Messer, oder was?« Er haut Fridi auf die Schulter. »Ts, ts, ts, packt der heimlich Messer ein ... Hätte ich nicht von dir gedacht, Mann.«

Fridi schüttelt hastig den Kopf, er beißt sich auf die Lippen und schließt die Augen, ganz fest. Dann flüstert er: »Meine

**65**

Mama hat mir meinen Schlafanzug eingepackt, damit ich mich draußen nicht erkälte.« Er spürt, wie Tränen in seinen Augen aufsteigen, und kneift sie gleich noch ein bisschen fester zusammen. »Und man muss sich genau an die Packliste halten, na ja, und der Schlafanzug steht nicht drauf«, piepst Fridi.

»Na und?« Zeck sieht ihn mit unverständlichem Gesicht an. »Wo ist das Problem? Dann sagen die, Schlafanzug ist nicht, und du lässt das Ding eben da.«

»Ja, Mann, immerhin kein Messer oder so.«

Fridi schielt an den anderen vorbei aufs Pflaster, als würde da was Interessantes liegen, *ganz viele schwarz-weiße Sonnenblumenschalen zum Beispiel.* Dann zwingt er sich weiterzusprechen. »Der Schlafanzug, der ... der hat so Hasenohren und unten Füße dran und«, er stockt, »ein Puschelschwänzchen, und er ist pink.«

Fridi ist knallrot im Gesicht. »Ich wollte den gar nicht, aber meine Mama fand den so niedlich.« *Okay, jetzt ist es raus! Auch wenn meine Ohren sicher grad dieselbe Farbe haben wie der Smiley-Anhänger an Jennifers Rucksack!*

Die anderen sehen Fridi mit großen Augen an.

Musti muss so lachen, dass er sich beinahe verschluckt. »Wie alt bist du, Mann, dass deine Mutter dir so was kauft.«

Zeck beißt sich auf die Lippen. Polina versucht, sich ein Kichern zu verkneifen.

Nur Jennifer scheint absolut nichts Ungewöhnliches an einem pinken Hasenschlafanzug mit Ohren und Puschelschwänzchen zu finden. »Süß!«, meint sie. »Ich hab auch einen Panda-Onesie, ganz kuschelig. Hey, dann sind wir Zwillinge.«

Fridi zupft verlegen an seinen Haaren herum. *Bloß keine Pause machen, am besten gleich weiter.* »Ich hab gedacht, wenn ich jetzt zu spät da ankomme, dann kontrolliert der meinen Rucksack, und alle sehen zu, und dann zieht der den Schlafanzug raus, und … ich mein, die hätten sich doch totgelacht, ich geh auf Fahrt mit einem Hasenschlafanzug.« Er räuspert sich, als er weiterspricht, ist er etwas heiser. »Und man kriegt da auch immer so Spitznamen.« Fridi macht eine Pause. »Und ich hab noch keinen.«

»Da wärst du tot gewesen, Bruder.« Musti haut Fridi auf die Schulter und nickt mitfühlend. »Richtig so, dass du abgehauen bist.« Er denkt nach. »Ich schwöre, stell dir mal vor, was man da alles findet, Mann: Hasi, Puschelchen.«

Und Polina ergänzt, ohne den Blick von ihrem Handy zu nehmen: »Mümmelmann, Stummelschwänzchen.«

»Also, ich fänd Bunny lustig oder Pupshase«, überlegt Jennifer.

Musti versucht tapfer, ein Lachen zu unterdrücken.

Zeck grinst. »So ein Schlafanzug gibt auf alle Fälle 'ne Menge her.«

*Genau! Wenigstens sehen die anderen das auch so!* Fridi holt Luft: »Und ich bin die Straße langgerannt und hab mir vorgestellt, wie die den Schlafanzug finden und lachen und was für Namen die mir dann geben, und ein Stück weiter standen die schon alle so zusammen mit Rucksäcken auf dem Rücken, na ja, und da bin ich einfach vorher abgebogen und hab mich in einem Internetcafé versteckt.«

Fridi atmet tief durch. Er spürt zwar immer noch die Anspannung, und seine Ohren sind auch noch ganz warm, aber vom Kaninchen keine Spur. Also fährt er fort: »Eigentlich wollte ich im Internetcafé ja nur den Schlafanzug rausnehmen und irgendwo verstecken ...«

»Gute Idee, Mann!« Musti nickt begeistert.

»... aber als ich den Rucksack endlich aufgekriegt hatte, da hab ich vom Fenster aus gesehen, dass die schon weg waren ...« Fridi bricht ab. Ihm wird gleich wieder ganz mulmig zumute.

»Wo wolltest du ihn denn verstecken?«, erkundigt sich Jennifer.

»Auf dem Klo«, piepst Fridi, seine Stimme wird immer krächzender, »hinter dem Spülkasten, das machen die in Filmen immer so.«

»Ja, hast recht, Mann.« Musti nickt anerkennend. »Bei *Ein starkes Team* verstecken die **immer** so Schmuggelsachen auf dem Klo in diesen Dingern da oben, ist der beste Ort dafür, ehrlich.«

Fridi ist gleich ein bisschen weniger kläglich zumute, und er fährt fort: »Ich hab dann Keule, unserm Hortenleiter, von einem Computer eine Nachricht geschickt, dass ich leider ziemlich krank im Bett liege mit Fieber und so.« Ein schelmisches Lächeln huscht über Fridis Gesicht. »Heute sind ja alle vorsichtig, da will ja keiner, dass man krank irgendwo hingeht und jemanden ansteckt.«

»Du hast die voll hopsgenommen, Mann.« Musti lacht. »Ich schwöre, hätte ich dir gar nicht zugetraut.«

Verlegen zupft Fridi an den Riemen seines Rucksacks. Dann holt er sehr tief Luft. »Jetzt weiß ich nicht, wohin, und ich wollte euch fragen, ob ihr mich vielleicht verstecken könnt.« Vorsichtig hebt er den Kopf.

Musti zuckt mit den Schultern. »Nee, Mann, geht leider

nicht. Ich teile das Zimmer mit Serkan. Unsere Wohnung ist echt bisschen zu klein. Na ja, Nilgün hat ein eigenes Zimmer, weil sie Ruhe braucht zum Lernen, aber da sitzt sie immer drin, ich schwöre, die lernt den ganzen Tag.«

Polina guckt angestrengt auf ihr Handy und wehrt gleich ab.»Unmöglich. Meine Mutter, die würde das sofort merken.«

Fridi sieht Jennifer an. Die denkt nach.»Eigentlich ginge das, Mama kommt nicht so oft in mein Zimmer. Aber meine Oma ist grad zu Besuch, ihr wisst schon, aus Zwickau, und die macht überall sauber. Mama ist jetzt schon tierisch genervt, ich glaub, die ist heilfroh, wenn Oma endlich weg ist.« Sie guckt Fridi traurig an und zuckt mit den Schultern.»Tut mir echt leid.«

Fridi fühlt sich, als hätte ihm jemand in den Magen geboxt. *Tja, Fridi Schulze, sieht verdammt schlecht für dich aus!*

»Was ist mit Kolomoro?« Polina hebt den Kopf vom Handy. Das ist der Schrebergarten von Jennifer Klars totem Opa, da steht eine Laube mit Bett drin und allem Drum und Dran. Daran hat er ja noch gar nicht gedacht. *Das ist die Rettung!*

Aber Jennifer schüttelt schon bekümmert den Kopf.»Geht leider auch nicht. Da wohnt gerade Bernd, der hatte nichts, wo er schlafen konnte, und Mama hat gesagt, er kann erst mal dahin, aber nur drei Wochen, dann muss er sich was anderes suchen.« Jennifer seufzt. Fridi guckt betreten auf seine dicken Wanderschuhe.

Nur Zecks Augen blitzen.»Keine Panik, Leute. Meine Eltern hätten bestimmt nichts dagegen, wenn du bei uns pennen würdest, aber die sind sowieso grad auf irgendeinem Festival.«

»Toll, du hast Sturm«, jubelt Jennifer begeistert.

Zeck nickt und kickt mit dem Schuh sacht gegen den Einkaufsbeutel. »Ihr könnt alle zu mir kommen.«

*Warum sagt er das denn nicht gleich? Warum macht er es so spannend und lässt mich zappeln? Ich weiß auch nicht, manchmal will Zeck echt so richtig als Held dastehen!*

»Au ja, wir machen 'ne Hause!«

»'ne was, bitte schön?« Zeck runzelt die Stirn.

»Das macht meine Großcousine immer mit ihren Freunden, wenn ihre Eltern nicht da sind.«

»Ja, Mann, aber was macht man da?«

Jennifer überlegt. »Na, da isst man Chips und guckt fernsehen und so, genau weiß ich das auch nicht.«

»Ich schwöre, hört sich gut an, Mann.« Musti strahlt.

*Das hört sich sogar so was von gut an ...*

»Also, ich frag Mama jetzt, ob ich bei dir schlafen kann.« Jennifer strahlt und zieht ihr Handy aus der Glitzertasche. In Windeseile gleiten ihre Finger über das Display. Im nächsten Moment nickt sie zufrieden. »Mama hat schon geantwortet, Daumen hoch, also alles okay.«

Musti zückt ebenfalls sein Handy, und obwohl er türkisch spricht und sie kein Wort von dem verstehen, was er sagt, hört man doch, wie er seine Mutter umgarnt, mit seiner Stimme könnte er glatt ein Stück Schokolade zum Schmelzen bringen. Als das Gespräch beendet ist, lächelt er zufrieden. »Alles in Butter, Mann. Ich hab gesagt, dass wir lernen für Bio, das findet *anne* gut. Lernen klappt immer. Ich schwöre, am liebsten will sie, dass ich den ganzen Tag lerne wie Nilgün. Lernen, lernen, lernen, Mann.«

»Ich würde schon gerne!« Polina guckt traurig auf ihr Handy. »Aber wenn ich meine Mutter jetzt frage, sagt sie unter Garantie Nein, weil sie will, dass ich mich aufs Vortanzen vorbereite.«

»Wie bereitet man sich denn darauf vor?«, fragt Jennifer neugierig.

»Ich soll mich dehnen, nur leichte Kost zu mir nehmen, klassische Musik hören, früh schlafen gehen und meine Fußübungen machen.«

Musti sieht sie fragend an. »Fuß drehen, oder wie?«

Polina spielt nervös mit ihrem Handy. »Ich hab einen Fußstretcher, da spanne ich meinen Fuß ein, fixiere ihn mit einem dicken Gummi und dehne ihn.«

»Autsch!« Jennifer verzieht ihr Gesicht.

»Hört sich an wie ein Folterinstrument, Mann.«

»Tut das nicht weh?«, fragt Jennifer mitleidig.

Polina zuckt die Achseln. »Ich frag meine Mutter später«, murmelt sie.

»Super, Leute!«, jubelt Jennifer. »Wir haben heute garantiert richtig viel Spaß!« Sie pufft Fridi in die Seite. »Na, was hab ich gesagt? Die Wette hab ich schon so gut wie gewonnen.«

*Survival-Regel Nummer drei: Einen Unterschlupf für die Nacht finden, check! Jetzt hab ich nur noch ein Problem am Hals, oder besser: im Hals.*

Zeck und Musti strecken Fridi die Hände entgegen und ziehen ihn vom Plastiksitz hoch. Sein Po ist eingeschlafen, der kribbelt wie verrückt, gleichzeitig spürt er ihn nicht mehr, was eine komische Mischung ergibt.

»Tja dann, auf zu mir!«, meint Zeck.

# Gemischte Gefühle

»Aber vorher muss ich noch schnell am Automaten vorbei, der muss hier irgendwo sein.« Musti guckt auf sein Handy. Im nächsten Moment stößt er einen tiefen Seufzer aus. »Mist, der Akku ist alle, Mann.«

»Suchst du einen Geldautomaten?«, fragt Polina.

Jennifer verdreht die Augen. »Ist doch wohl klar, dass er einen Süßigkeitenautomaten sucht!«

Musti schüttelt den Kopf, sieht sich einen Moment um und steuert dann einen Angelladen an. Die anderen folgen ihm. An der Tür hängt tatsächlich ein Automat, allerdings nicht für Geld oder Süßigkeiten ...

»Igitt«, Polina fängt an zu kreischen, »ein Automat für Maden!« Vor lauter Schreck fällt ihr fast das Handy aus der Hand. »Die leben ja noch! Ist ja widerlich!«

Jennifer kichert los.

*Typisch!*

Mit einem breiten Lächeln hält Musti eine durchsichtige Schachtel mit sich windenden Maden in seiner Hand. »Hm, leckere, dicke Maden«, lockt er.

»Das ist so was von ekelhaft! Willst du die etwa essen?« Entsetzt starrt Polina ihn an.

»Quatsch, Mann, wo denkst du hin! Ich schwöre, ich find die auch nicht so lecker«, meint Musti und macht ein angewidertes Gesicht.

Zeck lacht. »Los, spuck's aus, wozu brauchst du die Dinger?«

Doch Musti winkt ab. »Ist geheim, Mann.« Mit schnellen Schritten geht er zu Fridi. »Darf ich, Bruder?«, fragt er und stopft ihm die Schachtel hinten in den Rucksack.

*Also, das steht jetzt definitiv nicht auf der Packliste!*

Aber Fridi ist mit seinen Gedanken sowieso ganz woanders. Er hat da hinten nämlich was entdeckt, etwas Dottergelbes ...

Musti macht ein zufriedenes Gesicht. »Ich schwöre, wir haben heute bestimmt richtig viel Spaß, und dabei kann ich bisschen über mein Leben nachdenken, also, was ich werden will.«

... zum Glück nur der Zipfel einer Regenjacke, bei genauem Hingucken nicht dottergelb, sondern mehr so neonorange, also falscher Alarm! Vor lauter Aufregung hat er sich aber verschluckt und bricht auf einmal in ein solch krächzendes Husten aus, dass alle ihn entsetzt anstarren. Fridi fasst sich an den Hals. *Jetzt, jetzt ist es so weit, jetzt sterb ich!*

Zeck macht ein besorgtes Gesicht. »Also, ich sag's mal so: Mit zwei Euro ist nicht zu spaßen. Ich mein, wenn es glatt durchgerutscht wäre, okay, dann wär ja alles klar, aber wenn es noch irgendwo steckt, müssen wir ins Krankenhaus.«

»Aber meine Eltern«, röchelt Fridi. *Ich mein, die werden dann doch bestimmt benachrichtigt.*

Bei dem Gedanken wird er gleich von einem neuen Hustenanfall geschüttelt, diesmal so stark, dass er ganz rot im Gesicht wird und nach Luft schnappen muss.

»Ach, die kriegen das gar nicht mit.« Jennifer winkt ab.

»Echt so!« Musti nickt.

*Na ja, ist vielleicht wirklich besser als sterben, mein ich.*

»Los, gehen wir«, Zeck sieht die anderen an, »das Krankenhaus ist gar nicht so weit.«

Jennifer ist plötzlich ganz aufgekratzt. »Mensch, da war ich mal, mit meinem Papa, weil ich vom Garagendach gesprungen bin und mich am Knie verletzt hab.«

Polina verdreht nur die Augen.

»Na ja, da waren Mama und Papa schon getrennt. Papa wusste nicht, wie er mich ins Krankenhaus kriegen sollte, Taxi kostet ja was, und er war grad knapp bei Kasse, da hat sein Kumpel Manni einen Einkaufswagen organisiert, und sie haben mich einfach reingesetzt. Die waren beide noch aufgeregter als ich und haben sich die ganze Zeit gestritten, wer hinten schiebt und wer vorne und dass der eine dem anderen noch Geld schuldet und so, und als wir dann im Krankenhaus ankamen, waren sie so verkracht, dass Manni gleich wieder abgehauen ist. Bei der Untersuchung hat der Arzt dann gesagt, das Bein muss amputiert werden oder so ...«

»Bestimmt punktiert«, verbessert Zeck. »Das ist eine Methode, bei der sie dir ins Knie reinstechen und etwas Flüssigkeit rausziehen, um sie zu untersuchen.«

»Iih, na, besten Dank auch.« Jennifer schüttelt sich. »Jedenfalls hab ich gedacht, die wollen mir das Bein abnehmen, punktieren und amputieren und abmontieren hört sich ziemlich ähnlich an. Na ja, ich hab natürlich wie am Spieß geschrien. Und da kam mein Vater angerannt und hat ganz laut gebrüllt: ›Keiner nimmt meiner Tochter das Bein ab!‹ Der war richtig besorgt und panisch, hatte natürlich auch Schiss, wie er das Mama erklären sollte, da bin ich einmal ein Wochenende bei ihm und komm wieder und hab nur noch ein Bein. Mama wäre ausgeflippt.« Sie macht eine Pause. »Das ist meine schönste Erinnerung an Papa, wie er über den Flur gerannt ist und immer so gebrüllt hat: ›Keiner nimmt meiner Tochter ein Bein ab!‹« Jennifer kichert. »Na ja, Papa war ein bisschen voll, deshalb hat sich Mama ja auch von ihm getrennt, er hat einfach immer zu viel getrunken.«

Fridi ergänzt im Kopf sofort seine Liste.

*Gründe der Trennung: zu viel trinken.*

Er überlegt. Sein Papa trinkt auch mal ein Bier oder zwei, am Wochenende, wenn er seine Western guckt, aber sonst eigentlich nicht. Da hat er seine Prinzipien, weil er morgens früh aufsteht und im Büro fit sein muss. *Fit like a sneaker!*

Als er wieder zuhört, erzählt Jennifer immer noch.

»... aber zu mir war Papa eigentlich ganz lieb. Ich hab alles von ihm gekriegt. Auf dem Rummel hat er mir mal so viele Lose gekauft, bis ich den riesigen blauen Bären gewonnen hab. Über hundert Euro hat er ausgegeben und immer gesagt: ›Ick hol dir den Bären, pass mal uf, meene Kleene.‹ Na ja im Spiel hatte Papa noch nie Glück.« Sie überlegt. »In der Liebe aber eigentlich auch nicht.« Jennifer zuckt mit den Schultern. »An manchen klebt das Pech eben wie Kaugummi. Apropos, der ist durch!« Sie zieht einen langen Kaugummifaden aus dem Mund, drückt ihn wieder zusammen und kaut dann in aller Seelenruhe weiter. *Also echt!*

»Ich schwöre, da hätte er den Bären aber auch kaufen können«, meint Musti gedankenversunken.

»Oder sogar zwei oder drei von den Dingern«, ergänzt Zeck.

»Das wäre aber nicht dasselbe gewesen«, erklärt Jennifer.

»Mein Papa hat mir mal einen Ring geschenkt«, sagt Polina leise, »der hatte so einen blauen Stein, ich hab ihn immer getragen, nachdem Papa ausgezogen ist, aber irgendwann war er einfach verschwunden.«

Jennifer seufzt. »Irgendwann ist Papa auch einfach verschwunden, er hat jetzt eine Strandbar in Haiti, da machen ganz viele Stars Ferien, Johnny Depp war auch schon da.« Jennifer zuckt mit den Achseln. »Jedenfalls hab ich Papa seitdem nicht mehr gesehen. Der Teddy ist auch weg, jede Wette, den hat Mama auf eBay verkauft.«

»Aber das Bein ist wenigstens noch dran.« Zeck grinst und deutet mit dem Kopf auf ein großes Gebäude. »Da ist es!«

Jennifer spuckt ihren Kaugummi in hohem Bogen ins Gebüsch. »Na dann, Prost Mahlzeit.«

# Los, wir verschwinden!

Sie gehen durch eine automatische Tür und stehen in der Eingangshalle des Krankenhauses.

»Ey, Onkel Abdullah ist auch in diesem Krankenhaus, der hat bisschen Probleme mit Steinen«, verkündet Musti stolz.

Polina macht eine Pirouette. »Der Boden hier ist echt gut«, stellt sie begeistert fest.

Zeck, der locker an einem Pfeiler lehnt, schielt zu ihr rüber. »Sieht klasse aus.«

Polina schwankt ein bisschen. »Na, ich weiß nicht«, meint sie unsicher. »Mein linkes Bein ist immer so wackelig.«

Während sie weitergehen, fingert Musti an seiner Tasche herum, dabei fällt etwas Dunkles auf den grauen Krankenhausboden, rollt ein Stück und bleibt dann liegen. Ganz unauffällig stellt Fridi einen Fuß drauf und kann es nicht glauben: Das, was da unter seiner Sohle klemmt, ist nichts anderes als eine kleine runde Nuss.

*Eine Nuss? Wozu bitte schleppt Musti Nüsse in seiner Tasche rum? Ist er jetzt vielleicht auf Studentenfutter umgestiegen? Und Maden? So eine Art Superessen für Superhelden?*

»Also, die Notaufnahme ist da hinten«, informiert Zeck und bleibt stehen. »Die wollen bestimmt deine Versichertenkarte sehen.«

Fridi guckt ihn verständnislos an.

»Na, deine Krankenkassenkarte, da steht drauf, bei welcher

Krankenkasse du versichert bist beziehungsweise deine Eltern«, erklärt Zeck.

Jetzt weiß Fridi Bescheid! Seine Krankenkassenkarte liegt zusammen mit seinem Impfpass zu Hause auf der Küchenbank. *Na toll!*

»Hab ich nicht mit«, stottert Fridi.

Zeck pfeift durch die Zähne. »Ohne die behandelt dich aber kein Arzt, weil er nur so seine Kohle kriegt, die machen das ja nicht umsonst.«

»Wie jetzt? Also, ich hab gedacht, dass in einem Krankenhaus jeder behandelt wird, der irgendwie in Not ist«, meint Jennifer, »ob mit oder ohne so ein Kassendings da.«

»Ist so«, meint Musti, »ich schwöre, wenn du Schmerzen hast und die dich wegschicken, nur weil du nicht so eine Plastikkarte hast, ist das echt nicht in Ordnung, Mann.«

Zeck nickt aufgebracht. »Genau so läuft das aber hier, je mehr Geld du hast, desto besser wirst du behandelt.«

»Also, wir sind erster Klasse versichert, und wenn ich mal ins Krankenhaus muss, dann krieg ich die Chefarztbehandlung und ein Einzelzimmer.« Polina macht ein zufriedenes Gesicht.

»Ungerecht, Mann, mein Onkel liegt mit drei anderen im Zimmer. Und der eine schnarcht so doll und furzt auch immer noch dabei. Ich schwöre, mein Onkel kann nicht schlafen die ganze Nacht.« Musti grinst. »Na, zum Glück bin ich nicht so viel krank, Mann, das machen bestimmt die vielen Chips.« Er grinst zu Polina rüber.

Langsam gehen die Kinder zur Anmeldung. Fridi spürt genau, wie das Kaninchen in ihm lauert und seine Atmung schon wieder ganz flach ist.

»Keine Sorge, das schaukeln wir schon«, beruhigt ihn Jennifer und tritt an den Tresen, über dem ein großes Schild mit den Buchstaben *Notaufnahme* hängt. Jennifer räuspert sich. »Mein Freund würde gerne zu einem Arzt.«

Die blonde Frau bei der Anmeldung hebt den Kopf und mustert Jennifer durch ein kleines Fenster. »Was ist denn passiert?«, fragt sie und sieht Fridi forschend an.

Der kriegt sofort rote Ohren, und in seinem Mund sammelt sich wieder tierisch viel Spucke. Aber mal ehrlich: Selbst wenn er nicht den ganzen Mund voll Spucke hätte, würde er jetzt keinen Pieps rausbringen.

»Also, er hat was verschluckt«, antwortet Jennifer schnell.

»Und warum sagt er das nicht selber?«, fragt die Frau misstrauisch.

»Geht nicht, kann er nicht, es steckt ja da drin fest.«

Fridi guckt Jennifer dankbar an.

»Und was hat er verschluckt?« Die Frau notiert etwas auf einem Zettel.

»Das möchte er lieber nicht sagen.« Jennifer sieht der Frau ganz freundlich ins Gesicht.

Die Blonde kneift die Augen zusammen. »Pass mal auf, meine Kleine, das hier ist kein Witz, entweder du sagst mir jetzt, wo sein Problem ist, oder ihr geht schön wieder nach Hause.«

Da springt Zeck ihr zu Hilfe. »Er hat ein Zweieurostück verschluckt.«

»Donnerwetter«, die Frau hebt eine Augenbraue, »wie hast du denn das geschafft?«

Fridi ist knallrot. Und gleich läuft ihm bestimmt auch noch die Spucke aus dem Mund, weil runterschlucken geht ja nicht.

»Och, das war bloß so eine Wette«, meint Jennifer.

Die Blonde hebt auch die andere Augenbraue. »Wissen seine Eltern schon Bescheid?«

Jennifer nickt und macht ein ganz unschuldiges Gesicht. »Also, seine Mama, die kommt gleich, die holt noch seine Versicherungskarte und hat uns hier abgesetzt, damit es schneller geht und ihm schon mal jemand in den Hals gucken kann. Es kratzt da drin nämlich ganz fürchterlich.«

»Also, er hat echt Schmerzen«, springt Zeck ihr bei.

Die Frau guckt jetzt tatsächlich etwas milder und schiebt Jennifer einen Zettel rüber. »Oder soll seine Mutter den ausfüllen?«

Jennifer nickt. »Seine Mama füllt sehr gerne Zettel aus.«

»Gut, dann setz nur seinen Namen ein, damit wir wissen, wie dein Freund heißt.«

Jennifer nickt eifrig und beginnt zu schreiben. Fridis Hände zittern so, dass er garantiert keinen Stift halten könnte.

Die Blonde deutet in den Wartebereich. »Setzt euch noch einen Moment hin. Dauert noch.«

Jennifer hilft Fridi, den Rucksack abzunehmen. Dann setzen sie sich auf ein paar Stühle, die rund um einen weißen Plastiktisch stehen.

»Endlich sitzen, Mann!« Musti streckt sich behaglich auf dem Stuhl aus, doch im nächsten Moment zerrt er schon Polinas Jacke unter deren Po hervor. »Gib mal, Mann. Wenn mein Onkel hier runterkommt, weil er rauchen will oder so, soll der mich nicht sehen, ich schwöre, sonst erzählt er meiner *anne*, dass ich hier bin, dabei lerne ich ja für Bio.« Er zwinkert und hängt sich die rosa Jacke über die Schultern. »Jetzt erkennt der mich garantiert nicht.« Musti grinst.

»Aber wehe, du machst die schmutzig«, zischt Polina und zieht schon wieder ihr Handy aus der Tasche. Während sie mit den Fingern eine Nachricht schreibt, hebt sie abwechselnd die Füße in die Luft. Rechts, links, rechts …

»Bleib mal ruhig, Mann!« Musti haut ihr auf den Rücken.

»Musst du immer so brutal sein?« Polina rutscht empört ein Stück von ihm weg.

»Ich hab einfach Kraft, was soll ich machen?« Musti zuckt mit den Schultern.

Rechts, links, rechts …

»Ich schwöre, kannst du mal aufhören, mit den Beinen zu wackeln, das macht mich ganz nervös, Mann.«

Polina starrt nur auf ihr Handy und tut so, als hätte sie nichts gehört. Das Ding scheint an ihrer Hand festgewachsen zu sein.

Fridi hat vor lauter Aufregung immer mehr Spucke im Mund. *Kann man an seiner eigenen Spucke ersticken? Wahrscheinlich.* Vorsichtig zieht er ein Taschentuch aus dem Seitenfach seines Rucksacks, drückt es sich vor den Mund und spuckt heimlich rein. Im Nu ist das ganze Taschentuch vollkommen durchgeweicht. Verschämt lässt er es in einer der vielen Hosentaschen verschwinden. Wenigstens ist sein Mund jetzt leer, *also so halbwegs.* Leider kann er das Kaninchen nicht so einfach ausspucken und in die Hosentasche stecken. Das sitzt in ihm fest. Fridi räuspert sich. *Verdammt fest!*

»Aber wenn die mir dann die zwei Euro rausgeholt haben und meine Mutter nicht kommt, dann rufen die bestimmt bei mir zu Hause an.«

»Quatsch!« Jennifer winkt ab. »Wird schon hinhauen.«

Da ist sich Fridi aber jetzt wirklich nicht so sicher.

Doch Jennifer fährt schon fort: »Das Ding ist schneller wieder draußen, als du *Schokopoppis* sagen kannst.«

Augenblicklich sammelt sich neue Spucke in Fridis Mund, denn er fragt sich zum ersten Mal, wie das Zweieurostück da eigentlich wieder rauskommen soll. *Holen sie das mit einer Zange raus?* Sofort taucht das Bild einer riesigen Grillzange, die in seinem Hals steckt, vor ihm auf. *Oder mit einer Art Staubsauger?* Schon sieht er einen langen, dicken Schlauch in seinem Schlund verschwinden. *Hilfe!!!*

Gerade als Fridi vor lauter Schreck über das, was ihm gleich bevorsteht, vollkommen bewegungslos ist, paralysiertes Kaninchen eben, haut ihm Musti auf den Rücken, *dusch, dusch.* »Keine Panik. Die werden dich schon nicht aufschneiden, Mann.« *Dusch, dusch.* »Und vergiss nicht, denen zu sagen, dass du dein Geld wiederhaben willst. Ich schwöre, sonst behalten sie das nachher noch, und die machen hier echt genug Kohle!« *Dusch.*

Und da, Fridi spürt es ganz deutlich, löst sich doch tatsächlich das Zweieurostück und rutscht seine Kehle runter. Vor Schreck sitzt Fridi ganz ruhig da. Eine Sekunde und noch eine. Probeweise schluckt er ein bisschen Spucke runter, und, *oh mein Gott*, da ist nichts mehr, was sich irgendwie komisch anfühlt, die Spucke rutscht einfach seinen Hals herunter, genau so, wie Spucke das machen soll.

»Ähm.« Fridi räuspert sich.

»Was ist los?« Jennifer beugt sich zu ihm.

»Ich glaub, wir können gehen«, piepst Fridi.

»Wie jetzt?« Jennifer sieht ihn fragend an. »Und was ist mit den zwei Euro?«

»Ist doch klar, er hat Schiss gekriegt«, meint Polina spitz.

Fridi schüttelt den Kopf und räuspert sich. »Als Musti mir grad so auf den Rücken gehauen hat, sind sie runtergerutscht!« So richtig kann er es immer noch nicht fassen.

Musti reckt stolz seine Brust und sieht Polina triumphierend an. »Siehst du, ist doch gut, dass ich so viel Kraft habe!«

»Super!«, jubelt Jennifer. »Dann ist ja alles in Ordnung!«

»Okay, scheiß auf die Versichertenkarte!« Zeck stößt seine Faust in die Luft.

»Ja, Mann, hab alles ich erledigt«, strahlt Musti. »Vielleicht werd ich ja Arzt, Mann, ich schwöre, da verdient man richtig viel Geld. Da könnte ich mir auch so ein teures Auto leisten. Einen Tesla.« Er sieht Zeck erwartungsvoll an. »Wegen der Umwelt und so.«

»Kauf dir lieber ein Fahrrad«, meint Zeck.

Musti winkt ab. »Oder doch lieber einen BMW.« Er überlegt, dann schüttelt er den Kopf. »Nee, aber da muss man zu viel lernen, Mann. Ich schwöre, Arzt ist echt nichts für mich.«

»Aber wir sollten trotzdem lieber abhauen. Auch wenn wir sagen, dass Musti das erledigt hat, wollen die bestimmt auf Nummer sicher gehen und noch mal nachgucken«, überlegt Zeck.

Polina nickt. »Die schieben dich in eine Röhre. Und vorher spritzen sie dir Kontrastmittel.«

Fridi schluckt. *Eine Spritze! Kontrastmittel?* Im nächsten Moment bleibt ihm wirklich fast das Herz stehen, er sieht nämlich, wie ein Pfleger direkt auf ihn zukommt.

»Seid ihr die mit dem Zweieurostück?«, fragt er schon von Weitem.

Zeck nickt langsam. Fridi wird ganz blass. Auch Jennifer

knabbert nervös an ihren Nägeln. »Oh, Mist, der will dich jetzt bestimmt holen«, flüstert sie.

*Oh nein! Kaum ist ein Problem erledigt ...*

Der Pfleger spricht jetzt mit der Frau bei der Anmeldung und guckt zu ihnen rüber. Musti, der noch immer die Kapuze auf dem Kopf hat, macht ein ganz harmloses Gesicht und winkt ihm mit den lose baumelnden Ärmeln von Polinas Jacke zu.

»Los, wir verschwinden!« Zeck steht auf. »Wir gehen jetzt ganz unauffällig in den Gang da drüben.«

Kaum hat der Pfleger sich von ihnen weggedreht, erheben sie sich. So schnell wie möglich, aber so unauffällig, wie es irgendwie geht, folgen sie Zeck. Fridis Beine zittern, der Rucksack, den Jennifer und Musti ihm schnell auf den Rücken hieven, hängt an ihm wie ein Klumpen Blei. Die Kinder steuern gerade einen der vielen Gänge an, und Fridi will schon ausatmen, da ruft eine Stimme:

»Leu-te, ich hab ein Problem!«

# Was gewisse Menschen so in ihren Hosentaschen haben ...

Fridi dreht sich geschockt um. Stehen bleiben geht jetzt wirklich nicht, deshalb verlangsamt er nur ein wenig seinen Schritt. Nervös guckt er zu dem Pfleger rüber, doch der ist gerade hinter der Anmeldung verschwunden. Die blonde Frau ist mit einem Neuankömmling beschäftigt, der sich ein Taschentuch aufs Auge presst.

Jennifer bleibt genervt stehen. »Was ist los?«

Polina seufzt und schiebt sich ihr Handy in die Hosentasche. »Ich hänge hier irgendwie so am Stuhl fest, und wenn ich aufstehe, dann zerreiße ich vielleicht meine Hose.«

Jennifer, da ist sich Fridi ziemlich sicher, fände das jetzt unter Garantie auch nicht so schlimm. *Also, zerrissene Hosen, sag ich mal, sind für sie keine große Sache.*

Aber bei Polina ist das natürlich was anderes.

»Ich schwöre, die schafft es, sich auf einen Stuhl zu setzen und ein Problem zu haben, Mann.« Musti schüttelt den Kopf.

»Geht schon vor«, Zeck winkt ihnen zu, »ich mach das.«

Die anderen drängen in einen Gang und linsen von hier aus zu Zeck und Polina rüber.

*Mach doch bitte, bitte schneller, wenn der Pfleger jetzt zurückkommt ...*

85

Da lächelt Polina plötzlich und erhebt sich sehr elegant. Zeck allerdings verliert keine Zeit, sie schnell zu ihnen rüber in den Gang zu ziehen.

»Ja, ja, ich komm ja schon«, meint Polina, »ich bin ja schließlich keine Schwerverbrecherin oder schwänze heimlich irgendwelche Fahrten, deshalb hab **ich** auch keine Angst, dass man mich erwischt, außerdem lüg **ich** meine Mutter nie an, und deshalb brauch **ich** auch keine Angst zu haben, meinen Onkel irgendwo zu treffen. Und **ich** lass mich auch nicht ohne Versichertenkarte behandeln oder klaue irgendwelchen Kleinkindern zwei Euro!«

»Autsch, das hat gesessen!« Zack grinst.

»Ja, ja, Mann«, murmelt Musti ein bisschen zerknirscht. »Wir haben es kapiert. Du bist 'ne Heilige.«

»Aber wer will schon 'ne Heilige sein?« Jennifer grinst.

Zeck sieht sich um. »Also, Leute, wir sollten uns jetzt schleunigst hier rausschleichen.«

»Ich schwöre, ich komm mir vor wie im Krimi, Mann!«, flüstert Musti.

»Wieso flüsterst du?«, flüstert Jennifer.

»Ich schwöre, das macht man so bei Verfolgungen. Damit die einen nicht finden«, erklärt Musti stolz.

Da fällt Fridi etwas Schreckliches ein. »Aber die haben doch meinen Namen«, stottert er.

Jennifer lacht. »Ich hab natürlich einen falschen Namen aufgeschrieben!« Sie strahlt: »Norma Fiat.«

Zeck verschluckt sich fast. »Wie?«

»Na, Norma Fiat, mir ist so schnell nichts Besseres eingefallen, so heißt unser Auto. Weil wir das mal auf einem Norma-Parkplatz gekauft haben und Mama da auch immer so gerne

einkaufen geht, und die Marke, also der Nachname, ist Fiat.«
Sie zuckt mit den Schultern. »Heute kann ja ein Junge auch
einen Mädchennamen haben. Ist ja sowieso alles vermischt.«

Fridi ist tief beeindruckt, er hätte natürlich seinen echten
Namen aufgeschrieben, aber Jennifer ist so schlau! Obwohl
er sich schon ein bisschen dafür schämt, dass die jetzt denken, er heißt so komisch.

»Norma, was soll das bitte sein? Das ist gar kein richtiger
Name.« Polina streicht sich eine blonde Haarsträhne aus der
Stirn.

»Na klar ist das ein Name, so hieß Marylin Monroe in echt,
das war früher eine ganz berühmte Schauspielerin, und dann
hat der Besitzer seine Einkaufsläden so genannt, weil er ein
riesengroßer Fan von ihr war.«

»Ich schwöre, so einen Einkaufsladen zu besitzen, ist auch
nicht schlecht, Mann.« Musti denkt einen Moment nach. »Meiner heißt dann *Mustis Einkaufsparadies*, und da gibt es dann
alle Sorten Chips ...«

»Und Kaugummis«, ergänzt Jennifer, »in Amerika gibt es
welche mit Popcorn-Käsekuchen-Geschmack, die musst du
dann auch haben.«

»Ja, Mann.« Musti lächelt, die Idee gefällt ihm.

»Das Problem ist nur, dass du das Zeug nicht selber essen
darfst, sonst bist du ruckzuck pleite«, schaltet sich Zeck ein.

»Stimmt auch wieder, Mann. Das ist echt bisschen hart,
dann muss ich zugucken wie die anderen essen, und es riecht
immer so gut, und ich hätte andauernd Hunger, und wenn
dann auch noch Ramadan ist, nee, das halte ich nicht durch.«
Er schüttelt den Kopf. »Ich schwöre, so ein Laden ist echt
nichts für mich!«

Die Kinder bleiben stehen. Irgendwie wissen sie nicht so richtig, wo lang ...

»Die suchen uns jetzt unter Garantie.« Jennifer knabbert an ihrem Daumennagel.

»Und die haben hier bestimmt Kameras«, piepst Fridi.

»Hast recht.« Musti nickt zufrieden. »In *Ein starkes Team*, da besorgen die sich immer zuerst die Überwachungsvideos. Ich schwöre, so ein Krankenhaus ist voll davon, glaubt mir.« Er sieht sich um und winkt: »Nur falls irgendwo 'ne Kamera hängt.«

»Wir nehmen einfach den Hinterausgang«, sagt Zeck.

Musti nickt. »In *Ein starkes Team* nehmen die Verbrecher auch immer den Hinterausgang.«

Leise schleichen sie weiter. In den Gängen riecht es schon nach Essen.

»Aua, Mann.« Plötzlich zieht Musti seine Hand aus der Tasche und steckt sich einen Finger in den Mund, an dem ein kleiner Blutstropfen hängt.

»Hast du Piranhas in der Hosentasche?«, fragt Zeck lachend.

»Nicht so ganz«, murmelt Musti.

Fridi starrt den blutenden Zeigefinger an, um den sich Musti schnell ein nicht mehr ganz sauberes Taschentuch wickelt.

*Die Frage ist, warum trägt Musti statt Chips neuerdings Nüsse, Maden und scharfkantige Gegenstände mit sich rum?*

Da kommt eine stämmige Schwester mit einem rumpelnden Essenswagen angefahren. Beim Anblick der Kinder, die sich auf dem Flur herumdrücken, will sie gerade den Mund aufmachen, als ein Patient vom Ende des Flures mit zittriger

Stimme »Schwester Roswitha!« ruft. Schnell dreht sie sich um und eilt zu dem alten Mann, der ziemlich wackelig auf seinen Beinen steht.

»Noch mal gut gegangen.« Jennifer atmet auf.

Sehnsüchtig guckt Musti auf den großen Wagen mit Essen, den Schwester Roswitha an der Wand stehen gelassen hat, und beugt sich verstohlen über ein Tablett.

»Denk an Ramadan!«, ermahnt ihn Zeck.

»Ich mach gar nichts, Mann.« Hastig zieht Musti die Hand vom Brot. »Hier gibt es bald Mittag«, murmelt er.

»Aber nicht für dich, Kumpel«, meint Zeck.

»Weiß ich doch, Mann.« Musti überlegt. »Ich wollte bloß mal testen, ob das Brot schön weich ist, wegen meinem Onkel, der hat schon bisschen Probleme mit seinen Zähnen.«

»Macht der das nicht mit Ramadan?«, fragt Jennifer interessiert.

Musti schüttelt den Kopf. »Nee, wenn man krank ist, doch nicht. Schwangere auch nicht. Das ist zu gefährlich, ich schwöre, Allah will doch nicht, dass du für ihn deine Gesundheit ruinierst.«

Jennifer nickt. »Klingt ganz logisch.«

»Ich würde mal sagen, wir machen uns jetzt schleunigst aus dem Staub.« Zeck sieht sich um.

»Guter Plan, Mann.« Musti fummelt an seiner Tasche herum, zieht aber diesmal die Hand so schnell wieder heraus, als hätte ihn was gestochen. Dabei stößt er einen spitzen Schrei aus: »Aaahh!«

Die anderen sehen ihn erschrocken an.

»Da!«, ruft Musti und deutet auf eine kleine braune Maus, die für eine Blitzsekunde regungslos auf dem Boden hockt, bevor sie auf ihren flinken Beinchen den Flur entlanghuscht. Musti ist im ersten Moment ebenfalls starr vor Schreck. Dann kommt er zu sich. »Bleibst du wohl hier«, zischt er, doch die Maus ist schon unter dem Essenswagen verschwunden. Die Kinder gucken ihr wie gebannt hinterher.

»Bist du verrückt? Eine Maus in der Tasche rumzuschleppen ...« Polina starrt Musti an.

»Na ja, immer noch besser als einen toten Vogel.« Zeck grinst.

»Da bin ich mir jetzt nicht so sicher.« Polina zieht die Stirn in Falten. »Wenn sie tot sind, machen sie wenigstens keine Probleme.«

»Hast recht, Mann«, meint Musti. »Ich schwöre, mit Vogel war schon bisschen anstrengend, aber mit Mausi ist noch schlimmer!« Ein kleiner Blutstropfen rinnt auf den Krankenhausboden.

»So eine Scheiße, Mann. Helft mir mal, ich schwöre, die ist schnell«, jammert Musti.

Die Kinder drehen die Köpfe nach allen Seiten. Doch es nichts zu sehen. Nur Schwester Roswitha, die im Stechschritt den Gang herunter marschiert, sie prüfend anguckt und die Stirn in Falten zieht.

*Mann, kann denn nicht irgendwas einfach klappen?*

»Wenn ich das nächste Mal hier vorbeikomme, seid ihr verschwunden!«, ruft ihnen die resolute Schwester über die Schulter zu.

»Wir suchen unsere Oma!«, ruft Jennifer zurück, langsam hat sie wirklich Übung.

*Oh Mann, wenn ich nur halb so gut lügen könnte, hätte ich es im Leben bestimmt leichter!*

Die Kinder gucken sich hastig um. Musti wirft sich auf den Boden und rutscht auf den Knien über den Flur. »Mausi«, lockt er. Doch Mausi ist nirgends zu sehen.

»An den Stangen hier könnte man prima Exercise machen.« Polina lässt ihren Blick an den Stangen entlangschweifen, die hier überall an den Wänden angebracht sind, damit sich die Kranken daran festhalten können.

Sie ist gerade im Begriff, ein Bein zu heben, als Musti sie empört anfährt: »Ich schwöre, wir haben jetzt wirklich ein paar andere Sorgen als Ballettübungen!« Er kniet sich hin und überlegt. »Vielleicht, wenn wir sie mit Maden locken, ich hab im Internet gelesen, das ist ihr Lieblingsessen.«

»Untersteh dich! Du holst jetzt nicht die Maden aus dem Rucksack!« Polina sieht Musti warnend an.

»Hast du vielleicht eine bessere Idee, Mann?« Mustis Stimme hört sich auf einmal ziemlich verzweifelt an. »Ich schwöre, immer passiert mir so was. Entweder ich zerdrück die oder die laufen mir weg ...«

Er bückt sich wieder und lockt mit ganz heller Stimme. »Mausi, komm her!«

»Tiere sind in Krankenhäusern verboten«, piepst Fridi.

»Ach, echt? Wusste ich gar nicht, Mann«, meint Musti und macht ein ganz unschuldiges Gesicht.

»Das ist doch wohl logisch, bei den Kranken hier«, entgegnet Polina spitz.

Musti krabbelt auf allen vieren über den Krankenhausflur. Doch von Mausi keine Spur. »Was machen wir denn jetzt, Mann?«, jammert er.

»Wir lassen sie einfach hier!« Polina zuckt mit den Schultern. »Weiß doch keiner, dass sie uns gehört.«

»Und die Kameras?« Fridi guckt sich besorgt um.

»Ja«, Jennifer nickt, »stellt euch mal vor, die Maus beißt einen Patienten, der sich gerade nach einer schweren Operation erholt, in den Zeh, und der kriegt dann eine Blutvergiftung und stirbt, dann sind wir dran.« Im nächsten Moment fällt ihr noch etwas anderes ein. »Oder sie knabbert ein Kabel durch, von einer lebenswichtigen Maschine, vom Beatmungsapparat oder so ...«

»Quatsch«, meint Musti wütend, »Mausi knabbert keine Kabel durch, und sie beißt auch niemanden.« Er bricht ab und schaut auf seinen noch immer blutenden Finger. »Jedenfalls nicht in den Zeh«, fügt er schnell hinzu. »Ich lass die nicht hier, ich schwöre, ich bin extra bis nach Pankow gefahren, zu meinem Cousin Ibrahim, das ist voll weit, Mann, die war in seinem Keller in der Falle, so eine kleine süße Maus. Ibrahim hat sie befreit, aber der wusste nicht, was er mit ihr machen soll, nicht dass sie wieder in die Falle läuft, und Zorro sie erwischt, einen Kater haben die auch, der ist richtig fett, und dann hat Ibrahim mich angerufen und gesagt, ›Musti, komm, hol sie‹, weil mit Vogel war es ja bisschen traurig. Das war voll nett von ihm, Mann. Ich hab Mausi von meinem Taschengeld so Nervenfutter gekauft, ich sag euch, das war richtig teuer, mochte sie aber nicht, na, wer schon, Mann, außer Nilgün, und sogar eklige Maden. Ich schwöre, ich lass die jetzt nicht einfach hier!« Musti legt seine Wange auf den Boden und linst unter den Essenswagen. »Mausi, komm sofort her!«, befiehlt er. »Du willst doch nicht wieder in der Falle landen oder von Zorro gefressen werden.«

»Ich glaub nicht, dass es hier Katzen gibt.« Polina zieht spöttisch die Augenbrauen hoch.

»Das ist ein Trick, damit sie Angst hat und kommt«, flüstert Musti. Doch Mausi fällt nicht darauf rein. Sie ist wie vom Erdboden verschluckt.

»Sucht ihr die hier?«, fragt plötzlich eine schnarrende Frauenstimme.

# Gefangen!

Die Kinder drehen sich um. Musti nickt, ein breites Lächeln huscht über sein Gesicht. In der geschlossenen Faust der Frau steckt doch tatsächlich Mausi und schnuppert aufgeregt mit dem Näschen. »Ja, Mann, danke. Ich schwöre, ist echt nett von Ihnen.«

»Oh, wie niedlich!«, ruft Jennifer und beugt sich vor. Sie stutzt: »Hat sie einen Rüssel?«

»Quatsch, das ist eine Spitzmaus«, erklärt Zeck. »Die haben so spitze Schnauzen.«

»Aha. Jedenfalls, echt niedlich!«

Fridi traut sich irgendwie nicht näher ran. *Na ja, die Maus ist ganz süß, aber der nackte Schwanz ist schon ein bisschen gruselig. Außerdem scheint sie ja ziemlich scharfe Zähne zu haben.* Und die, die Mausi da festhält, ist ihm irgendwie auch nicht so ganz geheuer.

Die zierliche alte Frau sitzt im Rollstuhl. Sie hat eine komische Haarfarbe, die Fridi noch nie in seinem Leben gesehen hat, ungefähr so die Fellfarbe eines Orang-Utans, aber mit einem leichten Grünstich und mit ziemlich viel Grau dazwischen, dagegen sehen die Haare von seinem Papa gar nicht mehr außerirdisch aus. *Also, okay, schon noch, aber nicht mehr so.* Als die alte Frau Fridis Blick bemerkt, zieht sie eine modische lila Mütze unter ihrem Po hervor und setzt sie auf, ein bisschen so eine, wie diese Hipp-Hopper mit den Skateboards sie immer aufhaben. An ihren Ohren hängen zwei goldene Ringe mit Diamanten. *Die sind aber bestimmt nicht echt, sondern von dm oder so.* Sie hat eine Perlonstrumpfhose an und einen dunklen Rock, der aussieht wie frisch gebügelt. An ihren kleinen Füßen trägt sie silberne Turnschuhe. Oben allerdings ist sie nur mit einem von diesen dünnen weißen Krankenhausnachthemden bekleidet. Auf ihrem Schoß liegt eine Plastiktüte, und auf ihrer Stirn klebt ein großes Pflaster.

Mit strahlendem Gesicht streckt Musti seine Hand aus, er will gerade nach Mausi greifen, da zieht die Frau ihre Faust zurück. »Zuerst müsst ihr mir mal helfen«, flüstert sie verschwörerisch.

»Helfen?«, fragt Polina skeptisch.

Doch Musti schiebt sie ärgerlich beiseite. »Ist Ramadan, Mann, da ist man hilfsbereit, noch mehr als sonst, mein ich. Helfen? Wobei denn, Mann?« Er wirft der abweisenden Polina einen rügenden Blick zu. »Wasser holen, ein Tablett tragen, den Rollstuhl schieben, kein Problem, Mann. Musti hilft gerne!«

»Also, es wäre wirklich nett von euch, wenn ihr mir helfen würdet, hier rauszukommen«, zischelt die alte Frau.

Die Kinder sehen sie erstaunt an. Mustis Blick verzieht sich langsam zu einem breiten Lächeln; er hat scheinbar als Erstes kapiert.

»Alles klar, sie wollen bisschen spazieren fahren.« Er nickt verständnisvoll. »Musti versteht Sie, da unten ist ein Park oder so, echt schön, mit ganz vielen Bäumen, Fichten oder so.« Er schielt stolz, dass er so gut über Bäume Bescheid weiß, zu Polina rüber. »Weiß ich von meinem Onkel, der hat Probleme mit Steinen. Er hat ein Bild in unsere Familiengruppe geschickt.«

Die Frau schüttelt entschieden den Kopf, sie beugt sich vor und senkt wieder die Stimme. »Ich meine, ihr müsst mich aus dem Krankenhaus hier rausbringen, und zwar so schnell wie möglich, am besten, ihr schiebt mich gleich zum Ausgang.«

Die Kinder rühren sich nicht, ihnen ist irgendwie allen ganz unbehaglich zumute.

*Ich mein, ich will echt nicht gemein sein, aber ich würde die hier einfach stehen lassen.*

»Sonst sehe ich mich leider gezwungen, euren kleinen Freund hier zu behalten.« Die alte Frau guckt auf Mausi in ihrer Hand.

Musti klappt den Mund zu und wieder auf. »Wie jetzt?«

*Okay, das ist jetzt echt Erpressung. Also, wenn Musti seine Maus wiederhaben will, und das will er unbedingt, so wie die Sache aussieht, dann bleibt uns wohl nichts anderes übrig ...*

»Ah, wie ich sehe, habt ihr eure Oma gefunden«, meint Schwester Roswitha, die schon wieder auf dem Gang unterwegs ist.

Die alte Frau lächelt harmlos und nickt bloß in einem fort mit dem Kopf wie diese winkenden Katzen, dabei hält sie Mustis Hand fest, wie alte Großmütter die Hände ihrer Enkel festhalten. Schwester Roswitha dreht sich misstrauisch noch mal um und verschwindet dann in einem Zimmer.

Musti reibt sich die Hände. »Aua, Mann, sie hat mir die Hand zerquetscht. Ich schwöre, sie hat noch mehr Kraft als ich!«

»Ich bin ja auch im Kletterverein. Das hält fit«, sagt die alte Frau zufrieden.

»Hey, unser Freund kann auch richtig gut klettern, der ist

auch im Turnverein!«, strahlt Musti und haut Fridi auf die Schulter.

Die alte Frau beugt sich zu ihm rüber. Und da fliegt eine Duftwolke aus Desinfektionsmittel und Seife zu ihm rüber mit einem Hauch Bruno-Banani-Parfüm, das benutzt sein Papa auch immer. »Na, da haben wir beide ja was gemeinsam.« Die alte Frau kneift ihm in die Wange. Entsetzt weicht Fridi zurück. Sie blickt sich nach allen Seiten um. »Los, kommt. Nichts, wie weg!«

»Aber das geht nicht, Mann, die werden Sie suchen, man kann hier nicht so einfach verschwinden.« Musti kennt sich aus.

»Ich will einfach nur hier weg!« Die Frau sieht sie entschlossen an.

»Ich sag euch, die kommt mir komisch vor. Die hat irgendwas gemacht«, flüstert Polina.

»Eine Bank überfallen vielleicht«, murmelt Musti vor sich hin und denkt vermutlich gleich daran, dass sie ihm dann ja als Belohnung für ihre Hilfe was von der Beute abgeben könnte.

»Nein, mein Junge, da muss ich dich enttäuschen, leider nicht.« Die Frau hat wirklich ziemlich gute Ohren. Sie überlegt. »Wäre aber eigentlich gar keine schlechte Idee.«

Polina guckt sie entgeistert an. Musti schielt auf den Beutel, den die alte Frau in der Hand hält. »Und was ist da drin?«

Die alte Frau öffnet den Beutel und lässt die Kinder reingucken. »Meine Sachen.«

»Die sind ja blutverschmiert«, presst Musti mit erstickter Stimme hervor.

»Stimmt.« Die alte Frau nickt.

Fridi starrt auf die weiße Jacke und den dünnen hellblauen Schal, beides ist von Blutflecken übersäht. *Hilfe! Wer weiß, was die gemacht hat.*

Die alte Frau zieht sich seelenruhig das Nachthemd glatt. »Wollen wir?«

»Aber erst müssen wir wissen, was Sie gemacht haben«, meint Zeck. »Sonst helfen wir Ihnen nicht.«

Die alte Frau seufzt. »Ich hab gar nichts gemacht. Ich hatte einen kleinen Zusammenstoß und war bewusstlos, deshalb hat die Feuerwehr mich hergebracht. Glaubt mir, die sind hier froh, wenn sie mich los sind. Und jetzt kommt!«

Musti sieht die Frau an. »Aber erst will ich meine Maus zurück.«

Die alte Frau schüttelt den Kopf. »Es tut mir wirklich leid, aber wenn ich euch jetzt die Maus gebe, lasst ihr mich am Ende einfach hier stehen. Die gibt's erst, wenn wir draußen sind.«

»Haben Sie kein Vertrauen, Mann?«

»Komm mir nicht mit der Nummer.« Die alte Frau lacht heiser.

Musti blickt mitleidig auf Mausi. »Darf ich sie wenigstens mal streicheln?«

»Dafür ist jetzt keine Zeit.« Die Frau deutet in Richtung Gang. Da kommt schon wieder Schwester Roswitha angestapft.

Blitzschnell greift Zeck den Rollstuhl und fährt los. Die anderen gehen mit eiligen Schritten hinterher.

»Mir kommt die ganze Sache ziemlich komisch vor«, zischt Polina. »Warum verschwindet man bitte heimlich aus einem Krankenhaus?«

»Hast recht, Mann.« Musti überlegt. »Und ihre Sachen sind blutverschmiert. Vielleicht ist das ja in echt eine Verbrecherin, und sie hat jemanden umgebracht oder so und will jetzt mit unserer Hilfe fliehen.«

Jennifer lacht. »Also, so sieht sie nun wirklich nichts aus.«

»Sag das nicht, Mann. Die Harmlosen, das sind meistens die Verbrecher, ist so.«

»Quatsch, wie soll die denn jemanden umbringen, die sitzt im Rollstuhl.« Jennifer schüttelt den Kopf. »Außerdem ist sie viel zu alt.«

Musti wiegt den Kopf. »Ich will euch ja keine Angst machen, Mann, aber Gift wäre möglich. Dazu brauchst du nicht stark sein, nur abgebrüht, und die kommt mir ziemlich abgebrüht vor.«

Fridi durchläuft ein Schauer. Er versucht, ganz leise Schritte zu machen, mit so einer will er nun wirklich nicht erwischt werden, dann denken die nachher noch, sie stecken unter einer Decke. Aber keine Chance, das Essgeschirr an seinem Rucksack klappert erbarmungslos.

Die Kinder durchqueren einen langen Flur, und plötzlich ist da wirklich eine Tür, die zu den Parkplätzen nach draußen führt. Neben der Einfahrt bleiben sie stehen. Geschafft!

Die alte Frau lächelt zufrieden und erhebt sich. »So, und nun weg mit dem Ding.«

»Sie sitzen ja gar nicht im Rollstuhl«, stottert Jennifer.

»Mir war vorhin ein bisschen schwindelig«, die alte Frau lächelt, »aber die frische Luft wirkt Wunder.« Sie schließt die Augen und atmet dreimal tief ein.

»Kann ich jetzt Mausi wiederhaben?«, fragt Musti und streckt die Hand aus.

»Mein Junge, eine Spitzmaus in der Hosentasche rumzutragen, ist Tierquälerei.« Die Frau sieht ihn streng an.

»Ich schwöre, ich bin doch kein Tierquäler«, stammelt Musti, doch bevor er noch irgendetwas sagen kann, hat die alte Frau ihre Faust bereits geöffnet und Mausi aufs Pflaster gesetzt. Die kleine Maus ist genauso verwirrt wie die Kinder, nur kommt Jennifer schneller wieder zu sich. In Windeseile streckt sie die Hand aus und fasst zu.

»Selber schuld!« Die alte Frau mustert das Mäuschen in Jennifers Hand. »Du hattest deine Chance, aber du hast sie nicht genutzt.«

Musti sieht die alte Frau entrüstet an: »Ich schwöre, das war echt nicht in Ordnung von Ihnen. Die Maus gehört mir!«

»So wie ich das sehe, ist die Maus ein frei lebendes Tier, das kann dir nicht gehören«, sagt die alte Frau gelassen.

»Oh doch!«, meint Musti empört, »ich bin extra bis nach Pankow gefahren zu meinem Cousin, um sie aus der Falle zu holen, und dann haben die da auch so einen fetten Kater, ich hab sie gerettet, und darum ist das meine. Sehen Sie nicht, hier fahren überall Autos, Mann, Krankenwagen und so, hier wird sie noch überfahren.« Vorsichtig greift er nach Mausi und steckt sie schnell wieder in die Tasche. »Ich schwöre, bei Musti bist du in Sicherheit.«

»Ist aber echt nicht gerade der beste Ort für 'ne Maus«, meint Zeck.

Musti befühlt den Stoff seiner Jogginghose. »Ist atmungsaktiv, Mann!«, beteuert er und setzt eifrig hinzu: »Ich hab ihr auch bisschen von dem grünen Gras reingemacht, mit dem wir in der Schule zu Ostern die Eier vollgestopft haben.« Er grinst. »Ich schwöre, ist richtig gemütlich da drin.«

Die Frau zupft an ihrem viel zu kurzen, dünnen Nachthemd. Ihre Arme sind ganz weiß mit vielen blau-lila Adern. *Sieht aus, als wenn ganz viele Flüsse unter ihrer Haut langfließen, die liegen da wie unter einer Schicht aus Eis nach einem langen Winter.*

»Wollen Sie vielleicht die Jacke haben?« Musti schaut mitleidig auf die alte Frau und schlüpft aus der pinken Jacke. Dabei wirft er Polina einen schnellen Blick zu. Die will gerade etwas sagen, aber Musti hat der Frau die Jacke bereits umgehängt.

»Also ...« Polina räuspert sich vielsagend. Doch viel weiter kommt sie nicht.

»Vielen Dank für eure Hilfe, Kinder, ich muss los.« Und schon huscht die alte Frau mit der pinken Jacke davon. Fridi guckt ihr erleichtert nach.

»Meine Jacke!«, protestiert Polina schwach, »ich will meine Jacke wiederhaben.« Doch da ist die alte Frau auch schon hinter einigen parkenden Autos verschwunden. Und Polina hat doch tatsächlich einmal nicht gekriegt, was sie wollte.

*Das grenzt ja eigentlich an ein Wunder!*

# Chips, Cola und ein schlechtes Gewissen

Musti haut Polina auf die Schulter. »Blöd gelaufen mit deiner Jacke, aber ist Ramadan. Mann, da soll man bisschen was abgeben.«

»Blöd gelaufen? Das ist alles nur deine Schuld! Und überhaupt, was hab ich mit Ramadan zu tun?«, zischt Polina. »Meine Mutter wird sauer, die ...« In dem Moment brummt ihr Handy. Schnell zieht sie es aus der Tasche, hält es sich ans Ohr und sagt etwas auf Russisch. Als sie auflegt, strahlt sie über das ganze Gesicht. »Meine Tante hatte einen Unfall, meine Mutter muss hinfahren und nach ihr sehen.«

»Nach Russland?«, fragt Musti mitleidig.

»Ja, weißt du, sie fährt mal eben schnell nach Moskau. Quatsch, nach Hamburg.«

»Ey, Hamburg, kenn ich!«, strahlt Musti.

»Jedenfalls kommt sie erst morgen zurück, und weil sie nicht will, dass ich alleine in der Wohnung bin – ich hab ja auch gar keinen Schlüssel –, hab ich gesagt, ich geh zu meiner russischen Freundin vom Ballett, Warwara. Ich hab meiner Mutter erzählt, dass wir uns zusammen auf die Prüfung vorbereiten. Das fand sie natürlich gut!« Polina hält ihr Handy in der Hand und lächelt glücklich. Zeck lächelt auch, mindestens genauso glücklich.

Musti reibt sich die Hände. »Dann los! Ich würde sagen,

wir gehen jetzt zu Zeck und machen es uns richtig gemüt-lich. Endlich, Mann!«

»Ja, mit Maden.« Jennifer kichert.

»Nein, Mann.« Musti schüttelt den Kopf. »Damit doch nicht. Hast du eine PlayStation?«

Zeck schüttelt den Kopf. Musti sieht bekümmert aus. Dann zuckt er mit den Schultern. »Egal, Mann. Ich schwöre, Com-puter geht auch.« Er schielt zu Polina. »Ich verrenk dir auch bisschen die Füße, wenn du willst. Ich schwöre, ich bin ein super Fußstretcher.«

»Machen wir 'ne Hause oder wie das heißt.« Polina lacht ausgelassen.

Jennifer nickt begeistert. »Aber zu einer richtigen Hause gehören auf jeden Fall ungesunde Sachen«, verkündet sie.

Musti lässt seine Augenbrauen tanzen. »Chips«, stößt er hervor.

»Cola!« Zeck rollt mit den Augen.

»Balla-Balla-Stangen«, piepst Fridi.

»Und Kaugummi natürlich.« Jennifer Klar grinst von einer Backe zur anderen.

Aber plötzlich ist da so ein ganz komisches, nagendes Ge-fühl in Fridi drin. *Ich mein, mal ehrlich, Mama und Papa den-ken jetzt, ich bin auf Fahrt, und dabei mache ich eine Hause und sitze mit Chips und Cola auf Zecks Sofa.*

»Hey, du guckst ja, als wenn die Welt untergeht!«, meint Jennifer.

Musti legt ihm den Arm um die Schulter. »Ist es wegen dem Schlafanzug?«, fragt er mitfühlend. »Wärst du gerne mit den Fieselschweiflingen auf Fahrt gegangen und nur wegen dem Ding ging nicht? Die haben dir echt übel mitgespielt, Mann.«

Fridi schüttelt den Kopf. Verlegen zupft er an seinem Rucksackriemen und murmelt: »Also, eigentlich wollte ich da sowieso nicht mit.«

»Warum?« Jennifer sieht ihn forschend an.

Fridi räuspert sich. Er weiß nicht so richtig, wie er es den anderen erklären soll. Seine Ohren werden schon wieder ganz heiß.

*Los, fang einfach an, irgendwie.*

»Auf Fahrt, da muss man ganz lange wandern, zwanzig Kilometer am Tag mit den schweren Rucksäcken«, beginnt Fridi stockend, »und dann gibt es nur ganz ekliges Essen, so über dem Feuer gekochtes, alles zusammengematscht, und man muss draußen schlafen, und die Tiere, Käfer und so, die krabbeln überall rein.« Seine Stimme wird immer schneller. »Und man kann sich nicht waschen und liegt ganz dicht im Zelt zusammen, und man kann nicht richtig aufs Klo gehen, und man kriegt einen Hortenpott, wenn man was falsch gemacht hat.«

»Was für 'n Ding?« Jennifer lacht.

»Na ja, einen Hortenpott, das ist so was wie ein Minuspunkt, und der mit den meisten Hortenpötten muss dann den Abwasch machen oder was anderes Blödes.« *Und das ist echt eklig, vor allem, wenn da noch so Stückchen im Wasser rumschwimmen.*

Fridi holt Luft. »Außerdem gibt es eine Prüfung, das Ankerkreuz, da muss man nähen und ein Zelt aufbauen und Knoten und Feuer machen und was singen. Und«, er macht eine Pause, »die machen da Gruppenkuscheln.«

»Was?«, fragt Polina und zieht schon wieder ihr Handy aus der Tasche.

»Gruppenkuscheln«, nuschelt Fridi. Er bringt ja kaum das Wort über die Lippen, *peinlich.* Aber natürlich weiß kein Mensch, was das ist. Die anderen sehen ihn verständnislos an.

»Da stehen alle so zusammen und umarmen sich, ich meine, alle, die ganze Gruppe, und dann rufen die ganz laut GRUPPENKUSCHELN!« Er spürt, wie seine Stimme versagt, und räuspert sich. »Da müssen alle mitmachen.« Fridi sieht die anderen an.

»Na und?« Zeck zuckt mit den Schultern.

»Hört sich auf jeden Fall interessant an«, stellt Jennifer fest.

*War ja mal wieder klar!* Fridi spürt ganz genau, er ist jetzt knallrot im Gesicht.

»Also, ich kann verstehen, dass du das nichts magst«, meint Polina, »die stinken garantiert alle, auf so einer Wanderung schwitzt man ja, und dann waschen die sich bestimmt nicht und haben immer dasselbe an. Vielen Dank, mit denen würd ich auch nicht gerne kuscheln.«

Zeck überlegt. »Nee, hast recht, wenn einer das blöd findet und trotzdem mitmachen muss, ist das echt nicht in Ordnung. Aber mit den richtigen Leuten kann das bestimmt Spaß machen, kuscheln meine ich.« Zeck schielt zu Polina rüber.

Die lächelt geschmeichelt und wirft ihren Kopf zurück, während Fridi beim Gedanken an Gruppenkuscheln noch immer tomatenrot dasteht.

»Mann, du bist 'n richtiges Weichei.« Musti lacht und boxt Fridi in die Seite. »Bisschen kuscheln, was ist schon dabei, Mann, wenn auch ein paar nette Mädchen da sind.« Er zieht lockend die Augenbrauen hoch und lacht ebenfalls zu Polina rüber.

»Mensch«, meint Zeck ärgerlich und stößt Musti ein bisschen weg, »du würdest so eine Fahrt gar nicht überleben: jeden Tag kilometerweit wandern mit Gepäck, keine bedruckten T-Shirts, also Naruto kannst du gleich mal vergessen, nichts Lebendiges töten, *ich sag nur Vogel*« – und sofort taucht vor Fridi das Bild von Mustis zerdrücktem, *okay, aus Versehen* zerdrücktem Wellensittich auf –, »kein Fast Food, McDonald's ist also nicht, keiner darf in den Spiegel gucken ...«

Polina verzieht verächtlich das Gesicht. »Keiner darf in den Spiegel gucken! So eine schwachsinnige Regel! Was, bitte, hat man davon, dass man nicht in den Spiegel guckt?«

»Na, Mensch, weil man sich eben mal nicht mit seinem Aussehen beschäftigen soll«, versucht Zeck zu erklären.

»Ich schwöre, würdest du nicht aushalten.« Musti pufft Polina in die Seite.

Doch Zeck fährt schon fort: »Außerdem keine Taschenlampen oder anderen elektrischen Geräte und damit auch kein Handy.«

»Ich glaube eher, du würdest das nicht aushalten!«, meint Polina schnippisch. »Balletttänzerinnen sind nämlich sehr diszipliniert!«

Musti guckt entgeistert. »Kein Handy, wieso, Mann?«

»Ganz einfach, weil du dich auf die Natur einlassen sollst, ohne abgelenkt zu sein von Aufdrucken, Nachrichten, YouTube, TikTok und dem ganzem Scheiß. Du sollst mal abschalten und zu dir kommen.«

»Ich schwöre, ich bin schon bei mir«, murmelt Musti. »Ich weiß echt nicht, was schlimmer ist, Mann, einen Tag nichts essen oder einen Tag ohne Handy.« Seine Miene verfinstert sich für einen Augenblick, dann verzieht sich sein Mund zu

einem breiten Grinsen. »Aber kann man ja einschmuggeln.«
Musti tippt sich vielsagend an die Hosentasche.

Zeck schüttelt den Kopf. »Hat Fridi doch erklärt, dafür gibt es die Affenparade.«

»Affenparade?« Jennifer lacht.

»Na ja, da müssen alle antreten und ihren Rucksack vorzeigen, und der Hortenleiter guckt, ob sie auch nichts Verbotenes reingeschmuggelt haben, wie zum Beispiel Naruto-T- Shirts und Hasenschlafanzüge.« Zeck rollt vielsagend mit den Augen.

»Ich schwöre, woher weißt du das alles, Mann?«, fragt Musti und sieht Zeck an.

»Ich war auch mal da, aber nur kurz, so Gruppengeschichten sind nichts für mich. Außerdem mag ich keine Halstücher.« Zeck grinst. »Und keine Affenparaden.«

Musti zupft an seinem Oberteil. »So was soll verboten sein, Mann? Bedruckte T-Shirts, die sind doch voll harmlos, die tun keinem was. Ich dachte, die meinen Messer oder so.«

»Messer sind okay.« Zeck gibt dem Messer, das an Fridis Rucksack baumelt, einen Schubs.

»Die stehen auch auf der Packliste«, piepst Fridi.

»Messer sind erlaubt, aber Handys und T-Shirts mit bisschen was drauf nicht, oder was?«

Musti zieht zärtlich an seinem Naruto-Pullover. »Ich schwöre, richtig so, Bruder, dass du da nicht mitmachst!«

*Ist ein echt gutes Gefühl, dass die anderen das auch so bescheuert finden, aber ...*

»Ich hab meinen Papa angelogen«, piepst Fridi. *Mama auch, klar, aber die fände das bestimmt nicht soo schlimm.*

»Geht manchmal nicht anders, Bruder, ich schwöre, warum will er auch, dass du da mitfährst«, meint Musti und legt ihm den Arm um die Schulter. Er überlegt. »Ich schwöre, du kannst nächstes Mal ja bei uns mitmachen. Ramadan machen wir auch jeden Tag eine gute Tat, mindestens, und man kommt zu sich und so. Gruppenkuscheln machen wir nicht«, Musti winkt verächtlich ab, »und ob du zu Allah oder zu Gott betest, ist doch egal, Mann.«

Fridi zuckt mit den Schultern. Kann er sich ja mal überlegen. Gott hat ihm heute schließlich schon mal geholfen.

»Auf geht's, Chips und Cola, wir kommen!«, jubelt Jennifer.

»Ja, und ich muss mein Handy aufladen, Mann. Ich schwöre, wir sind ja nicht bei den Fieselschweiflingen.« Musti lacht.

Ausgelassen setzen sich die Kinder in Bewegung. Sie sind gerade ein paar Schritte gelaufen, da ...

»Leu-te, ich hab ein Problem!«

# Hause ade

»Was ist jetzt schon wieder, Mann?«, fragt Musti.

»Meine Haarklammern!« Polina guckt verzweifelt auf das drahtige Gewimmel auf dem Pflaster. »Sind alle runtergefallen.«

»Dann heb sie doch einfach auf«, meint Jennifer, doch Zeck ist schon dabei, die Dinger vom Boden zu sammeln.

»Das ist kein gutes Zeichen«, murmelt Polina. »Ich fall bestimmt durch!«

»Ach, Quatsch!« Jennifer schüttelt den Kopf. »Kennst du nicht Konzerve? Das war ein weiser alter Chinese, der hat gesagt: ›Wenn dir was runterfällt, macht nichts, dann ordnet sich alles wieder neu‹, oder so ähnlich. Mama hatte mal einen Freund, der hat dauernd so Sprüche von dem gesagt.«

»War der auch Chinese?«, fragt Musti.

Jennifer schüttelt den Kopf. »Nee, das war Ulf, der hatte immer so Wollpullover an, und die haben nach Räucherstäbchen gerochen, das war echt nicht zum Aushalten, sag ich euch. Ging aber eh nicht lange gut, also eigentlich nur eine Woche. Mama war gegen die Räucherstäbchen allergisch, oder gegen Wolle oder beides?« Jennifer überlegt. »Weiß nicht mehr genau, wahrscheinlich einfach gegen Ulf, aber der konnte tolle Zimtschnecken backen mit Ahornsirup.«

»Zimtschnecken, Mann«, stöhnt Musti.

Fridi ergänzt gleich seine Liste. *Grund der Trennung: All-*

*ergien.* Seine Mama hat keine einzige Allergie, soweit er weiß auch keine gegen Papa, *zum Glück!*

»Ganz schön spitz, die Dinger.« Jennifer hält eine Klemme hoch, die aussieht wie das Drahtbeinchen einer Fliege.

»Die braucht man für den Dutt«, erklärt Polina. »Der muss ganz fest sein, damit er beim Tanzen nicht aufgeht. Kein Härchen darf rausgucken.« Sie sieht sich panisch um. »Und wo ist das Duttkränzchen?«

»Was für ein Teil?« Jennifer zieht die Stirn in Falten.

»Das Duttkränzchen, das ist so ein weißes Tüllband, das man um den Dutt bindet«, erklärt Polina genervt. Sie sieht sich suchend um.

»Das hier?«, fragt Jennifer. Polina reißt ihr das Duttkränzchen erleichtert aus der Hand. Fast hätte sie das Ding vor lauter Wiedersehensfreude abgeküsst.

»Na, dann nichts wie los zu mir!«, meint Zeck und steuert auf einen kleinen Park zu.

Sie laufen quer über eine ausgetretene Wiese, vorbei an einigen ausgemergelten Büschen und einem Altkleidercontainer. Davor stapeln sich ein paar blaue Müllsäcke. Während sie vorbeigehen, beobachten sie, wie sich eine Person daran zu schaffen macht, eine Person mit pinker Jacke, um genau zu sein ...

Die Kinder trauen ihren Augen nicht.

»Die sucht bestimmt was zum Anziehen, im Nachthemd kann sie ja schlecht nach Hause gehen«, meint Zeck.

»Das ist aber garantiert strafbar«, zischt Polina. »Ich mein, so in den Sachen rumwühlen. Die gehören ihr ja nicht.«

»Die Tüten stehen ja daneben.« Jennifer zuckt mit den Schultern. Sie laufen einen Moment schweigend weiter. Polinas Finger gleiten über das Display. *Also es ist wirklich ein Wunder, dass sie nicht stolpert oder hinfällt oder in Hundekacke tritt.* Plötzlich bleibt Polina stehen. »Meine Jacke!«

Sie dreht sich ruckartig um. Doch leider sind jetzt auch zwei Uniformierte auf die alte Frau aufmerksam geworden und unmittelbar vor dem Container stehen geblieben.

»Da seht ihr's!«, sagt Polina triumphierend.

»Darf ich Sie fragen, was Sie da machen?«, fragt der eine ganz freundlich. Die alte Frau hört einen Augenblick auf, in den Tüten zu wühlen, und sieht ihn nun ebenfalls ganz freundlich an. »Ich suche meinen Impfausweis, mein Mann wollte unsere alten Sachen spenden, und der steckte leider noch in meiner Manteltasche.« Sie lächelt.

Der Uniformierte nickt. »Können wir Ihnen vielleicht helfen?«, fragt er, während der andere interessiert zu ihnen rüberguckt.

»Polizei!«, zischt Musti.

»Nee, die sind vom Ordnungsamt«, meint Zeck.

»Egal, Mann. Mein Vater hat mal falsch geparkt, nur drei Minuten, aber er musste gleich richtig viel Strafe zahlen, die haben kein Erbarmen, Mann!« Er schielt zu den beiden vom Ordnungsamt rüber. »Mein Vater hat türkische Ausdrücke gesagt, ich schwöre, die kannte ich nicht mal.«

»Lasst uns abhauen«, meint Zeck.

*Bitte, ja! Sonst fragen die nachher noch, wer wir sind. Wer weiß, vielleicht hat das Krankenhaus ja eine Suchanzeige aufgegeben.*

Die Kinder schlendern weiter. Nach ein paar Schritten bleibt Polina jedoch mitten auf der Wiese stehen und verschränkt die Arme über der Brust. »So, ich geh jetzt zurück und hole meine Jacke. Ist mir doch egal, wenn da welche vom Ordnungsamt sind. Ich hab schließlich nichts verbrochen«, meint sie und will schon umkehren, doch von der alten Frau ist nichts mehr zu sehen. Nur die blauen Müllsäcke stehen wieder ordentlich zusammengeknotet neben dem Container.

»Ist Ramadan«, meint Musti. Polina will gerade etwas sagen, doch Musti lässt sie nicht zu Wort kommen. »Egal, auch wenn du nicht mitmachst. Du hast was Gutes gemacht, sieh's mal so, Mann.«

Mit einem Mal ist Polina ganz still und guckt starr auf ihr Handy. Sie schüttelt fassungslos den Kopf und wird ganz blass. Dann schlingt sie die Arme um den Körper. »Mir ist kalt«, jammert sie.

»Ich geb dir zu Hause einen Pullover von mir«, versucht Zeck sie zu trösten. Polina guckt ihn misstrauisch an. Aber Zeck steht bloß da in seinem grauen, verwaschenen, ökologisch korrekten Sweatshirt, seiner Jeans und dem alten Parka, mit dem Flicken gegen Atomkraft und der Friedenstaube, und grinst. »Keine Sorge. Ich hab auch einen rosanen mit Glitzer«, sagt er und verdreht die Augen. »Von meiner Oma, die schenkt mir jedes Jahr so was, weil sie es immer noch nicht kapiert hat.« Er zuckt mit den Schultern. »Oder es nicht kapieren will.«

»Gut. Dann aber schnell, sonst hol ich mir den Tod«, kommandiert Polina.

»Ich schwöre, ist doch gar nicht so kalt, Mann«, murmelt Musti.

Polina schnauft. »Tänzerinnen müssen sich immer warmhalten.«

»Okay.« Zeck steckt suchend eine Hand in die Tasche seines Parkas.

Polina macht ein paar eilige Schritte. »Kommt schon!«

»... wenn ich den Schlüssel mal finden würde.« Zeck kramt jetzt auch in der anderen Tasche herum. »Verdammt, wo ist der?«

Plötzlich hört man ein lautes Stöhnen. Zeck fasst sich an die Stirn. »Scheiße, Tille hat meinen Parka gewaschen, musste mal wieder sein, meinte er. Deshalb hab ich gestern seine alte Lederjacke angehabt. Ich hab den Schlüssel in die Tasche gesteckt, und da ist er immer noch drin.«

Fridi wird ganz blass. *Oh nein!*

»Und einen Ersatzschlüssel gibt es nicht?«, fragt Jennifer vorsichtig.

Zeck schüttelt den Kopf.

»Dann musst du eben einen Schlüsseldienst holen«, meint Polina bestimmt.

»Bist du irre? Weißt du, wie teuer das ist?« Jennifer macht ein empörtes Gesicht.

»Meine Eltern haben mir nur zwanzig Euro dagelassen, und davon hab ich eingekauft.« Zeck wedelt mit dem Jutebeutel.

Fridi wird ganz schlecht. *Soll das etwa heißen ...?*

»Tja, sieht so aus, als hätten wir heute Nacht kein Dach überm Kopf«, stellt Jennifer fest.

Einen Moment sind alle ganz still.

»Was machen wir denn jetzt?«, piepst Fridi.

»Keine Ahnung, Mann.« Mustafa zuckt mit den Schultern.

»So eine verdammte Scheiße!«, murmelt Zeck.

Fridi schluckt. Sein Riesenproblem, da ist es wieder!

*Warum? Warum? Warum? Ich mein, warum kann nicht einfach mal was klappen?*

»Und nu?«, fragt Zeck.

Musti denkt einen Moment nach. »Vielleicht können wir ja zu den Fieselschweiflingen, ich schwöre, die kennen sich aus, die wissen, wie man draußen schläft und überlebt und so.«

»Ich ... ich weiß gar nicht, wo die langgefahren sind«, stammelt Fridi.

»Spaß, Mann.« Musti legt Fridi beruhigend die Hand auf die Schulter. »Kein leckeres McDonald's und draußen schlafen, wer da mitmacht, ist verrückt, Mann.« Er lacht. Doch das Lachen bleibt ihm im Halse stecken. »Ich schwöre, leider geht es uns jetzt genauso wie denen.«

»Ist was dran«, überlegt Zeck. »Da uns nun mal nichts anderes übrig bleibt, Freunde, schlage ich vor, wir gehen alle zusammen auf Fahrt!«

# Alle Handys her

»Echt jetzt?« Musti macht ein entsetztes Gesicht.

*Vielleicht ist das ja wieder nur ein Witz?*

»Also, Leute, was die Fieselschweiflinge können, schaffen wir auch«, meint Jennifer entschlossen.

»Und ein paar Überlebensregeln haben wir ja schon.« Zeck grinst.

»Aber Naruto bleibt bei mir.« Musti streichelt über Narutos blonden Haarschopf. »Oder ... soll ich das ausziehen?« Er sieht die anderen unsicher an.

»Quatsch!« Jennifer schüttelt den Kopf.

»So weit kommt's noch! Dass du dann nackt durch die Gegend läufst!«, zischt Polina.

»Mit Naruto kommen wir schon klar«, meint Zeck.

*Okay, kein Witz, aber mir bleibt noch eine Hoffnung ...* Fridi guckt zu Polina.

»Ich find's Schwachsinn, aber bitte.« Polina zuckt mit den Schultern. »Solange ich nicht wie ein Vollhonk durch die Gegend rennen muss.« Sie wirft einen Blick zu Fridi rüber. »Und in den Spiegel gucke ich auch, ist ja wohl klar.«

Fridi schluckt. *Die wollen jetzt allen Ernstes auf Fahrt gehen!* Sofort fühlt er sich, als hätte ihm jemand in den Magen geschlagen. Mit der Faust!

»Sieh es mal so, auf die Art musst du deinen Vater wenigstens nicht anlügen«, sagt Zeck heiter.

»Ja, Mann! Jetzt gehst du auf Fahrt mit uns.« Musti haut ihm auf die Schulter.

»Genau«, meint Jennifer, »macht sicher Spaß.«

*Also, Leute, ich weiß wirklich nicht, was daran Spaß machen soll?*

»Okay, her mit den Handys.« Zeck wedelt mit seinem Jutebeutel.

»Wie bitte?«, fragt Polina. »Das ist jetzt nicht dein Ernst.«

»Klar, wir gehen jetzt alle zusammen mit Fridi auf Fahrt, und zwar nicht irgendwie, sondern richtig – ohne technische Geräte«, erklärt Zeck. »Ich hab mein Handy gar nicht dabei. Und Fridi seins auch nicht, ist ja logisch.« Zeck wirft einen Blick zu Polina, Jennifer und Musti rüber und schlenkert mit seinem Beutel. »Los, rein damit!«

Musti lässt sein Handy in den Beutel gleiten. Er lächelt verschmitzt. »Ist egal, Mann. Hat ja sowieso keinen Akku mehr.«

Jennifer seufzt. »Aber Vorsicht, Elisa ist nicht mehr die Jüngste.« Ganz behutsam legt auch sie ihr Handy in Zecks Beutel.

»Ihr spinnt ja.« Polina tippt sich an die Stirn. »Ich krieg hier dauernd Nachrichten in der Ballettgruppe, die sind wichtig, ich mein, wenn ich nicht weiß, was läuft, dann ...«

»Was schreiben sie denn so?« Neugierig schielt Jennifer auf Polinas Handy.

Die zuckt mit den Schultern. »Wie sie sich auf die Prüfung vorbereiten. Was sie essen, welche Schritte sie üben, so halt.« Sie holt Luft. »Es ist immer gut zu wissen, was die anderen alles machen, da kann man sich besser vergleichen und sieht, wo man noch Lücken hat. Außerdem schreiben sie da, wer schon durchgefallen ist.«

»Und?«, fragt Jennifer. »Wie sieht's aus?«

Polina schiebt sich nervös eine Haarsträhne aus dem Gesicht. »Also, bis jetzt sind schon sieben durchgefallen«, murmelt sie. »Ich versteh das einfach nicht. Die eine war so gelenkig und richtig auswärts, und ihre Füße erst, der Spann war total hoch ...«

»Ballettgruppe is nicht mehr, Handy her.« Zeck streckt die Hand aus.

»Aber, dann kriege ich nichts von allem mit«, stottert Polina. »Ich mein, wer sonst noch so durchfällt und was die anderen so machen ...«

Zeck wedelt nur mit seinen Fingern.

Polina starrt auf das Handy. »Auf eure Verantwortung. Aber wenn meine Mutter mich nicht erreicht, versucht sie es noch einmal.«

Zeck überlegt. Aber Jennifer ist schneller. »Du schreibst ihr jetzt, dass alles in Ordnung ist, dass du bei Wawroschka bist und dein Akku leider gleich leer, also, bis morgen Mittag zur Prüfung.«

»Sie heißt Warwara«, meint Polina spitz, während sie die Nachricht in ihr Handy tippt und es dann mit einem genervten Schnaufen ausschaltet. »Also, ich weiß wirklich nicht, wozu das gut sein soll. Ich kann eine Suppe essen, fernsehen, mit meiner Mutter sprechen und am Handy sein, alles gleichzeitig, wieso sollte mich mein Handy bei irgendetwas stören?« Sie verzieht den Mund und lässt ihr Handy in die Balletttasche gleiten. »In den Beutel leg ich das jedenfalls nicht, es kann genauso gut in meiner Tasche liegen.«

»Okay, gut«, Zeck nickt, »aber nicht schummeln.«

Polina guckt bloß genervt. »So, und wo bitte sollen wir heute

Nacht schlafen?«, fragt sie mit finsterem Gesicht. *Würde ich auch gerne wissen!* Sie fährt sich durch das lange, glänzende Haar. »Also, draußen schlafe ich ganz bestimmt nicht!«

Die Kinder stehen alle nebeneinander und sind ratlos. Fridis Füße schmerzen jetzt so, dass sie gleich abfallen. *Wie war das noch mal? Können Füße abfallen?*

»Ich kann nicht mehr laufen«, piepst Fridi. »Meine Füße tun so weh.«

Jennifer guckt sich um. »Wo sind wir hier überhaupt?« Im nächsten Moment jubelt sie auch schon los: »Mensch, da hinten ist ja der Fernsehturm und die Weltzeituhr. Wir sind am Alex.« Jennifer stößt Fridi an und strahlt. »Guck mal, der Brunnen, da kannst du deine Füße ins Wasser halten.«

Schon von Weitem hören sie das Wasser plätschern. Ganz oben auf einer Muschel thront Neptun mit seinem Dreizack. Eine Schildkröte und ein Krokodil schießen riesige Wasserfontänen zu ihm hoch, und überall am Brunnenrand sitzen schöne, nackte Frauen herum.

*Also, ein bisschen peinlich ist das schon.*

Fridi schleppt sich mit letzter Kraft vorwärts. Der Rucksack auf seinem Rücken wird mit jedem Schritt ein bisschen schwerer. *Und meine Füße ...*

»Hey, Mann, Pfadfinder kennen keinen Schmerz.« Musti zwinkert.

*Pfadfinder, von wegen.*

Die Kinder lassen sich auf den steinernen Brunnenrand fallen. Musti spritzt sich mit beiden Händen eine Ladung Wasser ins Gesicht. »Ich schwöre, das tut gut.« Er schüttelt den Kopf so wild, dass lauter kleine Wassertropfen in alle Richtungen spritzen. Dabei stößt er sich den Kopf an der Bronze-

frau. »Aua, Mann, ich hab mich an ihrem Busen gestoßen.«
Musti fasst ihr mit der Hand auf die Brust. »Ganz schön hart«,
kichert er.

»Du bist so eklig«, zischt Polina und guckt sofort weg.

»Ich mach nur bisschen Spaß, Mann.« Musti legt der Schönen einen Arm um die Schultern. »Ich schwöre, wir beide verstehen uns.«

Fridi versucht, möglichst nicht auf irgendwelche Busen zu
gucken. Schon der Gedanke macht ihm ganz rote Ohren.

Vorsichtig holt Musti die kleine Maus aus der Tasche und
schöpft sich etwas Wasser in die Hand. »Du hast auch Durst,
komm, trink mal schön, trink schön aus Mustis Hand«, lockt
er, und da senkt Mausi tatsächlich ihr spitzes Mäulchen
ins Wasser und trinkt. Musti strahlt. »Na bitte, Mann, vielleicht sollte ich Tierflüsterer werden.« Jennifer verdreht die
Augen.

»Bloß nicht!«, ruft Zeck. »Ich sag nur VOGEL.«

»Da tun mir die armen Tiere jetzt schon leid.« Polinas
Stimme klingt so spitz, als wolle sie Musti mit einer Nadel
piksen.

»Nee, wirklich, lass mal lieber.« Jennifer legt Musti den
Arm um die Schultern.

In dem Moment bückt sich jemand mit lila Mütze nach
einer Flasche, die neben dem Brunnen steht. »Ach, ihr schon
wieder. Ist das eure?«

Die Kinder schütteln den Kopf. Die alte Frau lässt die Co-
laflasche in ihre Tasche fallen und umkreist langsam den
Brunnen.

»Ich schwöre, ist gut, wenn jemand für Ordnung sorgt, wegen der Umwelt und so.« Musti stößt Zeck an.

»Auf jeden Fall!«, meint Zeck. »Ist unmöglich, seinen Dreck einfach so liegen zu lassen.«

Nur Fridi ist aller Dreck auf dieser Welt gerade vollkommen egal.

*Okay, meine Füße tun so, so weh, ich muss sie dringend ins kalte Wasser halten.*

Fridi versucht, ganz vorsichtig seine Schuhe auszuziehen, aber die sitzen fest. Er stöhnt leise.

»Warte mal.« Jennifer löst die Schnürsenkel noch etwas weiter und zieht erst den einen, dann den anderen Schuh ganz behutsam von Fridis Füßen.

*Danke! Danke! Danke! Das tut so gut, die Dinger endlich los zu sein!*

Fridi lächelt Jennifer dankbar zu und zupft vorsichtig an seinen Socken. »Die kleben fest!« Man kann den Schmerz in seiner Stimme richtig hören. Als er sich die grauen Wandersocken schließlich ganz, ganz langsam von den Füßen geschält hat, zucken die Kinder zusammen. Zwei riesige Blasen prangen auf Fridis Füßen, eine rechts auf dem großen Zeh, eine auf dem linken Hacken. Riesige, blutige Blasen, an denen ein paar rote Hautfetzen hängen.

»Das sieht echt böse aus.« Jennifer beißt sich auf die Lippe.

»Wirklich so.« Zeck nickt.

Musti schlägt sich die Hände vors Gesicht. »Ich kann so was nicht sehen, Mann.« Im nächsten Moment fällt ihm jedoch etwas ein. »Ich schwöre, hat auch sein Gutes, da kannst du deinem Vater sagen, du bist richtig hart gewandert.« Er legt Fridi den Arm um die Schulter und grinst.

Nur Polina guckt ungerührt auf Fridis Riesenblasen. »Also,

die Füße von Tänzerinnen sehen auch so aus, wenn sie jeden Tag hart trainieren.«

»Hast du Blasenpflaster mit?«, erkundigt sich Jennifer.

Fridi schüttelt den Kopf. »Die hat Zottel mit. Ich hab nur so normale.« Er taucht seine Füße vorsichtig ins Wasser. *Aua, aua, aua, das tut soo weh!*

»Macht nichts, die reichen auch«, sagt Jennifer tröstend, »wir kleben einfach zwei übereinander.«

Während Jennifer nach den Pflastern sucht, beginnt Polina, in ihrer Tasche zu kramen. Als sie die neugierigen Blicke der anderen bemerkt, schmeißt sie ihr Haar zurück. »Bürsten wird man sich ja wohl noch dürfen. Ich mein, bloß weil wir auf Fahrt sind, müssen wir ja wohl nicht aussehen wie die Schweine!«, meint sie in herablassendem Ton. Im nächsten Moment schreit sie laut auf: »Leu-te, ich hab ein Problem!«

»Was ist es denn diesmal, Mann!«, fragt Musti und wackelt mit den Augenbrauen.

Polina starrt in ihre Balletttasche. »Mein Nagellack ist in der Tasche ausgelaufen!« Aus ihrer Tasche weht unverkennbar der scharfe Duft von Aceton. Im nächsten Moment stößt sie einen schrillen Schrei aus: »Mein Handy!« Mit spitzen Fingern zieht sie ihr Handy aus der Tasche. »Oh Gott, alles voller Nagellack!«

»Ich will ja nichts sagen, aber hättest du es mal in meinen Beutel gesteckt«, sagt Zeck ungerührt.

»Ja, Mann, du immer mit deiner Extrawurst!«

»Zeig mal«, meint Jennifer, kneift die Augen zusammen und begutachtet das Handy mit prüfendem Blick. »Ist nicht so schlimm«, sie stupst Polina an, »das kriegst du mit Nagellackentferner garantiert wieder hin.«

»Hast du Nagellackentferner?«, fragt Polina hoffnungsvoll. Jennifer schüttelt den Kopf.

»Du brauchst das Ding jetzt eh nicht, schließlich sind wir auf Fahrt«, sagt Zeck in zufriedenem Ton.

»Hauptsache, der Anzug hat nichts abbekommen«, seufzt Polina. Sie lässt das Handy in die Tasche fallen und macht den Reißverschluss zu. Den Ballettanzug schiebt sie sorgfältig in das Seitenfach zu den Schläppchen.

Vom Ton des ewig plätschernden Wassers müde, hocken die Kinder auf dem Brunnenrand und lehnen sich erschöpft aneinander ... bis plötzlich jemand zu ihnen rüberwinkt. Da, auf einer Bank, sitzt die alte Frau und wedelt ungeduldig mit dem Arm in ihre Richtung.

»Ich schwöre, die schon wieder«, murmelt Musti.

»Meint die uns?«, fragt Polina.

»Klar meint die uns, wen sonst?« Zeck hebt eine Hand und winkt zurück.

*Bitte nicht, mit der gibt es immer nur Schwierigkeiten, und die haben wir jetzt echt genug.*

»Wir müssen ja nicht zu der hingehen«, piepst Fridi.

»Genau, wir tun einfach so, als wenn wir sie nicht sehen.« Polina guckt demonstrativ in die andere Richtung.

»Quatsch, wir gehen mal rüber und gucken, was sie will.« Zeck erhebt sich als Erster.

»Ja, Mann, sie ist schließlich eine alte Frau«, seufzt Musti. »Die bisschen komisch im Kopf ist«, murmelt er. »Aber Mausi bleibt auf jeden Fall in meiner Tasche.« Jennifer steht ebenfalls auf.

»Also, ihr könnt ja gehen, ich bleib hier.« Polina beginnt, abwechselnd mit den Zehen in der Luft zu wackeln.

»Okay, du machst deine Fußgymnastik, und wir gehen zu ihr rüber, fragen, was los ist.« Zeck setzt sich in Bewegung, Musti und Jennifer folgen ihm. Fridi schlüpft mit seinen verpflasterten Füßen wieder in die dicken Socken und steckt sie in die Schuhe. Einen Moment überlegt er, ob er den Rucksack nicht am besten hier stehen lassen sollte, aber dann fällt ihm das Messer wieder ein. *Ich mein, nicht dass ich das Ding haben will, aber Papa war es wichtig, hat man ja gemerkt.* Seufzend erhebt er sich, greift nach dem Rucksack und folgt den anderen mit schweren Schritten. *Weil, wenn die alle gehen, muss ich auch, irgendwie.* Und plötzlich springt auch Polina auf, ganz alleine will sie hier schließlich auch nicht sitzen bleiben.

# Unverhofftes Glück

»Na endlich!«, stöhnt die alte Frau und sieht die Kinder ungeduldig an. Sie trägt jetzt ein AC / DC-Sweatshirt, und Fridi ist
so, als wenn ihm der Duft von Fa-Deo in die Nase weht, das
nehmen die anderen immer beim Sport. Vielleicht bildet er
sich das aber auch bloß ein.

Die alte Frau stöhnt: »Mein Arm ist schon ganz lahm. Ich
hab grad so bei mir gedacht, für das, was ich vorhabe, seid
ihr eigentlich genau richtig.«

»Was haben Sie denn vor?«, erkundigt sich Jennifer zögernd.

»Bestimmt braucht sie bisschen Hilfe«, meint Musti.

»Allerdings.« Die Alte nickt.

»Seht ihr.« Musti strahlt. Da hat er mal wieder voll ins
Schwarze getroffen.

»Also, wo ist das Problem?«, fragt Zeck.

Die alte Frau schiebt sich eine orange-grüne Haarsträhne
unter die Mütze. »Ich breche morgen nach Griechenland auf,
und vorher muss ich noch dringend was erledigen.«

»Nun machen Sie es nicht so spannend«, meint Zeck.

Die alte Frau holt Luft. »Ich muss einen Baum ausgraben,
der soll mit.«

»Entschuldigen Sie, ich glaube nicht, dass wir einen ganzen Baum ausgraben können«, erklärt Polina.

»Denk dran, wir sind Pfadfinder, jeden Tag eine gute Tat.«
Musti grinst Polina zu. Die schielt bloß auf ihre Jacke, die die

alte Frau sich um den Bauch gebunden hat, sagt aber keinen Ton. Man hört allerdings ein leises Zischen.

»Es ist nur ein kleiner Baum, mehr so ein Bäumchen.« Der Blick der alten Frau ist einen Moment weit weg. »Genau genommen ein Mandelbäumchen. Daisys Mandelbäumchen.«

»Ist denn Daisy damit einverstanden?«, fragt Jennifer vorsichtig.

»Oh ja, unbedingt. Das ist der Plan.«

*Wenigstens hat sie einen Plan. Kann man von uns ja irgendwie nicht behaupten. Also, wir wissen ja nicht mal, wo wir heute Nacht schlafen ...*

Plötzlich geht ein Strahlen über Zecks Gesicht. Ganz klar, er hat wieder einen von seinen genialen Einfällen. Sie stecken die Köpfe zusammen, und Zeck bemüht sich, möglichst leise zu sprechen. »Auf Fahrt muss man ja nicht unbedingt immer draußen schlafen. Also, wenn es nichts kostet, ist es durchaus okay, wenn man bei jemandem schläft, der einen einlädt.« Er sieht Fridi an.

Der nickt. Mustis Augen glänzen, und auch Polina sieht erleichtert aus.

»Aber wer soll uns einladen, Mann?«, Musti macht ein verzweifeltes Gesicht.

Polina stöhnt. »Du checkst auch echt gar nichts.«

Zeck dreht sich um und sieht die alte Frau an: »Können wir dann auch bei Ihnen pennen?«

»Verstehe.« Ein Lächeln breitet sich auf Mustis Gesicht aus.

Die alte Frau überlegt einen Augenblick: »Für euch findet sich bestimmt auch noch irgendwo ein Plätzchen.«

Da fällt auch Fridi ein Stein vom Herzen.

*Oh Mann, das ist jetzt echt mal eine gute Nachricht.*

»Also, was ist, kann ich auf euch zählen?«

Zeck räuspert sich. »Passt. Wir haben eh grad nichts vor.«

»Aber Finger weg von Mausi!« Musti hebt warnend seinen Zeigefinger in die Luft.

»Das muss du schon selbst mit dir ausmachen.« Die alte Frau schultert ihren Beutel, und sie müssen sich wirklich beeilen, ihr zu folgen. Zeck, Jennifer, Musti und Fridi haben sie schon fast erreicht, da hören sie hinter sich eine Stimme.

»Leu-te, ich hab ein Problem!«

# Die beste Currywurst der Welt!

Polina steht immer noch da wie angewurzelt. »Ich kann nicht mehr laufen, keinen Schritt mehr!«

*Also, da hat sie jetzt ausnahmsweise mal recht!*

»Ich auch nicht«, piepst Fridi.

Die Kinder sehen mitleidig auf seine Füße. »Okay«, meint Zeck. »Ich glaub, laufen ist jetzt wirklich nicht so gut.«

»Also, es geht hier nicht um Fridis Füße, sondern um meine«, schnauft Polina, »schließlich habe ich morgen eine wichtige Prüfung.«

»Wissen wir, Mann«, stöhnt Musti.

»Wo genau steht denn dieses Mandelbäumchen?«, erkundigt sich Jennifer.

»Daisys Haus steht am Stadtrand. Da können wir unmöglich zu Fuß hin.« Die alte Frau kommt ein paar Schritte zurück.

»Also mit dem Bus, S-Bahn, Straßenbahn?« Zeck sieht sie fragend an.

»Taxi«, schlägt Polina vor.

Die alte Frau nickt mit dem Kopf. »Hört sich gut an!«

»Also, dann Taxi«, meint Musti und strahlt. Das ist ganz nach seinem Geschmack!

»Au ja!«, ruft Jennifer begeistert.

Polina nickt zufrieden. Und auch Fridi gefällt die Idee zur Abwechslung mal ausgesprochen gut!

»Da hinten am Taxistand steht eins.« Jennifer marschiert sofort los. Sie reißt die Tür auf. »Hallöchen!«

Der Fahrer, ein Langer, Dünner mit Glatze und einem winzigen Ohrring, guckt von seinem Buch hoch und sieht sie einen Moment erstaunt an, noch erstaunter guckt er allerdings, als sich fünf Kinder samt alter Dame ins Innere des Wagens quetschen. Zeck hat Fridi den Rucksack abgenommen und stopft ihn auch noch irgendwie dazwischen. Nur Polina hat natürlich bequem auf dem Sitz neben dem Fahrer Platz genommen. Sie sitzt kerzengrade, streicht sich das Haar aus der Stirn und wartet darauf, dass es losgeht.

»Wo soll's denn hingehen?«, fragt der Taxifahrer und zieht eine Augenbraue hoch.

»Zur Waldsiedlung«, verkündet die alte Frau.

»Das ist aber 'n Stück, macht bei dem Verkehr heute bestimmt vierzig Euro, verdammt viele Baustellen auf der Strecke.« Der Taxifahrer streicht sich über die Glatze.

Jennifer beugt sich zu der alten Frau, die zwischen ihnen auf dem Rücksitz sitzt. »Haben Sie denn so viel?«, erkundigt sie sich leise.

»Nein, ihr?«, flüstert die alte Frau zurück.

Die Kinder sehen sie an. »Nein, Mann, wir haben kein Geld, wir sind Kinder. Sie sind erwachsen, Sie müssen das Geld haben.«

»Es geht ja auch um Ihren Baum«, meint Polina.

»Oh, es ist Daisys Baum.«

»Okay, okay, Entschuldigung«, Polina hebt die Hände in die Luft, »um Daisys Baum!«

»Gutchen, dann alle mal wieder raus, dachte ich mir doch gleich, dass sich die Sache erledigt, und ein bisschen hopp,

hopp, meine Laune ist echt mies, ich hab seit heut Morgen nichts gegessen.« Der Taxifahrer trommelt ungeduldig aufs Lenkrad. »Wenn ich es nicht mit dem Fuß hätte, würde ich euch eigenhändig aus dem Wagen befördern, aber bin gestern ausgerutscht und hab mir den Scheißknöchel geprellt. Laufen is nicht. Habt Glück!« Er zwinkert und greift wieder nach seinem Buch. Soweit Fridi erkennen kann, irgendetwas über Ausgrabungen und versunkene Schätze.

Die Kinder drängen aus dem Taxi und ziehen Fridi und seinen großen Rucksack hinterher.

*Kann denn heute nicht mal irgendwas einfach klappen?*

Zeck öffnet die Vordertür, und Polina steigt aus dem Auto wie die Queen höchstpersönlich.

*Die Queen ist tot, schon klar, aber es gibt sonst einfach niemanden, der so vornehm ist, also war, wie sie.*

Als sie alle wieder auf dem Bürgersteig stehen, schüttelt Musti den Kopf. »Das war wohl nichts, Mann.«

»Peinlich.« Polina sieht die alte Frau vorwurfsvoll an.

»Wir müssen uns besser absprechen«, sagt die alte Frau.

»Na ja«, meint Zeck, »Taxi fahren ist sowieso nicht richtig pfadfindermäßig. Also, eigentlich ein No-Go. Insofern alles gut.«

»Ich hab Hunger«, meint Polina und lässt sich auf einen Poller am Straßenrand plumpsen. Fridis Magen fühlt sich auch ganz leer an. *Und alles nur wegen der blöden Haferflocken!*

»Da drüben gibt es zufällig die beste Currywurst der Stadt.« Jennifer zeigt auf eine Currybude unter einer S-Bahn-Brücke. Ihre Augen fangen an zu glitzern. »Da haben Mama und ich früher manchmal Currywurst gegessen, wenn sie mit der Schicht fertig war.«

Zeck runzelt die Stirn. »Ist bestimmt kein Bio.«

»Na und?« Jennifer zuckt mit der Schulter. »Die Pommes sind auch superlecker, ganz knusprig.«

»Pommes!«, stöhnt Musti.

*Also, zufällig mag ich Pommes auch sehr gerne!*

Polina seufzt. »Wir sollten uns wirklich erst mal stärken, ich mein, wir sind schon den ganzen Tag auf den Beinen und haben noch einen langen Weg vor uns.«

»Was halten Sie davon?« Diesmal fragen sie lieber vorher, sicher ist sicher. Jennifer legt den Kopf schief und sieht die alte Frau an.

»Wenn ihr mich fragt, das hört sich spitze an«, meint die.

»Na, dann nichts wie hin!« Jennifer überquert als Erste die Straße, die anderen folgen ihr und klettern über die Balustraden zur Mittelinsel rüber.

Nur Fridi bleibt mit dem Riesenrucksack über der Stange hängen wie ein zappelnder Fisch. *Oh, Mist, Mist, Mist, wieso immer ich?*

Die anderen drehen sich um und schauen zu ihm hin. *Und ich hänge da wie ein absoluter Vollpfosten über dem Geländer.* Fridi rudert mit den Armen und spürt, wie ihm das Blut in den Kopf schießt. *Und an allem ist bloß dieser blöde Rucksack schuld.* Da, ohne Vorwarnung, bricht es aus ihm raus: »Scheiß Kack-Arsch-Rucksack, beschissener Scheiß-Kotz-Rucksack.« Dabei strampelt er so wild, als würde er mit einem wilden Tier oder so was kämpfen. »Scheiß-Piss-Kack-Arsch-Rucksack.«

»Wow«, flüstert Jennifer ergriffen.

Die Kinder stehen einen Augenblick da wie erstarrt, dann kommt Jennifer ganz schnell zu ihm hingelaufen, dicht gefolgt von den anderen, und alle zusammen ziehen sie Fridi über die Balustrade.

»Unsere Schuld!«, meint Jennifer kleinlaut.

»Wir sind ja schließlich auf Fahrt, da teilt man die Last und lässt nicht einen allein alles tragen!« Zeck nickt. »Sehr unaufmerksam von uns! Sorry, Kumpel.«

»Echt so!« Musti haut Fridi die Hand auf die Schulter.

Fridi ist immer noch knallrot im Gesicht. Verlegen streicht er sich die Haare aus der Stirn. Trotzdem fühlt er sich jetzt irgendwie besser. *Oma hat ja immer gesagt, was rausmuss, muss raus und das stimmt echt! Auch wenn sie eher so andere Sachen gemeint hat, Pupse und so ...*

Jennifer nimmt den Rucksack und schleift ihn über Unmengen von Taubenkacke, rüber zur Currybude. Hier stellen sie sich in die Schlange. Über ihnen rauscht laut quietschend eine U-Bahn vorbei. Fridi denkt nur noch an Pommes. Musti saugt aufgeregt an seiner Pulloverkordel, und selbst Zecks Blick sieht irgendwie sehnsüchtig aus. Als sie an der Reihe sind, guckt Jennifer die alte Frau noch mal an. Die nickt und lächelt ihr aufmunternd zu. Da legt Jennifer los: »Zweimal Currywurst und Pommes mit Ketchup und Mayo, extraviel bitte, drei Brötchen und eine große Cola.«

Ihnen läuft schon das Wasser im Mund zusammen.

»Macht elf fuffzich«, sagt der Mann hinter dem Sichtfenster, der gerade dabei ist, die Currywurst mit Curry zu bestreuen.

Jennifer lächelt und tritt zur Seite, um die alte Frau zum Bezahlen vorzulassen. Doch die macht keine Anstalten, sich zu bewegen.

»Sie haben doch Geld«, presst Musti zwischen den Zähnen hindurch.

Die alte Frau guckt verwundert. »Ich hab doch gesagt, dass ich kein Geld habe.«

»Ja, vielleicht nicht vierzig Euro für ein Taxi, aber bisschen Kleingeld werden Sie doch übrig haben, Mann«, flüstert Musti.

»Sie haben doch gesagt, das ist eine gute Idee.« Jennifers Stimme klingt etwas dünn.

»Ich finde die Idee ja auch großartig, Currywurst habe ich schon ewig nicht mehr gegessen.« Die alte Frau leckt sich über die Lippen.

»Falls Sie es noch nicht mitbekommen haben, wir haben auch kein Geld«, zischt Musti. »Was dachten Sie denn, wie wir das bezahlen?«

Die alte Frau zuckt mit den Schultern. »Ich dachte, ihr macht das schon.«

»Na, wird's bald.« Der Mann schiebt die beiden großen Currywürste zu ihnen rüber und will sich gerade an die Cola machen.

»Cola nicht, bitte!«, ruft Jennifer im letzten Moment.

Der Mann dreht sich genervt um. »Okay, sind dann neun Euro glatt.«

»Das ist aber ganz schön teuer für zwei Currywürste«, meint Zeck.

Der Mann zuckt mit den Schultern. »Diskutieren is nich. Hättet ihr euch vorher überlegen müssen.« Er streckt die Hand aus. »Bitte sehr!«

Fridi läuft der kalte Schweiß über die Stirn.

Jennifer lächelt den Currywursttypen verlegen an.

»Im Film ist das die Stelle, an der sich eine nette Person von weiter hinten in der Schlange erbarmt«, flüstert Zeck.

»Ich schwöre, du hast recht, Mann.« Auf Mustis Gesicht breitet sich ein Strahlen aus, und er dreht sich hoffnungsvoll um.

Direkt hinter ihnen steht ein altes Ehepaar, das griesgrämig darauf wartet, dass es endlich weitergeht. Musti lächelt ihnen ganz besonders freundlich zu. Aber das merken die beiden nicht mal.

»Giga ma die vielen Tauben, Erika! Du hörst ainfach nich auf mich. Isch wollde ja lieber nach Gemmidz, und isch ess auch lieber Broiler mit 'm Breedschin, aber nee, musste ja Berlin sein.«

»Bläg misch ni so an, Horst, isch bin doch ni schwerhörsch,« Die Frau rammt ihrem Mann den Ellenbogen in die Seite.

»Tja, war wohl nichts.« Jennifer zuckt mit den Achseln.

Die Kinder gucken das Rotgesicht mit dem Schnauzer an.

Der guckt ungerührt zurück. »Die Touris lecken sich alle zehn Finger nach meiner Currywurst.«

»Vielleicht nehmen Sie die beiden dann am besten zurück«, meint Zeck.

Doch im selben Moment schnappt sich die alte Frau eine Pommes und steckt sie sich genüsslich in den Mund. Und noch eine aus der anderen Schale. »Köstlich«, meint sie. »Absolut köstlich.«

Der Schnauzbart stöhnt. »Zurücknehmen is jetze nich mehr. Da hätte eure Oma die Finger von lassen müssen.«

»Sie ist nicht unsere Oma«, sagt Polina entrüstet.

»Mir och wurscht.« Er sieht die ganze Bande durchdringend an. »Wat nu?«

»Ihr Schild hängt schief!« Die alte Frau, die sich gerade in aller Ruhe noch eine Pommes in den Mund schiebt, deutet zu der S-Bahn-Brücke, an der kaum noch leserlich der

Werbebanner *K...o...pk* herunterhängt. Das Schild, das auf der einen Seite verdreht ist und an der anderen Seite traurig auf der Erde schleift, hat wirklich schon bessere Tage gesehen. »Weeß ick. Der Sturm. Xava hatte ganz schön viel Pfeffer.« Er kratzt sich am Bart. »Muss jemanden holen lassen.«

»Das machen wir, wenn Sie uns dafür zu zweimal Currywurst einladen.« Die alte Frau stößt Fridi an. »Wir sind sozusagen Experten auf dem Gebiet!«

*Was redet sie denn da?*

Der Mann kneift die Augen zusammen.

»Wie sollen die Touristen Sie denn sonst finden?«, springt Zeck der alten Frau zu Hilfe und sieht den Schnurrbart erwartungsvoll an.

*Also, ich klettere da ganz bestimmt nicht rauf ...*

Das Rotgesicht fährt sich durch den Bart. »Nee, nee«, wehrt er ab, »lassen Se mal, jute Frau. Wenn Se da runterknallen und sich 'n Hals brechen, bin icke noch schuld, so 'n Fisematenten zahlt keene Versicherung, und ick bin dran, zahl mein Lebtach für Se im Rollstuhl Entschädigung. Oder von den Gören fällt eens runter und is dod. Nee, nee, keene jute Werbung.«

*Ganz meine Meinung!*

Das Rotgesicht guckt auf die Schlange, die immer länger wird. Die Menge scharrt schon mit den Füßen.

»Tja, es liegt ganz bei Ihnen, wir haben kein Geld, die Kinder hier sind pleite und ich auch.«

»Und das wussten Sie nicht vorher?«, knurrt das Rotgesicht.

»Vergessen.« Die alte Frau zuckt schuldbewusst mit den Schultern und lächelt. »Kann doch mal passieren.«

»Ich schwöre, die ist bisschen komisch«, raunt Musti dem

Verkäufer verschwörerisch zu. »Vielleicht Damanz.« Jennifer nickt.

»So, so.« Der Mann wischt sich über die Stirn. »Na, verkofen kann ick die jedenfalls nich mehr, wegschmeißen wär och blöde, icke hab schon jejessen, und mir häng die Dinger sonst wo.« Er guckt auf die beiden Currywürste.

»Handzettel. Verteilen. Zweehundert Stück, denn könnter se von mir aus ham. Damit sich det nich rumspricht, dat es hier wat umsonst jibt. Ick pack die in Alu. Könnta abholen, wenn a fertig seid.« Damit schiebt er die Currywürste zur Seite, bückt sich und kramt unter der Theke einen Packen Handzettel hervor.

»Bitte schön!« Er schiebt den Kindern den Stapel rüber. »Sollten ejentlich am Wochenende verteilt werdn, aber nu is och schon ejal.«

Jennifer streckt die Hand aus.

»Aba sacht mal eurer Oma, dit soll nich zur Jewohnheit werdn. Nich dat se mit der Damanz jetzte imma vorbekommt und s Jeld verjessen hat.«

»Ich schwöre, das ist nicht unsere Oma!«, sagt Musti mit Nachdruck.

Doch der Mann winkt bloß mit dem Arm. »Und nu Abmarsch, die anderen stehen sich schon de Beene in den Bauch.« Er beugt sich noch einmal vor und ruft: »Und seid höflich zu de Leute, nich dass Beschwerden komm, dit is Werbung. Is dit klar?«

»Keine Sorge«, flötet Jennifer.

Die Kinder treten ein Stück beiseite.

»Und nun?« Polina guckt auf den Stapel Flyer in Jennifers Hand.

»Na, is doch ganz einfach, wir werfen die Dinger in den nächsten Mülleimer, warten kurz und holen uns die Currywürste ab.« Jennifer grinst.

»Gute Idee, Mann!« Musti lacht. »Ich schwöre, hätte von mir sein können.«

Zeck schüttelt den Kopf. »Nee, können wir nicht machen. Das ist unfair.«

»Gut, dann holen wir uns die Currywürste eben nicht«, mault Jennifer, »wär aber blöd, wenn ihr mich fragt. Ich hab nämlich ziemlichen Kohldampf, und Fridis zwei Euro könnten da unten ganz gut Gesellschaft vertragen.«

*Warum muss sie mich da immer mit reinziehen?*

»Ich mag Döner sowieso lieber.« Musti überlegt. »Ich schwöre, ohne Döner könnte ich nicht leben, Mann.«

Polina verzieht das Gesicht. »Man kann auf alles im Leben verzichten, wenn man nur ein bisschen Disziplin hat.«

»Aber nicht auf Döner!«, sagt Musti voller Überzeugung und wackelt mit den Augenbrauen. »Döner macht schöner! Wusstest du nicht?«

»Na, Polina ist schon schön genug, die braucht keinen Döner«, schaltet Zeck sich ein. Und in dem Moment schießt Fridi ein geradezu irrwitziger Gedanke durch den Kopf.

*Also, ich finde Jennifer eigentlich viel schöner, ups.*

Zeck räuspert sich. »Um noch mal auf das Angebot zurückzukommen, das ist fair. Zweihundert Flyer sind für jeden nicht mal dreißig Zettel, das schaffen wir locker in vierzigMinuten.«

Jennifer überlegt. »Ja, wir können jetzt nicht einfach verduften, irgendwie gehört sich das nicht. Und ich hab Hunger.«

»Ich auch, Mann«, stöhnt Musti. »Auf Pommes!«

Polina bläst ihre Locken aus der Stirn. »Also, ich mach da aber nicht mit. Ich renn doch nicht herum und drücke irgendwelchen wildfremden Menschen Flyer für Currywürste in die Hand, wie sieht denn das aus. Nachher sind da noch Vegetarier dabei oder Veganer, nee, nee, das mach ich nicht, ist mir zu peinlich. Und meine Mutter würde das auch gar nicht erlauben.«

»Mitgehangen, mitgefangen.« Zeck nimmt Polina bei der Hand. Die sträubt sich, doch Zeck stupst sie einfach vor sich her.

»Okay, wir stellen uns vor das Einkaufszentrum«, verkündet Polina mit einem resignierten Seufzer. »Viele Leute, da werden wir schnell fertig.« Und schon sind die beiden verschwunden.

»Beeilen wir uns, sonst wird noch alles kalt, Mann«, meint Musti.

Jennifer überlegt: »Am besten, wir gehen zur Ampel, da müssen die Menschen immer warten und können nicht ausweichen.«

»Guter Trick, Mann!«

*Was mich betrifft, ich würde ja lieber auf alle Pommes dieser Welt verzichten ...*

»Und wir sollten was singen!«

Musti starrt die alte Frau entgeistert an. »Singen?«

*Oh Gott! Ich kann nicht singen!!!!*

»Ich dachte an einen Schlachtruf«, ertönt ihre durchdringende Stimme.

»Ein Schlachtruf? Was ist das? Rufen die das beim Schlachten? Ich schwöre, was ruft man da? *Blut*, oder was?« Angewidert sieht Musti die alte Frau an. »Ich glaub, die ist echt

**137**

irre«, zischt er Fridi zu. *Also, um ehrlich zu sein, weiß ich das schon!*

Jennifer dagegen ist sofort hellauf begeistert. *Wundert mich jetzt irgendwie kein bisschen,* »Es muss auf jeden Fall irgendwas mit Currywurst sein! Currywurst und Berlin, für die Touristen gehört das zusammen«, überlegt sie.

»Sehr gut! Das ist doch schon mal ein Anfang.« Die alte Frau wiegt den Kopf. »*Was euch an Berlin gefällt?*«, summt sie.

»*Die beste Currywurst der Welt*«, stimmt Jennifer ein.

Und schon legt die alte Frau los. »*Was euch an Berlin gefällt?*«, und Jennifer antwortet:

»*Hier gibt's die beste Currywurst der Welt!*«

Fridi wird ganz steif. Seine Kehle ist wie zugeschnürt, als würde da ein ganzer Haufen Zweieurostücke drinstecken. »Aber ... wenn mich jemand erkennt ... ich mein ... mein Papa oder meine Mama ... wenn die hier grad vorbeikommen«, bringt er gepresst hervor. Mehr kann er nicht sagen, weil Kaninchen und Sprechen geht nicht. Er lässt sich auf seinen Rucksack plumpsen und rührt sich nicht, Kaninchentotalstarre. *War ja mal wieder klar!*

*Was ich sehe*

*Taubenkacke*

*Glassplitter*

*eine grüne Scherbe in einer Bierpfütze*

Jennifer überlegt einen Moment. »Überhaupt kein Problem, du bleibst einfach hier sitzen und passt auf den Rucksack auf.«

Und schon legt sie los: »*Was euch an Berlin gefällt, hier gibt's die beste Currywurst der Welt!*«, und verteilt die Zettel an die Umstehenden. Die Leute fangen alle an zu grinsen, einige singen sogar gleich mit. Langsam kriegt sogar Musti richtig Gefallen an dem Lied und begleitet es mit Bewegungen, die ein bisschen nach Rap aussehen. Kaum einer wehrt sich, als die drei ihnen die Zettel in die Hand drücken, und in Windeseile sind alle Flyer verteilt.

Da kommen auch schon Polina und Zeck angerannt. Polina lacht. »Die Leute haben uns die Dinger nur so aus der Hand gerissen.«

»Von dir nehmen die eben jeden Zettel, die gucken gar nicht, wofür«, meint Zeck. Polina lächelt geschmeichelt, schüttelt dann aber den Kopf. »Wir waren ein gutes Team!«

Zeck grinst. »Absolut!«

»Wisst ihr was?« Musti sieht die anderen an und strahlt über das ganze Gesicht. »Ich hab's. Ich schwöre, die Leute waren so begeistert von mir. Ich werde YouTube-Star!« Er fasst sich an die Brust. »Da verdient man richtig viel Geld, und ich hol mir eine Limousine, mit Fahrer, Mann. Ich schwöre, und dann habe ich ganz viele Fans und eine Freundin, die mich anhimmelt.« Einen Moment herrscht Schweigen. Musti denkt nach. »Nee, Mann, geht nicht! Ich hab mir immer geschworen, Musti, werd bloß kein Star, dann kannst du nicht auf der Straße laufen, ohne dass alle rufen: ›Guck mal, da ist Musti! Musti, dürfen wir ein Selfie mit dir machen?‹ Ich schwöre, das ist mir echt bisschen zu anstrengend. Ich will ein Privatleben mit meiner Frau und meinen Kindern.«

»Welche Frau? Da musst du erst mal eine finden«, meint Polina gereizt.

»Und das dürfte mit deinen altmodischen Vorstellungen schwierig werden, Kumpel.« Zeck haut ihm auf die Schulter.

»Na, dann ist das ja geklärt.« Jennifer grinst. »Ich hol uns mal die Currywurst.«

Das Rotgesicht sieht Jennifer an. »Ihr wart ja janz schön schnell. Keene Tricks?«

»Heilig geschworen!« Jennifer legt drei Schwurfinger auf die Brust. »Sie werden sehen, die Leute kommen in Scharen.«

Das Rotgesicht lacht und schiebt Jennifer die Currywürste rüber. »Na denn, juten Appetit!«

»Danke.« Jennifer winkt dem Currymann noch mal zu und balanciert die Currywürste vorsichtig rüber zu den anderen. »Eine große Cola mit sechs Strohhalmen hat er uns auch noch spendiert«, sie lacht, »weil da grad einer mit 'nem Zettel kam und gefragt hat, ob es hier die besten Currywürste von Berlin gibt.« Sie grinst.

Musti reckt stolz seine Brust. »Yo, Mann.«

Sie stehen alle zusammen an einem kleinen runden Tisch und schauen andächtig auf die Currywürste mit Pommes und extraviel Ketchup und Mayo, die vor ihnen stehen.

*Pommes! Pommes! Pommes!*

Da fällt es Musti plötzlich ein. »Allah, nein! Ist ja Ramadan, ich schwöre, hab ich voll vergessen, Mann.«

Für einen Moment sind alle ganz still. Musti guckt prüfend in den Himmel. Zeck schüttelt bloß stumm den Kopf. Musti stöhnt. »Dabei hab ich diese blöden Zettel verteilt, mit Schlachtruf und so. Ganz ohne schummeln, nur einer ist im Gulli gelandet, aber der ist mir runtergefallen, ich schwöre, war echt aus Versehen.« Er starrt noch immer fassungslos auf die duftenden Pommes.

Zeck räuspert sich. »Genau genommen dürfen wir das alle sowieso nicht essen! Wir sind ja auf Fahrt, und auf Fahrt gibt's keinen Fast-Food-Scheiß, so ist die Regel.« Zeck sieht sie alle der Reihe nach an.

140

»Ich hab eh keinen Hunger«, sagt Jennifer gedehnt.

»Ich auch nicht«, piepst Fridi.

»Currywürste gehören eindeutig zu den lebensverkürzenden Nahrungsmitteln, und damit sollte man in meinem Alter vorsichtig sein«, seufzt die alte Frau.

Nur Polina streckt vorsichtig zwei Finger aus. Als die anderen sie vorwurfsvoll ansehen, wirft sie beleidigt die Haare zurück. »Na, was denn? Ich mach nicht Ramadan, und Hunger hab ich auch, diese ganze Rumrennerei ist anstrengend, schließlich ist morgen meine Prüfung, da brauch ich Kraft. Außerdem hab ich auch diese dämlichen Zettel verteilt.« Sie stockt. Keiner sagt ein Wort. »Okay, okay!« Sie zuckt mit den Schultern und zieht die Finger langsam zurück. »Liegt sowieso viel zu schwer im Magen, sonst kann ich morgen nicht so hoch springen«, murmelt sie.

Zeck schlägt die Alufolie um die Currywurst. »Das war's dann wohl.«

»Und jetzt?«, fragt Jennifer und betrachtet andächtig das große Aluminiumpaket. Zeck zuckt mit den Schultern.

»Ich hab eine Idee«, meint die alte Frau und schnappt sich das Paket mit den Currywürsten.

# Elvis muss mit!

»Wo will sie hin, Mann?«, fragt Musti. »Hinterher! Ich schwöre, bei ihr weiß man nie.«

»Auf geht's!«, ruft Zeck. »Ihr nach!«

Jennifer schultert den schweren Rucksack, dessen Boden voller Taubenkacke ist. Polina verzieht angeekelt das Gesicht. Aber Fridi denkt nur daran, wie froh er ist, dass er das Ding nicht tragen muss! Die Kinder folgen der alten Frau, die direkt auf das Taxi zusteuert, das immer noch an der gleichen Stelle steht.

»Oh Mann, was macht sie denn?«, jammert Musti. »Das hatten wir doch schon!«

Die alte Frau reißt die Tür des Taxis auf. »Einen Wunderschönen!«

»Oh, nein«, stöhnt der Taxifahrer, »Sie schon wieder. Ich hab Ihnen doch gesagt, dass die Fahrt mindestens vierzig Euro kostet. Haben Sie inzwischen Geld abgehoben?«

»Nein, aber wir haben ein sehr verlockendes Angebot für Sie.« Die alte Frau nimmt auf dem Vordersitz neben dem Fahrer Platz. »Hier sind zwei der besten Currywürste der Stadt, die kriegen Sie, wenn Sie uns fahren.«

Mit diesen Worten wickelt sie die Currywürste aus der Alufolie. Sofort breitet sich im Taxi ein unwiderstehlicher Duft aus.

Der Taxifahrer zögert. »Ich hab heute noch nix im Magen. Konnte mir ja nichts zu essen holen wegen dem Fuß.

Lange laufen und Schlange stehen is nicht. Und so 'ne Stulle schmeckt mir einfach nich.« Er nimmt ein graues, fade aussehendes Butterbrot aus dem Handschuhfach und wedelt damit herum.

Die alte Frau nickt. »Manchmal meint es das Schicksal gut mit uns.«

Jennifer schwenkt die Cola.

Der Mann wischt sich wieder über seine Glatze. »Na, ich weiß nich.«

»Gegen sein Schicksal sollte man sich nicht sträuben«, sagt Jennifer wissend. »Konzerve sagt, nimm dein Schicksal an, und du wirst weise.«

Der Taxifahrer runzelt die Stirn. »Na, wenn Konzerve dit sagt, steigt ein. Aber wehe, wenn ihr mir die Sitze vollschmiert. Kinder essen doch immer irgendwas Klebriges ...«

»Da besteht bei uns keine Gefahr, wir sind heute mit nix im Magen unterwegs und absolut ungefährlich.« Zeck grinst.

»Na, will ich mal hoffen.« Der Taxifahrer kratzt sich die Glatze. »Also denn, alles einsteigen!«

Bevor der Mann überhaupt zählen kann, schieben sie Fridi hinter seinen Rucksack in den Kofferraum. Jennifer klettert hinterher. »Schön still sein«, zischt sie und legt sich neben ihn. »Wenn der merkt, dass wir zwei zu viel sind, fliegen wir raus, trotz Currywurst.« Fridi nickt. Vor lauter Aufregung kriegt er ohnehin keinen Ton raus.

*Was ich sehe*
*Brötchenkrümel*
*Ein Tomatenkern im grauen Vlies*
*Ein weißes Hundehaar*

**143**

»Fertig?«, fragt der Taxifahrer. »Alle angeschnallt?«

»Alles klar!«, ruft Zeck.

Fridi liegt ganz still, hält den Kopf unten und rührt sich nicht.

»Dürfen wir überhaupt Taxi fahren?«, flüstert Jennifer. »Ich mein, wir sind ja auf Fahrt!«

Polina schnappt nach Luft und will gerade etwas sagen, da fällt ihr Zeck ins Wort. »Da wir ja nichts bezahlen, ist es in Ordnung. Hauptsache, es kostet nichts.«

Musti atmet erleichtert auf. »Na, zum Glück, Mann.«

Die alte Frau nimmt das Aluminiumpaket auf den Schoß und übernimmt die Fütterung. Während der Taxifahrer, er heißt übrigens Uwe, losfährt und sich abwechselnd Pommes oder Currywurststückchen, die die alte Frau für ihn auf den Holzpieker sticht, in den Mund steckt, mal vom Brötchen abbeißt und mal einen Schluck Cola trinkt, verwickelt die alte Frau ihn in ein Gespräch über Hunde. Er hat auch einen, einen Chihuahua. Während sich sein Magen langsam füllt und er von Bruno, seiner kleinen Kuschelmaschine, erzählt, wird seine Laune immer besser. Er fährt und fährt. Die alte Frau hört ihm aufmerksam zu und stellt ab und zu eine Frage. Dass sie sich dabei auch mal eine Pommes in den Mund steckt, übersehen die Kinder großzügig.

»Ich schwöre, vielleicht werd ich ja Taxifahrer«, raunt Musti, »da sitzt du den ganzen Tag gemütlich im Auto und verdienst gut. Dann hol ich mir einen Mercedes A-Klasse.« Er grinst.

Doch Zeck schüttelt nur den Kopf. »Als Taxifahrer wirst du nicht grad reich, denk mal an Tatusch, Katjas Papa, der beschwert sich dauernd, dass das Benzin so teuer geworden ist und die Leute alle kein Geld haben und lieber den Bus nehmen. Ich find's gut, aber für Taxifahrer ist das natürlich der Tod.«

»Stimmt auch wieder, Mann.« Musti guckt gedankenverloren aus dem Fenster.

Bald haben sie die Stadt hinter sich gelassen und fahren durch schmale, ruhige Straßen mit hohen Bäumen und Einfamilienhäusern.

»Sie können uns hier rauslassen«, sagt die alte Frau irgendwann und beugt sich aus dem Fenster.

»Na, Mensch, ist die Zeit ja schnell vergangen«, meint Uwe und kratzt sich mal wieder die Glatze.

»Wenn mich nich alles täuscht, wohnt hier meene Verflossene. Vielleicht geh ich mal vorbei und sag Hallo. Ick mein, wenn dit Schicksal mich schon mal hierherjeführt hat.«

»Oh, das sollten Sie unbedingt tun!« Die alte Frau nickt.

»Auf alle Fälle«, meint Jennifer, die schon aus dem Kofferraum geklettert ist und Fridi samt Rucksack hinter sich herzieht.

*Würde mich mal interessieren, warum sie seine »Verflossene« ist und die beiden nicht mehr zusammen sind. Aber den trau ich mich echt nicht zu fragen.*

»Na denn, tschüssi, vielleicht sieht man sich ja mal wieder.« Uwe legt sich eine Hand auf den Bauch und rülpst.

*Vielleicht, weil er ziemlich unanständig rülpst, das mögen Frauen garantiert nicht.*

»Viel Glück!« Die alte Frau klopft ihm auf die Schulter.

»Werd ick brochen.« Der Taxifahrer zwinkert. »Die hat Haare uff die Zähne.«

*Also, vorstellen will man sich das lieber nicht ...*

**145**

Die Kinder drängen aus dem Auto und winken so lange, bis das Taxi verschwunden ist.

»Ich mach noch einen kleinen Abstecher auf den Friedhof. Bin gleich wieder da«, sagt die alte Frau und huscht auch schon mit ihrem Beutel voll Flaschen über die Straße.

»Was macht sie jetzt schon wieder auf dem Friedhof, Mann?« Musti zieht die Stirn in Falten.

»Na, was wohl? Sie verabschiedet sich da von jemandem, der ihr wichtig war. Vielleicht von ihrem Mann. Griechenland ist ja schließlich nicht um die Ecke.«

»Ah«, Musti nickt, »lassen Sie sich ruhig Zeit, Mann!«, ruft er der alten Frau hinterher.

Fridi setzt sich auf seinen Riesenrucksack. Seine Füße tun trotz Doppelpflaster so weh, dass er am liebsten gar nicht mehr weitergehen würde.

Jennifer macht es sich auf dem Bürgersteig bequem. Sie schlüpft mit dem rechten Fuß aus Oskar und bewegt die Zehen. »Apropos Brille, ich hab Katja versprochen, ihr zu schreiben, was wir so machen.«

»Hä?« Polina guckt sie verständnislos an. »Brille?«

»Na ja, ich hab grad gedacht, dass Oskar schon ziemlich blass aussieht, und dann hab ich gedacht, dass Grün eigentlich eine total schöne Farbe ist, und dann ist mir Katjas Brille eingefallen.« Jennifer sieht Polina an. Die versteht immer noch nicht. »Na, ihre Brille ist auch grün!«

Polina verdreht die Augen und fährt sich gedankenverloren durchs Haar. »Wo ist Katja eigentlich?«

»Die kann heute nicht, weil ihre Väter heiraten, irgendwo an der Ostsee, auf einer Klippe am Strand. Mit auffliegenden Tauben und allem Pipapo.« Zeck grinst.

»Ihre Väter sind so was von romantisch«, schwärmt Jennifer. »Also, Mama hatte auch einen Freund, der war irre romantisch, Dirk. Der hat mal im ganzen Flur Rosen verteilt, weil sie da gerade einen Moment zusammen waren.« Sie kichert. »Leider hatte er vergessen, von manchen die Stiele abzumachen, und dann ist er in eine Dorne reingetreten, und das hat sich entzündet, und Mama saß mit ihm die ganze Nacht in der Notaufnahme. Danach hatte sie erst mal die Nase voll von Romantik.«

»Also, das sind die Ehen, die am schnellsten geschieden werden, hab ich gelesen, die, in denen alles immer so romantisch ist«, verkündet Polina.

Sofort durchzuckt es Fridi. *Sind Mama und Papa romantisch?* Doch im nächsten Moment atmet er erleichtert aus. *Papa vielleicht schon. Ganz sicher sogar. Der liebt Kerzendinner und dichtet Mama zum Hochzeitstag immer was. Mama nicht. Die fürchtet sich immer vor Papas Gedichten, und bei Kerzenschein essen findet sie anstrengend. Und wenn nur einer romantisch ist, dann zählt das ja wohl nicht.*

Plötzlich steht die alte Frau wieder neben ihnen. »Ich hab einen Spaten besorgt, damit können wir das Bäumchen ausbuddeln.«

»Haben Sie den geklaut?« Musti macht große Augen.

»Keine Sorge, ich hab ihn mir nur geliehen.« Die alte Frau klemmt sich den Spaten unter den Arm. »Und da ist noch was.«

»Was denn?« Die Kinder sehen sie gespannt an.

»Nur eine Kleinigkeit! Elvis muss auch mit.«

# Elvis

»Entschuldigen Sie, aber wer ist Elvis?«, erkundigt sich Zeck.

Die alte Frau schiebt sich das Haar unter die Mütze. »Daisys Schildkröte.« Sie sieht die Kinder entschlossen an. »Elvis muss ich unbedingt noch holen.«

»Ja, Mann, holen Sie ihn doch einfach.« Musti will der alten Frau aufmunternd auf die Schulter hauen, als Polina ihm aber einen strengen Blick zuwirft, stoppt er seine Hand und streichelt Naruto verlegen über den Kopf.

»Es ist nur so, die Sache ist ein kleines bisschen verzwickt.« Die alte Frau zwinkert. »Leider gibt es da nämlich noch das GRAUEN.«

»Das GRAUEN?«, fragt Musti etwas unbehaglich.

Fridi kriegt gleich am ganzen Körper Gänsehaut. *Oh Mann, was ist das jetzt schon wieder?* Allein das Wort weckt das Kaninchen in ihm auf. Die Ohren stehen senkrecht in der Luft, und es schnuppert aufgeregt mit dem Näschen.

Die alte Frau nickt.

»Was ist das GRAUEN?« Jennifers Stimme klingt heiser.

»Och, so nenne ich bloß Daisys Mann.«

»Ist der gefährlich oder so?«, fragt Musti unsicher.

Die alte Frau zieht die Augenbrauen hoch. »Wie man es nimmt. Er teilt Tiere in zwei Gruppen, in die, die schmecken, und in die, die nicht schmecken, und ich fürchte, er will aus Elvis eine Suppe kochen. Das muss ich unter allen Umständen verhindern.«

»Ja, klar«, meint Jennifer.

Auch die anderen nicken. Etwas Schlimmeres als Schildkrötensuppe kann sich Fridi eigentlich auch nicht vorstellen. *Das ist ja noch viel schlimmer als Haferflocken, viel, viel schlimmer sogar!*

»Ich hab mit Daisy ausgemacht, dass Elvis mit nach Griechenland kommt, und deshalb will ich ihn mir jetzt holen.« Die alte Frau sieht tatsächlich so aus, als könnte sie nichts davon abbringen.

»Sie wollen die Schildkröte auch stehlen?«, fragt Polina entgeistert.

»Elvis ist ein freies Lebewesen, also kann man es wohl kaum stehlen nennen, finde ich. Zumal sich seine Lebensverhältnisse zu tausend Prozent verbessern, würde ich sagen.«

*Nein, nein, nein, ich hab's doch gewusst, ich hab doch gewusst, dass jetzt irgendwas Schlimmes kommt!*

»Da scheint es mir doch leichter zu sein, wenn Daisy die Schildkröte holt«, überlegt Jennifer.

»Ja, Mann, Daisy soll Elvis selber holen.« Musti ist erleichtert, dass sie eine so schnelle Lösung für das Problem gefunden haben.

»Das geht leider nicht, weil Daisy tot ist.«

Einen Moment herrscht Stille.

»Oh, das tut mir leid«, meint Jennifer.

»Ja, mir auch«, meint die alte Frau. »Ihr glaubt gar nicht, wie sehr.« Sie hält kurz inne, dann sieht sie die Kinder an. »Ich fürchte, wir müssen die Dinge selber in die Hand nehmen.«

»Wir?« Polina stutzt.

»Ja, und zwar, bevor Elvis Schildkrötensuppe ist.«

»Vielleicht sollten Sie mal mit dem Typen reden«, schlägt Zeck vor.

»Ich glaube, er kann mich noch weniger leiden als Schildkröten, deshalb hatten wir in all den Jahren auch kaum etwas miteinander zu tun.« Die alte Frau seufzt. »Ich wollte Elvis gestern abholen, aber dieser Kerl hat mir nicht mal die Tür aufgemacht.« Sie zuckt mit den Schultern. »Keine Sorge, das Ganze ist völlig ungefährlich, das GRAUEN ist ein sehr pünktlicher Mensch und hält von Punkt 16 bis Punkt 17 Uhr seinen Mittagsschlaf.« Die alte Frau lächelt. »Ich spendiere euch auch ein tolles Abendessen, so was habt ihr noch nie gegessen! Versprochen!«

Die Kinder sehen sich an.

»Ich bin dabei!«, ruft Jennifer. *Hätte ich mir eigentlich gleich denken können.* »Eine griechische Schildkröte gehört nach Griechenland, ist doch klar!« Jennifer sieht heiter in die Runde.

»So eine Suppe ist ein Verbrechen«, überlegt Zeck. »Und im Übrigen stehen Schildkröten unter Naturschutz.«

*Fragt sich nur, was das größere Verbrechen ist, ich mein, Leute, kommt schon, eine Suppe zu kochen oder einen Einbruch zu begehen.* Fridis Atmung ist schon wieder ganz flach.

Musti legt ihm feierlich die Hand auf die Schulter. »Jeden Tag eine gute Tat. Zwei sind noch besser!« Er zieht lockend die Augenbrauen hoch. »Und denk an das Essen, Mann.«

*Nach der Dreierregel kann man im Notfall drei Wochen ohne Essen überleben, ist also kein Grund, sich gleich das nächste Problem aufzuhalsen, apropos Hals, da drin steckt auch noch ein Problem, also, auch wenn es jetzt tiefer gerutscht ist …*

Die alte Frau guckt ungeduldig auf ihr Handy. »Schon fünf Minuten nach vier, wir sollten uns beeilen.« Sie schultert den Spaten, dann fällt ihr aber noch etwas ein. »Ich geb euch meine Adresse, nur falls was schiefgeht.«

»Schiefgeht?«, fragt Jennifer vorsichtig.

»Ich schwöre, was soll denn schiefgehen, das Grauen schläft, und wir buddeln schnell den Baum aus und holen Elvis«, meint Musti zuversichtlich.

»Gute Planung ist alles.« Die Frau sieht die Kinder an.

*Also, da hat sie ausnahmsweise recht! Survival-Regel Nummer zwei: Gute Vorbereitung kann Leben retten.*

»Hat einer von euch ein Handy?«

»Klar.« Musti sieht Zeck an. »Äh«, stottert er, als er Zecks Gesichtsausdruck sieht, »also eigentlich schon, klaro, aber nein.«

»Nein!«, bestätigt Zeck.

»Ich würd keine Stunde mehr ohne das Ding auskommen«, murmelt die alte Frau. »Also, auf die altmodische Tour: Stift und Zettel!«

»Hier ist ein Zettel!« Zeck zieht den zerfledderten Bon aus der Hosentasche. Er sieht in die Runde. »Hat einer einen Stift?«

»Moment!« Jennifer fängt an, in ihrer Bauchtasche zu kramen, dann kippt sie kurz entschlossen den gesamten Inhalt aufs Pflaster, und es ist wirklich ganz erstaunlich, was sie so alles mit sich herumträgt: ein Fläschchen giftgrünen Nagellack, getrocknete Mandarinenschalen, ein ausgefranstes Haargummi, einen verklebten schwarzen Lutscher mit Pinscherhaaren, ein Sprühdeo, einen abgebrochenen Labello, ein Stück blaue Tafelkreide und zwischen jeder Menge Sand und Fusseln auch einen verklebten, schon ziemlich abgekauten Sailor-Moon-Bleistift.

»Hier.« Triumphierend hält Jennifer der alten Frau den Bleistift hin.

Polina starrt auf das kleine Sammelsurium. »Wieso schmeißt du den Lutscher nicht weg?«, fragt sie angeekelt.

*Genau das Gleiche hab ich mich auch gerade gefragt.*

»Ganz einfach, das ist ein Vampirlutscher, noch von Halloween, der schmeckt genial.«

»Aber Halloween kommt doch noch«, meint Fridi irritiert.

»Vom letzten Halloween«, erklärt Jennifer.

*Hat sie das jetzt grad ernst gemeint?*

»Der ist voller Haare«, stößt Polina hervor.

»Na und? Kann man ja abwaschen.« Jennifer zuckt mit den Schultern und schlüpft wieder in Oskar.

*Also echt, das ist der widerlichste Lutscher, den ich je gesehen habe, und wahrscheinlich hat sie vor, den noch zu essen, klar, sonst würde sie ihn ja nicht aufheben, also nachdem sie ihn abgewaschen hat, das heißt, so klar ist das eigentlich gar nicht, ich mein, dass sie ihn abwäscht, dieses Mädchen bringt mich völlig durcheinander, also, der Vampirlutscher, ach, egal.*

»Man kann es sich auch kompliziert machen«, seufzt die alte Frau und gibt Zeck den Zettel mit ihrer Adresse.

»So, das hätten wir. Also, falls irgendwas nicht ganz nach Plan laufen sollte, treffen wir uns bei mir.«

*Nicht ganz nach Plan, was soll denn das jetzt schon wieder heißen?*

»Auf geht's!« Sie klemmt sich den Spaten unter den Arm und läuft los.

Zeck schultert den Rucksack.

»Und ihr wollt das jetzt echt machen?«, flüstert Polina. »Ich mein, wer weiß, ob die nicht in echt was ganz anderes vorhat, dieser Baumquatsch ist doch total merkwürdig, und dann auch noch eine Schildkröte namens Elvis, die spinnt doch!«

»Hast recht, Mann.« Musti überlegt. »Vielleicht ist das ja in echt doch eine Verbrecherin, und sie hat jemanden umgebracht, ich sag nur *blutige Sachen in der Plastiktüte*, und jetzt will sie mit unserer Hilfe die Spuren verwischen oder«, er macht eine Pause, »die Leiche vergraben.«

»Meinst du?« Jennifer erschaudert. Etwas unsicher folgen die Kinder der alten Frau, die mit energischen Schritten vor ihnen herschreitet.

»Ist euch klar, dass wir der jetzt helfen, einen Einbruch zu begehen?«, zischt Polina. »Da machen wir uns strafbar.«

»Ja, stimmt, Mann. Wir sind Mittäter, aber minderjährig«, stellt Musti fest, mit sich zufrieden, dass er mal wieder so gut Bescheid weiß. »Da kriegt man nicht so eine hohe Strafe wie der Täter, aber die informieren auf jeden Fall unsere Eltern.« Er nickt wissend.

Fridi hat vor Schreck ganz viel Spucke im Mund. *Na ja, wenigstens hat die jetzt freie Bahn!* Er schluckt und schluckt, während seine Beine wie von selbst hinter den anderen herstolpern.

Vor einem kleinen grauen Haus mit braunem Gartenzaun bleibt die alte Frau so plötzlich stehen, dass die Kinder fast in sie hineinrennen. »Hier ist es!«

# Das GRAUEN

Die alte Frau guckt auf ihr Handy. »Wir haben genau zweiundfünfzig Minuten Zeit, den Mandelbaum auszugraben und Elvis zu suchen.«

»Und Sie wollen da jetzt einfach so reinspazieren und losbuddeln?«, fragt Jennifer unsicher.

»Genau so hab ich mir das vorgestellt.« Damit drückt die alte Frau Musti den Spaten gegen die Brust, schaut sich noch mal um und schwingt ein Bein über das Gartentor.

»Ich glaub, das nennt man Hausfriedensbruch«, raunt Polina ihnen zu.

»Ja, Mann.« Musti nickt begeistert. Er kennt sich wieder mal fantastisch aus.

»Dazu muss man fairerweise sagen, dass er meinen Frieden zuerst gestört hat«, sagt die alte Frau, während sie seelenruhig auch das zweite Bein über das Tor schwingt.

*Oh, mein Gott! Kaninchentotstarre, ich fall bestimmt gleich um und liege auf dem Pflaster und kann mich nicht mehr bewegen, und dann kommt die Feuerwehr und die Polizei und bringen mich zu meinem Papa ...*

Heißer Schweiß steht Fridi auf der Stirn, dafür sind seine Füße augenblicklich zu Eis gefroren. Er fühlt, wie das Kaninchen in ihm drin schon wieder mit seinen Klopfern schlägt ...

BÄM. BÄM. BÄM.

Während Fridi noch stocksteif dasteht, sind die anderen bereits über die niedrige Pforte geklettert.

»Komm«, flüstert Jennifer und winkt mit dem Arm.

Aber Fridi kann sich einfach nicht bewegen.

»Okay, dann bleibst du da stehen und hältst Wache.«

Fridi zuckt zusammen, sagen kann er natürlich kein Wort. Er sieht, wie die alte Frau durch den Garten huscht, dicht gefolgt von Zeck, Polina, Musti und Jennifer.

Plötzlich ist er allein. *Wache stehen? Das ist doch total gefährlich. Ich mein, wenn mich jetzt jemand sieht ...*

Fridi zieht sich das Käppi noch tiefer ins Gesicht. *Wo bleiben die bloß?* Alles ist ganz still. Die anderen sind nirgends zu sehen. Es dauert eine Ewigkeit. Langsam wird Fridi nervös. *Ich mein, wie lange kann es dauern, einen Mandelbaum auszugraben und sich eine Schildkröte zu schnappen?*

Er geht ein bisschen näher an das Tor heran, reckt seinen Hals, und da sieht er es am Fenster stehen: DAS GRAUEN. Logisch, es kann gar nicht anders sein. Es hält auf jeden Fall nicht seinen Mittagsschlaf, soviel steht schon mal fest! *War ja klar, dass die alte Frau mal wieder keine Ahnung hat. Die anderen sind immer noch mit dem Bäumchen beschäftigt, die merken garantiert nicht mal, dass sie in Gefahr sind.* Fridi schießen die Gedanken wie heiße Blitze durch den Kopf.

*Was mache ich bloß? Wenn der jetzt rauskommt? Und mich sieht! Oder die anderen? Wenn der die erwischt und dann die Polizei ruft? Okay, ich muss sie warnen. Jetzt!*

»Ähäm. Ähäm.« Fridi räuspert sich. Mehr schafft er einfach nicht. Aber zu laut darf er schließlich auch nicht sein. Das wäre viel zu gefährlich. *Irgendwie muss ich es hinkriegen, dass die anderen zu mir gucken.* Noch mal: »Ähäm, ähäm.« *Keine Chance.* In dem Moment hört man einen Schrei.

»YEAH!«

*Jennifer, oh Mann! Muss die immer so laut schreien!* Panisch wirft Fridi einen Blick in den Garten, bestimmt haben sie das Bäumchen jetzt ausgebuddelt. Doch im nächsten Moment wandert sein Blick schon wieder zurück zum Fenster, hinter dem das GRAUEN, *oh, mein Gott,* **nicht** mehr steht, es hat den Schrei bestimmt auch gehört.

Fridi kriegt kaum noch Luft.

*Survival-Regel Nummer eins: Wer panisch ist oder aufgebracht, hat schon verloren. Also, ruhig bleiben, Fridi. Hey, schließlich hab ich ein Zweieurostück verschluckt, und Fletscher hat mir nicht die Hand abgebissen, das ist doch schon mal was. Okay, okay, okay. Noch mal: Was kann ich machen? Mir fällt nichts ein, scheiße, mir fällt nichts ein, ich kann mich nicht bewegen, oh Gott, ich schrei gleich, ja, einfach losschreien, das ist es:*

A H H H H H H H H H H H H H H H H H H H
A H H H H H H H H H H H H H H H H H H H
A H H H H H H H H H H H H H H H H

Und Fridi schreit und schreit, immer lauter, so laut, dass seine Kehle zittert, sein Kopf ganz rot wird und vor lauter Anstrengung fast platzt, so laut, dass sogar das Kaninchen sich irgendwo in ihm drin verkriecht, so lange, bis ihm Tränen in die Augen schießen. Im nächsten Moment wird auch schon die Tür aufgerissen, und das GRAUEN stürmt heraus. Fridi kneift die Augen zu und schreit einfach weiter.

*Los, Fridi Schulze, schrei, so laut du kannst!*

»Hey, du da! Hör sofort auf zu schreien.« Das GRAUEN stürmt aus der Pforte und rüttelt Fridi an der Schulter.

*Aua, das tut weh!* Fridi öffnet die Augen einen Spaltbreit, der Mann mit dem wilden Blick steht genau vor ihm und hat,

*Hilfe*, ein Messer in der Hand, *ein ziemlich großes Messer mit einer roten Spitze, oh, mein Gott, rot, rot wie Blut, das kann nur Blut sein*, sodass Fridi lieber gleich weiterschreit.

AAAAAAAAAAAAAAAAAAAAAAAAAAAAAAAH

Das GRAUEN wischt sich mit der Hand über die Stirn. Seine Haare stehen in alle Richtungen ab. Sein Kopf ist ganz rot, und, *oh, mein Gott!*, es fuchtelt mit dem Messer direkt vor Fridis Nase herum.

»Wenn du nicht sofort aufhörst zu schreien, rufe ich die Polizei. Das ist Ruhestörung!«

*Die Polizei? Die Polizei. DIE POLIZEI!*

Augenblicklich klappt Fridi den Mund zu.

»Mach, dass du nach Hause kommst. Weg, weg mit dir!« Er macht eine Armbewegung, als wolle er ein lästiges Tier verscheuchen. Dreht sich um und ist schon wieder im Haus verschwunden. Die Tür knallt er mit einem Rums hinter sich zu.

Im nächsten Moment kommen die alte Frau, Zeck, Polina, Musti und Jennifer mit dem Mandelbäumchen und Elvis angestürmt und stürzen durch das Tor. Hinter der dichten Thuja-Hecke bleiben sie stehen. Sie sind ganz außer Atem und verschwitzt, aber glücklich. So als hätten sie gerade einen fantastischen Coup gelandet. Und eine kleine Sekunde bedauert es Fridi wirklich, dass er nicht dabei gewesen ist. Dann wäre er jetzt auch so, so taumelig vor Glück, etwas Großartiges geschafft zu haben. Das muss ein ziemlich gutes Gefühl sein ...

Zeck wischt sich eine Strähne aus der Stirn. »Kumpel, das war Rettung in letzter Sekunde!«

»Echt spitze, wie du losgeschrien hast!« Jennifer knufft Fridi in die Seite.

»Wirklich sehr überzeugend.« Die alte Frau nickt. »Ich

würde sagen, du hast genau das Richtige gemacht, beim Anblick dieses Menschen kann man nur schreien.«

Polina stützt einen Arm in die Hüfte. »Ist wieder mal typisch, Fridi hat einfach vor lauter Schiss losgeschrien ...«

Doch Jennifer fällt ihr ins Wort. »Ist doch egal, warum er's
gemacht hat, aufs Ergebnis kommt es an.«

»Ja, Mann, ich schwöre, wenn du ihn nicht abgelenkt hättest ...« Musti schüttelt seine Hand.

»Er hatte ein Messer«, stottert Fridi und lässt sich auf seinen Rucksack plumpsen. Er merkt erst jetzt, wie sehr ihm die
Beine zittern. »Und da war noch Blut dran.«

»Das sieht ihm ähnlich«, meint die alte Frau. »Wahrscheinlich wetzt er grad seine Messer, weil morgen Schlachttag ist.«

Die Kinder sehen sie entsetzt an. Fridi schluckt.

»Was schlachtet er denn so?«, erkundigt sich Jennifer mit
erstickter Stimme.

»Och, seine Leidenschaft sind Hasen. Die armen Viecher
werden den ganzen Sommer über gefüttert und im Herbst
geschlachtet.«

»Oh, mein Gott, das hätte uns auch passieren können!«,
flüstert Jennifer.

Selbst Polina ist plötzlich ganz weiß um die Nase.

»Wenn du nicht geschrien hättest und der in den Garten
gekommen wäre, mit dem Messer, wer weiß, was er dann aus
lauter Wut gemacht hätte ...« Polina bricht ab.

*Stimmt eigentlich, wenn ich nicht losgeschrien hätte ...*

»Du bist ein Held, sag ich doch!« Jennifer strahlt. Und diesmal traut sich nicht mal Polina, ihr zu widersprechen, obwohl
man ganz genau sieht, dass sie sich einen echten Helden etwas anders vorstellt.

»Nee, ich bin ein Angsthase.« Fridi schüttelt verlegen den Kopf.

»Oh, Angst ist etwas sehr Nützliches«, meint die alte Frau. »Sie hält uns davon ab, unverantwortliche Risiken einzugehen. Sie ist so etwas wie unser Beschützer. Ohne diesen natürlichen Instinkt wären unsere Vorfahren längst ausgestorben. Die Angst hilft uns, zu überleben. Außerdem mobilisiert sie Kräfte in uns, zur Abwehr oder zur Flucht.«

*Oh ja, vor allem zur Flucht.*

»Wusste ich gar nicht, dass Angst auch gut sein kann«, meint Musti.

Die alte Frau nickt. »Angst setzt Adrenalin in unserem Körper frei, das ist ein Stoff, der bewirkt, dass wir hellwach sind und dann zum Beispiel genau im richtigen Moment losschreien.« Sie lächelt.

Fridi überlegt. So hat er das eigentlich noch nie gesehen, dass das Kaninchen in ihm drin auch was Gutes hat. Bisher hat er immer gedacht, seine Angst ist so etwa null Prozent zu irgendetwas nütze, und er hätte sie sofort abgeschafft oder eingetauscht. *Noch mal Glück gehabt, weil Lachanfälle in den unmöglichsten Situationen sind garantiert echt zu gar nichts gut!*

Plötzlich bewegt sich etwas in Mustis Tasche. »Schön drinbleiben, mein kleines Scheißerchen«, sagt Musti mit ganz sanfter Stimme, »sonst schlachtet er dich auch noch.«

Jennifer kichert.

»Ja, was denn? Kann doch sein?«

»Bei dem weiß man nie.« Die alte Frau nickt. Sie wirft einen bekümmerten Blick auf die Schildkröte. »War höchste Zeit, dass wir Elvis gerettet haben. Es ist noch viel zu kalt für ihn.«

Fridi guckt unsicher zu dem grauen Haus. »Ich glaube, wir sollten jetzt lieber gehen«, piepst er und erhebt sich langsam, obwohl er von der ganzen Schreierei so erschöpft ist, dass er am liebsten einfach sitzen bleiben würde.

»Recht hast du.« Mit diesen Worten drückt die alte Frau Polina den Spaten in die Hand und schreitet mit der Schildkröte in der Hand voran.

Zeck lädt sich den Mandelbaum auf den Rücken. »Wer nimmt den Rucksack?«, fragt er und guckt Musti so durchdringend an, dass der gar nicht mehr anders kann ...

Musti seufzt und schultert den schweren Rucksack. Dann laufen sie los, nur Polina steht noch immer mit dem Spaten in der Hand da.

»Und ich soll jetzt das Ding hier tragen, oder was?«

»Ich finde, der steht dir.« Jennifer lächelt.

»Ha, ha«, sagt Polina gereizt. »Sehr witzig!« Doch dann setzt sie den anderen hinterher und haut Jennifer mit dem Spaten auf den Po.

»Aua!«, ruft Jennifer.

»Gar nicht mal so schlecht, das Ding!« Polina betrachtet den Spaten. »Vielleicht behalt ich den, als Ersatz für die Feile.«

An der Ecke will die alte Frau einfach weitergehen, aber Zeck tippt ihr auf die Schulter. »Der Spaten!«

Die alte Frau dreht sich um. »Ach Gott, ja, danke, dass du mich daran erinnerst.« Sie überlegt. »Ich würde vorschlagen, ihr erledigt das, und ich bringe erst mal Elvis in Sicherheit.«

»Okay«, meint Zeck und setzt das Bäumchen ab. »Wo stand er denn?«

Während sie schon weiterläuft, wedelt sie mit dem Arm.

»Gleich in der ersten Reihe, Ilse Muck, hinterm großen Grab-stein.« Damit trippelt sie mit kleinen, zierlichen Schritten leicht gebückt vorwärts. Die lose baumelnden Ärmel der pinken Jacke flattern im Wind, und ihr linker Fuß rutscht beim Gehen immer ein bisschen aus dem silbernen Turn-schuh. Aber das sieht man kaum. Bei jedem Schritt stößt sie mit dem Knie gegen die Tüte mit den Flaschen. Die Kinder sehen ihr noch einen Moment nach, bis die lila Mütze nicht mehr zu sehen ist und das Knirschen und Ploppen des Plas-tiks irgendwann immer leiser wird.

»Ihr könnt ruhig mit dem Baum hier stehen bleiben, ich mach das.« Zeck wirft Polina einen Blick zu. Die versteht na-türlich sofort.

»Ich komm mit«, meint sie schnell, »ich geh gern auf Friedhöfe.«

Und schon sind die beiden verschwunden.

Jennifer dreht die Hand in der Luft. »Oh, oh, oh.«

*Peinlich!*

Fridi lässt sich einfach auf den Bordstein plumpsen. Jen-nifer setzt sich neben ihn und guckt Zeck und Polina nach. »Mama hatte mal einen Freund, der war Friedhofsgärtner.« Sie spielt an ihrem Katzenohr. »Mit dem war sie ziemlich lange zusammen. Der war echt nett und richtig lustig.«

»Und, wo war das Problem?«, erkundigt sich Musti, der sich mit dem schweren Rucksack gegen eine kleine Mauer lehnt.

Fridi spitzt die Ohren.

»Es gab kein Problem.«

»Wie jetzt?« Musti sieht sie verwirrt an. »Dann sind die bei-den noch zusammen, oder was?«

Jennifer schüttelt den Kopf. »Das Problem war, dass es

einfach kein Problem gab. Patrick hat aufgeräumt und war großzügig und konnte super kochen, seine Buletten, ich sag euch, einsame Spitze. Er war aufmerksam und hilfsbereit, und, jetzt haltet euch fest, er konnte sogar Pommes mit dem Mund auffangen, echt.«

»Hört sich wirklich gut an«, meint Fridi.

Jennifer nickt. »Wenn Mama von der Arbeit gekommen ist, dann hatte er schon das Essen fertig und hat aufgeräumt, und Mama hat das ganz nervös gemacht, weil sie fernsehen wollte, und wenn sie gesagt hat, setz dich doch zu mir, aufräumen können wir später, dann hat er sich zu ihr gesetzt und ihre Hand genommen und später aufgeräumt.«

»Ja, und?«, fragt Musti. »Ich schwöre, ist doch gut. Was war an Patrick falsch, Mann? Warum ist sie mit dem nicht zusammengeblieben?«

Jennifer seufzt: »Er war einfach zu perfekt! Mama hat gesagt, da kann sie nicht mithalten.«

Musti schüttelt den Kopf. »Selber schuld, Mann, deine Mutter weiß auch nicht, was sie will.«

Jennifer steckt einen Finger in das Loch am Ellenbogen und bohrt ein bisschen darin herum. »Ja, stimmt schon. Oma sagt immer, der Mann, der Mama gefällt, muss erst noch vom Himmel fallen.« Jennifer seufzt. »Ich hoffe, sie hat recht«, murmelt sie.

*Grund der Trennung: Wenn jemand zu perfekt ist. Also, in dieser Hinsicht besteht bei Papa wirklich absolut keine Gefahr!*

Fridi schiebt sich die Hände unter den Po und lächelt. Musti hat die Augen geschlossen und hält sein Gesicht in die Sonne. Jennifer fingert gedankenverloren am Pulloverloch herum.

Da kommen Polina und Zeck wieder. »Alles erledigt«, sagt Zeck zufrieden. »Wir können gehen.«

»Endlich, Mann«, meint Musti und stößt sich von der Mauer ab.

»Na komm, ich nehm jetzt mal den Rucksack«, sagt Jennifer, »sonst brichst du noch zusammen.«

»Ha, ha«, meint Musti, doch er überlässt Jennifer den Rucksack bereitwillig und kramt lieber den Bon aus der Hose. »Also, wir müssen da lang«, meint er, runzelt die Stirn, liest noch mal genau und zeigt dann die Straße runter. »Ich schwöre, das wäre mit Google Maps kein Problem«, murmelt er.

Fridi sitzt noch immer auf dem Bordstein. Jennifer streckt ihm eine Hand entgegen. Mit einem Ruck hat sie ihn hochgezogen. *Und, nur so nebenbei, aus dem kleinen Löchlein am Ellenbogen ist ein ziemlich großes Loch geworden.* Als sie gerade losgehen wollen, bleibt Polina wie angewurzelt stehen:

»Leu-te, ich hab ein Problem!«

»Öfter mal was Neues.« Jennifer grinst und sieht Polina erwartungsvoll an. »Schieß los!«

»Ich hab Durst. Ohne was zu trinken kann ich nicht weiterlaufen. Meine Kehle ist wie ausgetrocknet.«

»Wir haben nichts mehr.« Zeck zuckt bedauernd mit den Schultern.

Polina will gerade weiterjammern, da macht Fridi den Mund auf. »Survival-Regel Nummer drei: Drei Tage ohne Wasser ist kein Problem!«

Polina ist so überrascht, dass sie Fridi einen Moment sprachlos anstarrt.

»Los, das schaffst du, wir sind ja gleich da.« Zeck stupst Polina in die Seite.

Die Kinder laufen die Straße hinunter. Überall stehen kleine Häuser in gepflegten Gärten.

»Welches wohl ihr gehört?«, überlegt Polina.

»Vielleicht hat sie ja einen beheizten Swimmingpool«, meint Jennifer hoffnungsvoll.

»Ja, Mann, und einen Grill.«

»Dann können wir erst grillen und danach baden.« Jennifers Augen leuchten.

»Und dann bisschen fernsehen.« Musti strahlt. »Wir sind gleich da.« Er guckt prüfend auf den Zettel. »Nummer 182.«

Die Kinder gehen ganz langsam weiter und vergleichen die Hausnummern.

»Es gibt keine Nummer 182«, stellt Polina fest.

»Vielleicht drüben auf der anderen Seite?« Jennifer deutet über die Straße.

Zeck schüttelt den Kopf. »Das ist alles Wald, da stehen keine Häuser mehr.«

»Vielleicht hat sie sich verschrieben.« Jennifer schaut sich um.

»Oder sie hat uns einfach reingelegt.« Polina wirft einen misstrauischen Blick auf den Zettel.

»Also, Nummer 182 ist ganz klar der Parkplatz.« Zeck bleibt stehen.

»Du meinst, sie wohnt auf einem Parkplatz?« Musti lacht. »Schwachsinn, Mann!« Doch ihm bleibt der Satz im Halse stecken.

Da hinten in der Ecke des Supermarktparkplatzes sitzt die alte Frau und winkt fröhlich zu ihnen rüber.

# Das Leben ist eine Achterbahn

Zögernd kommen die Kinder näher.

»Da seid ihr ja endlich!« Die alte Frau lächelt.

»Hier wohnen Sie, auf einem Parkplatz?«, stottert Musti.

»Natürlich nicht, auf einem Parkplatz kann man wohl schlecht wohnen.«

»Ich dachte schon«, seufzt Musti erleichtert.

»Ich habe zurzeit eine mobile Unterkunft.« Die alte Frau zeigt auf einen weißen Van. »Manchmal stehe ich auch woanders.«

Die Kinder sind sprachlos. Sie starren die alte Frau an, die jetzt mit hinter dem Kopf verschränkten Armen auf ihrem Campingstuhl sitzt und lachend zurückstarrt.

Polina fängt sich als Erste wieder. »Sie wohnen in einem Auto?«

»Ich schwöre, Mann, wer wohnt denn in einem Auto? Haben Sie keine Wohnung oder so?«, fragt Musti.

Die alte Frau schüttelt den Kopf. »Die hab ich gekündigt, kann sie mir einfach nicht mehr leisten, nachdem mein Mann gestorben ist. Ohne seine Rente reicht das Geld hinten und vorne nicht. Die Miete und jetzt noch die Gaspreise, Benzin, Autoversicherung.« Sie zeigt auf den weißen Van. »Das war die einzige Lösung, abgesehen von einer Notunterkunft, aber wer will da schon hin. Ein bisschen Privatsphäre muss sein, auch wenn es nur vier Quadratmeter sind.« Sie sieht die Kinder auffordernd an. »Kommt, setzt euch doch.«

Neben dem Campingstuhl stehen zwei einfache kleine Holzbänke ohne Lehne. »Margitta vom Blumenladen hat gesagt, nach Feierabend darf ich sie mir borgen, muss sie nur wieder pünktlich zurückstellen«, erklärt die alte Frau. Sie hat das AC / DC-Sweatshirt gegen eine Bluse und eine wollige dunkelblaue Strickjacke getauscht. Nur die lila Mütze will irgendwie immer noch nicht so richtig passen.

Zögernd nehmen die Kinder Platz. Die alte Frau stellt das Bäumchen in eine gelbe Plastikwanne mit Wasser. Dann setzt sie sich auf den Campingstuhl, nimmt Elvis auf den Schoß und füttert ihn mit einem Salatblatt.

»Kann man denn in einem Auto wohnen?« Jennifer staunt.

»Geht alles. Zum Glück ist es ja nicht mehr so kalt.« Die alte Frau zuckt mit den Schultern.

»Aber Sie müssen sich doch mal duschen.« Polina guckt sie prüfend an.

»Einmal in der Woche gehe ich zum Duschen ins Schwimmbad. Ansonsten Morgenhygiene im Café Achteck oder in Schnellrestaurants. Ich krieg Geld vom Amt und hab jeden Tag meine Tour, Flaschen sammeln.«

»Stell ich mir nicht grad gemütlich vor, so auf der Straße.« Jennifer zupft an einer Jeansfranse.

Die alte Frau pfeift durch die Zähne. »Stimmt! Gemütlich is was anderes. Auf der Straße kannst du keinem trauen, das lernst du ganz schnell. Da kann ich ein Lied von singen. Freunde sind rar und wertvoll wie Gold.«

»Sind Sie überfallen worden?«, fragt Musti mit großen Augen und schielt auf das Pflaster.

»Na ja, nicht ganz.« Die alte Frau holt Luft: »Ich hab meinen Kopf ein bisschen zu tief in den Papierkorb gesteckt, weil ich sehen wollte, ob eine Flasche drin ist, da kam von hinten einer und hat dagegengedrückt, *wums*, war ich ohnmächtig. Ich hatte eine ganz schöne Platzwunde, überall war Blut. Irgendjemand hat dann die Feuerwehr gerufen, na ja, den Rest kennt ihr.«

Jennifer macht ein betroffenes Gesicht. »So eine Scheißgemeinheit!«, sagt Zeck wütend. »Das darf man sich nicht gefallen lassen!«, stößt Polina hervor.

»Ja, Mann!«, bestätigt Musti. Die alte Frau befühlt vorsichtig ihre Wunde.

»Darum wollten Sie so schnell aus dem Krankenhaus verschwinden«, überlegt Zeck. »Weil Sie nicht versichert sind und keine Versichertenkarte haben.«

»Ich bin beim lieben Gott versichert.« Die alte Frau zuckt mit der Schulter.

»Nur hat der keine Bankleitzahl«, meint Zeck.

»Bedauerlicherweise nicht. Wisst ihr, die müssen einem im Krankenhaus natürlich helfen, wenn man in Lebensgefahr ist oder ohnmächtig eingeliefert wird, so wie ich, aber wenn die dann mitkriegen, dass man nicht versichert ist, ist Schluss mit lustig, dann wird man höflich gebeten zu gehen. Diese Peinlichkeit wollte ich uns ersparen.«

*Okay, jetzt verstehe ich jedenfalls, warum sie so schnell wegwollte.*

Die alte Frau schiebt sich die Hände unter den Po. »Ich heiße übrigens Poppy.« Sie blickt mit ihren wachen kleinen Augen in die Runde.

»Ich schwöre, cooler Name.« Musti nickt anerkennend.

»Meine eigene Kreation.« Die alte Frau lacht.

»Mein Name ist auch so schrecklich, dass ich vergessen hab, wie ich in echt heiße.« Zeck grinst.

»Hast du nicht.« Polina guckt ihn forschend an. Zeck zuckt mit den Schultern. »Bitte verrate ihn mir doch«, bettelt Polina und stupst Zeck in die Seite.

*Verstehe, das ist jetzt so ein Polina-Zeck-Ding geworden! Sich so in die Seite puffen.*

Hilft aber nichts. Zeck schweigt beharrlich. Und auch Fridi kann sich beim besten Willen nicht mehr daran erinnern, wie Zeck in Wirklichkeit heißt.

Poppy legt ihre Hand auf den Schildkrötenpanzer.

»Oh, ich hab nicht vergessen, wie ich heiße, bloß anderen muss ich das ja nicht unbedingt auf die Nase binden. Man wird, wie gesagt, vorsichtig, wenn man kein Zuhause mehr hat.«

»Ah, verstehe. Sehr clever«, meint Musti. »Sie benutzen Decknamen.«

»Sozusagen.« Die alte Frau lächelt. »Wer will etwas Mineralwasser?« Sie hält einen Pappbecher hoch.

»Ich!«, ruft Polina sofort. Sie guckt ein bisschen schief in den Becher, wahrscheinlich prüft sie, ob er auch sauber ist, dann trinkt sie den Becher in einem Zug leer und hält ihn der alten Frau erneut entgegen. »Noch mehr, bitte!«

»Und morgen fahren Sie wirklich nach Griechenland?«, erkundigt sich Jennifer und streckt die Hand aus, um Elvis über den Panzer zu streichen.

Die alte Frau nickt. Es wirkt, als wäre sie mit ihren Gedanken weit weg. »Daisy und ich wollten eigentlich zusammen fahren. Sie war als junges Mädchen schon mal da und hat mir immer davon erzählt. Vom Meer, der Sonne, den Gerüchen nach Thymian und Salbei, den Orangen- und Olivenbäumen. Wir haben uns geschworen, eines Tages zusammen auszuwandern.«

»Mit Elvis.« Jennifer guckt auf die Schildkröte, die an einem Löwenzahnblatt knabbert.

»Mit Elvis. Daisy hat ihn auf dem Friedhof gefunden. Irgendjemand hatte ihn einfach da ausgesetzt. Sie hatte eine Schwäche für alles, was niemand mehr haben wollte. Den Mandelbaum hat sie aus einer Mülltonne gefischt. Der Arme war schon fast eingegangen, aber Daisy hat ihn wieder aufgepäppelt. Und das GRAUEN hätte außer ihr sicher auch niemand genommen.« Die alte Frau lacht ein bisschen böse.

»Aber warum sind Sie dann nicht schon früher gefahren?«, fragt Zeck. »Ich mein, als Daisy noch gelebt hat.«

»Es kam einfach immer was dazwischen. Ich wollte am liebsten gleich los, aber sie hatte die Kinder, das Haus und das GRAUEN am Hals. Als die Kinder groß waren, hat sie sich um ihre Mutter gekümmert. Und ich hab eben auf sie gewartet.«

»Wie? Sie hätten Ihren Mann so einfach verlassen?«, fragt Fridi. Sofort packt ihn Entsetzen. *Wer weiß, vielleicht ist Mama ja auch schon auf dem Weg nach Griechenland ...*

Die alte Frau nickt. »Es war leider nicht die große Liebe, aber irgendwann war mein Mann dann krank, und ich konnte nicht mehr einfach so gehen, nicht nach all den Jahren.«

»Weil Sie ihn dann doch geliebt haben.« Musti nickt verständnisvoll.

Poppy schmunzelt. »Sagen wir mal, ich habe mich an ihn gewöhnt.«

*Also, Mama ist spitzenmäßig darin, sich an etwas zu ge-
wöhnen. Sie hatte zum Beispiel mal einen eingewachsenen
Fußnagel, der hat ziemlich wehgetan und sah auch ein bisschen gruselig aus, und irgendwann hat sie gesagt, der Fußnagel ist wieder in Ordnung, und sie hat es gar nicht gleich
gemerkt, weil sie sich schon so daran gewöhnt hatte. Das
würde dann heißen, dass sie sich nicht von Papa trennt, weil
sie sich so an ihn gewöhnt hat wie an ihren eingewachsenen Fußnagel.*

»Und was war mit Daisy?«, erkundigt sich Polina.

»Sie hat auf mich gewartet, und kurz bevor mein Mann
ganz plötzlich starb und wir endlich loskonnten, wurde sie
krank und na ja. Jetzt fahre ich eben allein.«

»Eine traurige Geschichte«, meint Zeck.

»Das Leben ist eine Achterbahn! Es geht nun mal nicht
immer gerade, so, wie wir uns das wünschen, es gibt Um-
wege und Schlaufen, Biegungen und Kurven, mitunter auch
scharfe Kurven, die uns fast aus der Bahn werfen, aber das
ist immer auch eine Chance, die Dinge noch mal neu anzu-
packen.« Poppy lächelt. »Zum ersten Mal in meinem Leben
mache ich nur, was ich will! Und niemand hat mir irgendwas
zu sagen oder kann mich daran hindern!«

»Richtig so!«, meint Musti.

Zeck schielt auf das Auto. »Nur eine Frage. In das Auto
passen wir heute Nacht aber nicht rein, oder ist das so wie
bei Harry Potter mit dem Zelt, das plötzlich innen ganz groß
wird?«

»Ich glaub nicht, selbst wenn wir uns quetschen wie die
Sardinen, keine Chance!«

»Ja, aber Sie haben doch gesagt …«, beginnt Polina.

»Sie haben uns voll verarscht, Mann«, sagt Musti empört.

Poppy hebt die Arme. »Ich hab nur gesagt, es findet sich schon ein Plätzchen für euch, und so ein Wald ist ein großartiger Platz, um eine Nacht zu verbringen, findet ihr nicht auch?«

»Jedenfalls ziemlich pfadfindermäßig«, überlegt Zeck.

Polina springt auf. »Das ist jetzt nicht euer Ernst, oder? Ich schlaf doch nicht im Wald, da gibt es haufenweise Tiere. Nee, das mach ich nicht!«

*Oh Mann, dass ich am Ende des Tages im Wald lande, hätte ich mir auch nicht träumen lassen ...*

»Aber das mit dem Essen steht.« Poppy schiebt Elvis ein Stück Tomate ins Maul.

*Na, hoffentlich nichts mit Tomaten!*

Zeck zieht die Stirn in Falten. »Echt?«

»Ich schwöre, wie wollen Sie denn das machen, Mann? Sie haben ja kein Geld. Haben Sie im Auto einen Herd oder so?«, fragt Musti zweifelnd.

Die alte Frau wackelt mit den silbernen Turnschuhen. »Überlasst das mal mir. Das war schon immer meine Stärke, ich kann aus nichts was machen.«

Die Kinder mustern die alte Frau misstrauisch, jeder denkt sich so seinen Teil.

*Ich glaub, die legt uns bestimmt wieder rein, aber egal.*

»Gut, dann schlagen wir uns jetzt mal in den Wald.« Zeck steht nun ebenfalls auf.

»Ich hab noch was für euch.« Poppy klappt den Kofferraum auf. Da drinnen ist es ziemlich voll, aber sehr ordentlich. Decken, Kissen und Kleidung liegen sorgfältig gestapelt und aufgeschichtet übereinander. In einer Ecke steht eine Kiste mit Waschzeug und in der anderen eine mit Lebensmitteln. »Ich hab's gleich.« Die alte Frau hält einen Rasierapparat in der Hand. »Von meinem Mann, der ist noch so gut wie neu, war mein letztes Geburtstagsgeschenk, und ich dachte, dass ich mir damit wenigstens die Beine rasieren kann, man will ja schließlich gepflegt aussehen, nur weil man in einem Auto lebt, heißt das ja noch nicht, dass man nichts auf sich hält.«

»Ganz genau!«, meint Polina.

Jennifer nickt. »Auf jeden Fall!«

»Eigentlich wollte ich mir noch die Haare färben, damit ich so richtig schön bin für meine große Reise«, die alte Frau zieht sich die lila Mütze vom Kopf, »aber das ist gründlich schiefgegangen.«

Jennifer besieht sich fachmännisch Poppys Haare. »Ich wette, mit Henna.«

Die alte Frau nickt. »Früher bin ich ja immer zum Friseur gegangen ... egal, es gibt Wichtigeres im Leben.«

Musti haut Poppy auf die Schulter. »Bisschen orange-grüne Haare, was ist schon dabei, Mann?«

Nur Polina betrachtet skeptisch die verfärbten Haare, und man sieht genau, dass es für sie nicht viel Wichtigeres gäbe – außer vielleicht das Vortanzen.

»Hier sind noch zwei Flaschen Wasser, zwei warme Decken und meine letzte Packung Streichhölzer. Könnt ihr bestimmt gebrauchen.«

»Danke!«, meint Jennifer zögernd. Sie steckt die Streichhölzer in die Bauchtasche, klemmt sich die Wasserflaschen unter den Arm und hängt sich die Decken um. »Wer nimmt den Rucksack?«

»Ich!«, sagt Zeck. »Ich glaub, ich bin stärker als ihr alle zusammen.«

»Beim Ballett sind die Jungen auch stark, die müssen ja
die Mädchen bei Drehungen halten und in der Luft rumwir-
beln. Also, ich finde starke Jungs toll.« Polina schielt zu Zeck,
der gleich noch ein bisschen breiter lächelt.

*Mögen alle Mädchen nur starke Jungs? Und welche, die
sportlich sind? Dann hab ich schlechte Karten. Und Papa hat
doch recht. Na toll!*

Sie sind kaum einen Meter über den Parkplatz gelaufen,
da ruft Polina:

»Leu-te, ich hab ein Problem!«

# Ein Platz für die Nacht

Die anderen gucken Polina einfach nur an.

»Ähm, ich muss mal.« Etwas verlegen schaut Polina sie an.

»Kein Problem«, meint Zeck und zeigt auf ein Gebüsch.

»Nee, also, das mach ich nicht! Da krabbeln mir dann so Viecher die Beine hoch, und in meine Unterhose krabbeln die dann vielleicht auch, nee, auf keinen Fall.« Polina starrt unschlüssig auf das Gebüsch und tritt unruhig von einem Bein auf das andere. Vielleicht überlegt sie ja gerade, was das kleinere Übel ist, es einfach laufen zu lassen oder im Wald zu pinkeln.

»Ich muss auch mal.« Jennifer schubst Polina einfach vor sich her.

»Also dann, viel Spaß!«, ruft die alte Frau, die wieder in ihrem Campingstuhl sitzt, eine große Sonnenbrille auf der Nase, und zu ihnen rüberwinkt.

»Na, die hat Nerven.« Polina schüttelt den Kopf, bevor sie hinter einem Gebüsch verschwindet.

»Irgendwie ist sie seltsam«, meint Fridi nachdenklich.

»Vielleicht ist sie in echt eine geheime Agentin oder so?«, überlegt Musti. »Und darum hat sie auch verschiedene Namen. Und sie wohnt in ihrem Auto, damit sie besser fliehen kann.« Seine Stimme wird immer begeisterter. »Genau! Das ist ihr Fluchtwagen. Ich schwöre, vielleicht werd ich auch

Agent, so wie James Bond. Dann hab ich viel Geld, und alles ist immer aufregend, ich rette die Welt, und die Frauen liegen mir zu Füßen und ...«

»Ich glaub ja nicht, dass die Frauen dir dann zu Füßen liegen«, meint Zeck ärgerlich. »So läuft das nicht mehr. Außerdem retten heute ganz andere die Welt. Klimaaktivisten wie von Greenpeace zum Beispiel, die sich mit ihrem Leben für die Umwelt einsetzen, in Hungerstreik treten oder sich auf die Straße setzen, sich an Bahngleise ketten, Schiffe mit Giftmüll aufhalten oder die Reifen von Lastwagen, die erbarmungswürdige Tiere zur Schlachtung fahren, mit Bohrmaschinen kaputt machen. Das sind die wahren Helden von heute!«

Musti guckt verstört. »Greenpeace? Hab ich mal im Fernsehen gesehen, ich schwöre, da hatten sie so gelbe Regenjacken und Warnwesten an und haben sich auf die Straße gesetzt mit so alten Lebensmitteln aus Containern, die keiner mehr wollte. Wie Helden sahen die echt nicht aus, Mann. Die hatten so Schilder, da stand *Hungerstreik* drauf.« Er überlegt. »Ich schwöre, das ist nichts für mich, Mann. Ich bin froh, wenn Ramadan vorbei ist. Wie kann man sich freiwillig auf die Straße setzen und nichts mehr essen? Die spinnen bisschen, Mann. Helden sind was anderes. Die sind viel cooler!«

»Quatsch! Ein Held ist einer, der was macht, was andere sich nicht trauen, immerhin riskieren sie für eine Sache, die ihnen wichtig ist, ihr Leben, das ist schon sehr mutig.«

Musti schüttelt den Kopf. »Ist komplett irre, wenn du mich fragst. Was hast du davon, Mann? Ich meine, James Bond, der rettet die Welt in letzter Sekunde, und alle sind dankbar und du kriegst Ruhm und so, und die sagen, wow, der war echt toll, ich schwöre, was der gemacht hat. Aber wenn du so auf der Straße sitzt, bisschen dreckig und ganz dünn, und wenn du dann stirbst, sagt keiner, wow, er hat nichts mehr gegessen wegen zu vielen Abgasen und Müll, da redet gar keiner drüber, Mann. Wenn du mich fragst, lohnt sich nicht, sein Leben zu geben dafür. Meine Meinung.«

Zeck verschränkt die Arme vor der Brust. »Es lohnt sich immer, für seine Ziele zu kämpfen, vor allem für die Rettung unserer Erde, weil wir nämlich nur eine haben. Meine Meinung.«

Da kommen Polina und Jennifer schon wieder. »Siehst du, war doch gar nicht so schlimm.« Jennifer lacht.

»Na, geht so.« Polina schüttelt sich.

»Willkommen auf Fahrt.« Zecks Grinsen ist immer noch ein bisschen angespannt.

»Haben wir was verpasst?«, fragt Jennifer und legt den Kopf schief.

»Nope«, sagt Musti. Für ihn ist die Sache erledigt, und obwohl man Zeck ansieht, dass er gerne noch etwas dazu gesagt hätte, ist er still.

Polina streicht sich das Haar aus der Stirn. »Das macht mich hier alles ganz nervös, das Gras und die vielen Bäume. Ich mein, die anderen schicken sich jetzt Rezepte für Grünkohl-Smoothies und Entspannungsvideos.« Sie bleibt stehen. »Oh, mein Gott, ich fass es nicht, dass ich heute Nacht draußen schlafe!«

Die Kinder laufen auf einem kleinen Pfad in den Wald, bald ist die Straße nicht mehr zu hören, dafür schreit hoch oben in einem Baum ein Kuckuck.

»Ich hab den noch nie in echt gehört. Nur aus Omas Uhr kam immer einer raus.« Jennifer lauscht.

Musti holt Mausi aus der Tasche. »Ich schwöre, ein bisschen frische Luft tut dir auch gut.«

Sie laufen immer tiefer in den schattigen Wald, der seine Blätter wie ein Dach über sie spannt. Nur hier und da dringt etwas Sonnenlicht durch die dichten Zweige. Der Wind lässt die Bäume zittern und entlockt ihnen ein leises Ächzen.

»Also, ich find's, ehrlich gesagt, nicht so angenehm.« Polina guckt sich um. Bei jedem Schritt gibt der weiche Erdboden nach, und es knirscht und knackt unter ihren Sohlen.

Jennifer hakt sich bei ihr ein. »Ich find's spannend! Ich glaub, ich war noch nie im Wald. Mama hat's ja nicht so mit der Natur.«

»Also, ich bin gerne im Wald.« Zeck schnuppert. »Hier riecht's so gut.«

»Stimmt, keine Ahnung, wonach, aber es riecht gut«, stellt Jennifer fest, »irgendwie grün.«

»Farben können aber nicht riechen.« Polina rümpft die Nase.

»Doch, schon, nach Blättern und Tannennadeln ...«

»... und braun«, ergänzt Zeck. »Nach feuchter Erde, Harz und Pilzen, irgendwie würzig.«

»Also wenn, dann grau mit weißem Schimmel«, sagt Polina und schüttelt sich ein wenig. »So modrig nach morschen Ästen, die schon halb verfaulen.«

Plötzlich erschüttert ein Schrei die Stille um sie herum.

»Oh nein! Scheiße, Mann!«

Die Kinder sehen Musti verwirrt an.

»Sie ist weg!« Musti starrt der kleinen Maus, die sich in Sekundenschnelle durchs Unterholz pflügt und dann mit einem Satz verschwunden ist, fassungslos hinterher.

**177**

Erschrocken gucken die Kinder auf seine leeren Hände, in denen bis vor einer Sekunde noch Mausi saß. Zeck legt Musti den Arm um die Schultern.

»Aber ...«, beginnt Musti.

»Nee, nichts aber, is besser so, glaub mir!«

»Aber ich hab sie gerettet, ich schwöre, so was schweißt zusammen.« Musti ist richtig erschüttert.

»Quatsch, das ist eine Maus. Die liebt die Freiheit!« Zeck dreht sich mit ausgestreckten Armen im Kreis.

»Hier im Wald ist sie zu Hause«, tröstet Jennifer ihn. »Sie kriegt bestimmt ganz viele supersüße Mäusekinder, und das alles nur, weil du ihr so oft das Leben gerettet hast.«

Musti lächelt unsicher. »Meinst du?«

»Klar!« Jennifer lacht. »Wenn du sie nicht von deinem Cousin geholt hättest, würde sie jetzt immer noch in der Falle stecken oder wäre von Zorro gefressen oder von einem Auto überfahren worden.«

Musti strahlt. »Echt gut, dass ich sie gerettet hab, Mann. Sie hat hier bestimmt ein gutes Leben, ich schwöre, wie im Paradies.«

»Glaube ich auch.« Jennifer nickt.

»Auf jeden Fall besser als in deiner Hosentasche«, bemerkt Polina. Sie verzieht das Gesicht. »Die ist jetzt auch bestimmt total vollgekackt.«

*Was ist schlimmer, Mäusekacke in der Tasche oder Haferbrei?*

Musti will etwas sagen, doch Zeck unterbricht ihn. »Los, weiter jetzt. Lasst uns einen Schlafplatz suchen.«

*Stimmt. Ein Schlafplatz ist wichtig. Survival-Regel Nummer drei: Einen sicheren Ort für die Nacht finden.*

Sie gehen langsam immer tiefer in den Wald. Auf einmal bleibt Polina stehen.

»Leu–«

»Nee, dafür haben wir jetzt echt keine Zeit«, meint Jennifer.

»Komm.« Zeck nimmt Polina bei der Hand und zieht sie über feuchte Blätter und halb verrottete Baumstämme hinter sich her.

»Ich schwöre, wir sollten nicht so weit gehen.« Musti sieht sich unsicher um.

»Hast recht, nicht, dass wir uns noch verlaufen«, meint Zeck. »Ich hab mal von einem Mann gehört, der hat sich beim Joggen im Wald verlaufen und ist drei Tage herumgeirrt, dabei waren es nur hundert Meter bis zur Straße.«

»Oh Gott!«, stößt Polina hervor.

»Das kommt davon, weil der Mensch, ohne es zu merken, immer im Kreis geht«, erklärt Zeck. »Aber man braucht sich eigentlich nur die Bäume anzugucken, da, wo sie mit Moos bewachsen sind, ist die Wetterseite, und so kann man sich orientieren«, fügt er mit wichtigem Gesicht hinzu.

»Ist ja sehr beruhigend«, schnauft Polina, die versucht, mit den anderen Schritt zu halten, ohne dabei ihre weißen Sneaker zu beschmutzen.

»Nach was gucken wir eigentlich?«, fragt Musti nach einer Weile.

Jennifer sieht die anderen fragend an. »Ja, wie sieht so ein Schlafplatz denn aus? Ich mein, wir werden wohl kaum eine Hütte oder so was finden.«

»Unwahrscheinlich«, meint Zeck.

»Du hast doch gesagt, wir sollten einen Schlafplatz finden«, sagt Jennifer etwas gereizt. »Was hast du denn damit gemeint?«

Zeck zuckt mit den Schultern. »Weiß auch nicht, das sagt man halt so.«

»Also, Leute, wenn ihr glaubt, dass ich mich hier einfach auf den Boden lege, dann vergesst es! Da kann ich mich ja gleich den Ratten zum Fraß vorsetzen, und die kommen dann alle an und knabbern an mir rum und vielleicht auch gleich noch ein paar Würmer und was weiß ich, was es hier sonst noch alles gibt, und nachher kann ich morgen nicht zur Prüfung. Nee, mach ich nicht!«, schnaubt Polina.

Auch die anderen machen Gesichter, die verraten, dass sie nicht grade scharf drauf sind, von Ratten oder Würmern angeknabbert zu werden. Alle gucken zu Zeck. Der weiß eigentlich immer, wo es langgeht. Aber Zeck macht bloß ein ratloses Gesicht. »Ich hab echt keine Ahnung.«

*Survival-Regel Nummer drei: Schutz suchen! Los, Fridolin Schulze, komm schon!*

Fridi holt Luft. »Ich hab eine Kothe dabei.«

»Eine Kothe, was ist das, Mann?«, fragt Musti erstaunt.

Fridi spürt, wie er rot wird. »Eine Kothe ist ein Pfadfinderzelt.«

»Cool«, meint Zeck. »Hol raus.«

»Wir müssen erst einen guten Platz finden.« Fridi sieht sich um. »Am besten ist ein ebener Boden, der nicht so feucht ist. Dahinten ist so was wie eine Lichtung.« Fridi zeigt auf eine Stelle zwischen den Bäumen. »Und da stehen, glaub ich, keine Fichten, das ist gut, weil Fichten leicht umfallen«, erklärt er.

»Fichten sind Flachwurzler.« Polina nickt wissend.

Musti stöhnt. »Fichten sind Flachwurzler«, ahmt er die Stimme von Polina leise nach.

»Na, was denn, müsstest du auch wissen, das kommt in der Arbeit am Montag dran!«

*Die Biologiearbeit! Die hab ich ja total vergessen. Mist! Aber wir haben jetzt auch echt andere Probleme.*

»Na, dann nichts wie hin.« Zeck springt über einen umgefallenen Baum. Die anderen klettern ihm hinterher. Selbst Polina scheint ihre Schuhe völlig vergessen zu haben und beeilt sich, Zeck zu folgen. Der steht bereits mitten auf der Lichtung, die Fridi ihnen gezeigt hat. »Sieht klasse aus! Und jetzt?«

Alle Blicke wandern zu Fridi. Der schluckt. Er spürt, wie die Ränder seiner Ohren schon wieder ein bisschen warm werden. »Also, ich hab noch nie eine Kothe aufgebaut, alleine, mein ich. Ich weiß gar nicht, ob ich das hinkriege«, murmelt er.

*Okay, okay, okay. Muskel hat mich nicht gekriegt. Fletscher hat mir nicht die Hand abgebissen, das GRAUEN hat mich nicht massakriert, die zwei Euro haben mich **noch** nicht umgebracht. Hey, dagegen ist so eine Kothe gar nichts!*

*Survival-Regel Nummer eins: Ruhig bleiben. Ganz ruhig bleiben. Atmen. Kriegst du hin, Fridi, kriegst du hin!*

Langsam öffnet Fridi den Rucksack. Als er gerade dabei ist, die erste Zeltbahn aus dem Rucksack zu ziehen, fällt plötzlich etwas auf den Waldboden: ein türkises Handy.

# Schlimme Vorahnungen

Es liegt da und sieht aus, als wäre es direkt vom Himmel gefallen. »Ich dachte, ihr dürft keine Handys mitnehmen.« Musti
guckt Fridi verschwörerisch an. »Hast du reingeschmuggelt?«

Fridi wird sofort ganz rot, schüttelt den Kopf und stottert:
»Das ist von meiner Mama. Ist bestimmt aus Versehen da
reingeraten, als sie meine Sachen gepackt hat.« Er steckt das
Handy in den Rucksack und sagt verlegen: »Meine Mama telefoniert in letzter Zeit ziemlich viel.«

»Sehr verdächtig«, meint Jennifer sofort. »Bevor Mama und
Papa sich getrennt haben, hat sie auch dauernd telefoniert.«

Fridi zuckt zusammen. »Meinst du, meine Eltern trennen
sich?«

Jennifer wiegt den Kopf. »Möglich. Ich kann dir ja mal sagen, wie es bei mir war. Da gibt es bestimmte Anzeichen,
also, wenn die erfüllt sind, dann trennen sie sich hundertpro.« Sie sieht Fridi ernst in die Augen. »Los geht's mit dem
Trennungstest.«

Fridi wird ganz beklommen zumute.

Jennifer räuspert sich: »Also, telefoniert deine Mama ständig und verlässt dabei den Raum? Ich war ja damals noch
klein, aber ich hab genau mitgekriegt, dass da was nicht
stimmte, weil sie mit dem Handy immer aus dem Zimmer
gegangen ist, entweder in den Hausflur oder ins Badezim-
mer, und so leise gesprochen hat.«

Fridi schluckt, vor Aufregung sammelt sich schon wieder ganz viel Spucke in seinem Mund. Sein Herz klopft auch ziemlich schnell. »Meine Mama telefoniert immer auf dem Balkon. Und wenn mein Papa oder ich kommen, hört sie auf zu sprechen oder flüstert ganz leise.«

»Siehst du!«, ruft Jennifer triumphierend. Sie sieht Fridi prüfend an. »Weiter. Ist deine Mama viel weg? Also, Mama war kaum noch zu Hause, und als Papa dann ausgezogen ist, ist am nächsten Tag schon Klaas bei uns aufgetaucht. Mit dem hatte sie sich die ganze Zeit getroffen, klar.«

Fridis Stimme klingt ganz heiser: »Meine Mama ist auch ziemlich viel unterwegs. Sie geht jeden Tag zu Oma auf den Friedhof ...«

»Ha! Auf den Friedhof, von wegen!« Jennifer winkt ab. »Was macht man denn bitte stundenlang auf dem Friedhof? Nee, nee, da stimmt was nicht. Da steckt bestimmt was anderes dahinter. Das riech ich!«

*Oh Mann! Mir war gar nicht klar, dass es so schlimm steht!*

»Okay, weiter!« Jennifer holt Luft. »Streiten sich deine Eltern viel? Meine Eltern haben sich am Ende dauernd gestritten und angeschrien, ich hab mich dann immer unter dem Tisch versteckt. Am Ende war ich sogar richtig erleichtert, als Papa endlich ausgezogen ist!«

*Sie redet ja so, als wenn es ihr überhaupt nichts ausmacht, dass ihr Papa weggegangen ist. Ist ja mal wieder typisch Jennifer!* Fridi überlegt. »Na ja, so viel streiten sich Mama und Papa eigentlich nicht.« *Mal abgesehen von dieser Pullover-Sache heute morgen.* Fridi räuspert sich. »Also, sie brüllen sich jetzt nicht an oder so.« Eine kleine Welle der Hoffnung zuckt durch seinen Körper.

»Bei meinen Eltern war es ganz anders«, sagt Polina da

leise. Sie guckt auf ihre enge Jeans, als gebe es da was zu sehen. »Meine Eltern haben zuletzt gar nicht mehr miteinander gestritten. Erst als Papa eines Morgens einfach nicht mehr da war, hab ich gewusst, dass das ein schlechtes Zeichen war. Diese totale Stille. So was wie die Ruhe vor dem Sturm.« Sie hebt den Blick und sieht die anderen an.

Fridi ist ganz bestürzt. »Meine Eltern streiten sich eigentlich auch nicht viel. Meistens sagt meine Mama, die Klügere gibt nach.«

Jennifer nickt wissend. »Wahrscheinlich hat sie die Nase gestrichen voll! Und ihr ist klar, dass Reden nichts mehr hilft. Bestimmt hat sie schon ihre Koffer gepackt.«

»Meinst du?« Fridi schluckt. Ganz tief drinnen fängt er ein bisschen zu zittern an. Und seine Zehen sind auch schon ganz kalt.

Jennifer nickt noch einmal. »Die Klügere gibt nach und geht, verstehst du?«

Fridi atmet gleich ein bisschen schneller.

»Hat deine Mama eine neue Frisur, oder so was?«, forscht Jennifer weiter und sieht Fridi prüfend an.

»Neue Anziehsachen vielleicht?«

Fridi nickt. »Einen neuen Pullover.« Er ist sich aber nicht ganz sicher, ob die Worte seinen Mund überhaupt verlassen. Sofort sieht er seine Mama in ihrem dottergelben Pullover am Herd stehen.

Jennifer seufzt. »Das ist schlecht. So fängt es meistens an. Weil sich einer weiterentwickelt vom anderen weg, und das zeigt er ihm durch neue Frisuren, Kleidung, Sonnenbrillen oder so. Mein Papa hat sich damals eine silberne Bomberjacke gekauft.« Sie kichert. »Sah total beknackt aus!«

»Stimmt«, murmelt Fridi mit letzter Kraft. »Sogar eine Sonnenbrille hat sie sich gekauft.«

Dann fällt ihm plötzlich etwas ein. »Die Sonnenbrille braucht sie aber nur, weil sie neuerdings wieder Auto fährt.« *Puh*, zum Glück hat er daran noch gedacht!

Jennifer schüttelt bloß den Kopf. »Schlecht, ganz schlecht! Auto fahren bedeutet Unabhängigkeit, verstehst du? Warum, meinst du, fängt sie plötzlich damit an? Als Mama und Papa sich getrennt haben, hat sie als Erstes den Busführerschein gemacht, sie musste ja Geld verdienen für uns.« Jennifer seufzt schwer. »Kommen wir zum nächsten Punkt. Was ist mit dem Ehering? Also, Mama hat den schon das Klo runtergespült, als es nicht mehr so gut gelaufen ist zwischen ihnen, sie hat ihn aber wieder rausgeholt, wär ja schade drum, hat sie gesagt und ihn zu so einem Goldhändler gebracht. Leider hat sich da rausgestellt, dass es kein echtes Gold war, na ja, das hat sie Sache nicht grad besser gemacht.«

Fridi schluckt. »Der Ring liegt in einer Tasse auf der Kommode«, krächzt er.

Jennifer macht ein ganz fachmännisches Gesicht. »Und sie ist mit ihren Gedanken immer woanders?«

Fridi kann nur noch ganz lahm nicken. »Sie hat mir heute Haferbrei gemacht, dabei mag ich so was gar nicht«, piepst er.

Jennifer sieht Fridi ganz fest in die Augen. »Und bestimmt war sie ganz scharf drauf, dass du mit zu den Pfadfindern fährst.«

Fridi keucht fast. »Sie wollte unbedingt, dass ich fahre, obwohl sie ganz genau weiß, wie sehr ich die Fahrt hasse«, stößt er hervor. Sein Herz rast jetzt ungefähr so schnell wie Omas außer Kontrolle geratenes Hypnose-Pendel *(sie hat das Ding*

*immer über dem Essen kreisen lassen und so herausgefun-*
*den, ob die Sachen nicht vielleicht vergiftet waren von we-*
*gen Altersrekord und so).*

»Na bitte!« Jennifer wirft die Hände in die Luft. »Da haben wir es! Sie hat einen anderen.«

»Quatsch!«, mischt sich jetzt Zeck ein. »Also, Ute und Tille streiten auch manchmal, oder sie haben so viel um die Ohren, dass jeder sein Ding macht. Ist doch normal!«

»Ich schwöre, meine Eltern trennen sich nie!«, sagt Musti voller Überzeugung.

Jennifer zuckt mit den Schultern. »Ich hoffe es für dich. Aber wissen kann man es nicht genau.«

»Nee, wissen kann man es nie. Hast recht«, meint Zeck.

»Mich hat es wie der Schlag getroffen«, sagt Polina jetzt so leise, dass sie es kaum verstehen. Als sie weiterspricht, ist es ganz still. »Mama hat vorher nicht mit mir drüber geredet und hinterher eigentlich auch nicht. Papa war plötzlich einfach nicht mehr da. Das war's.« Polina starrt auf ihre Jeans.

»Ja, wir hängen immer dran und müssen alles ausbaden«, stellt Zeck fest.

Da wirft ihm Jennifer einen sauren Blick zu. »Also, ich wüsste nicht, was du ausbaden musst, deine Eltern sind schließlich noch zusammen. Papa ist schon lange weg. Und Mama hatte mindestens schon vierzig Freunde, also gefühlt. In echt waren es vielleicht siebenunddreißig. Dauernd hat sie einen anderen. Ist aber okay. Ich finde es eigentlich ganz gut so, wie es ist. Ich mein, dass Mama und ich alleine wohnen. Wenn Mama einen Freund hat, kommt der uns zwar besuchen, aber er zieht nicht richtig bei uns ein. Und das hält eh nie lange. Ich hab eher Angst davor, dass sie irgendwann den Richtigen findet, mit dem ich dann für immer leben muss. Herrn Schmittkatze zum Beispiel«, murmelt sie. Plötzlich sinkt Jennifer in sich zusammen. Sie sieht aus wie ein verloren gegangener Pfennigschwärmer auf dem nassen Pflaster.

»Was? Herr Schmittkatze? Wie kommst du denn darauf?« Polina reißt die Augen auf.

Jennifer zuckt mit den Schultern. »Ganz einfach. Erstens, sie ist zum Elternabend gegangen, das macht sie sonst nie, weil sie viel zu müde ist oder arbeiten muss. Zweitens, sie hat ihre roten Schuhe zum Elternabend angezogen, die zieht sie sonst nur an, wenn sie eine wichtige Verabredung hat, weil die drücken. Und drittens, sie hat gesagt, dass sie Herrn Schmittkatze nett findet. Sie findet sonst nie einen Lehrer nett. Nie!« Jennifers Stimme klingt nach nichts. Wie weggekillert. Irgendwie, als ob da was fehlt. Jennifer eben.

Fridi räuspert sich. »Ach, deshalb bist du so zu ihm, zu Herrn Schmittkatze, mein ich.« Er nickt. »Verstehe ich.«

Jennifer starrt auf den Boden. »Na ja, ich hab gedacht, wenn Mama schon so nett zu ihm ist, dann zeig ich ihm mal, dass ich nicht so lieb bin und er sich da auf einiges gefasst machen kann, wenn er bei uns einzieht. Ich meine, er ist nett und alles, aber ich will doch nicht, dass mein Lehrer bei uns im Wohnzimmer sitzt und Spaghetti isst und mich fragt, ob ich die Hausaufgaben schon gemacht habe. Das wäre so was von schrecklich!« Sie schlägt sich die Hände vors Gesicht. Die Katzenohren wackeln.

*Weint sie? Mann, wie konnte ich nur so blöd sein und glauben, dass ihr nichts was ausmacht? Nur, weil sie so cool ist – ich mein, sie ist wahrscheinlich cooler als die meisten, also hunderttausendmal cooler als ich, zum Beispiel –, muss das ja nicht gleich heißen, dass ihr alles egal ist, die Sache mit ihrem Papa zum Beispiel. Vielleicht trägt jeder so was wie einen unsichtbaren Rucksack mit sich rum, und in dem stecken alle Ängste und Probleme von dem drin. Meiner ist ziemlich vollgestopft, also der unechte und der echte, jetzt. Aber in die von den anderen kann man eben nicht reingucken.*

»Ich glaub, da musst du dir keine Sorgen machen.« Zeck grinst. »Herr Schmittkatze hat einen Freund.«

»Einen Freund?« Jennifer sieht ihn ungläubig an.

Zeck nickt. »Wir haben die beiden neulich im Kino getroffen, die waren ziemlich verliebt.«

»Zum Glück.« Jennifer atmet erleichtert aus. Ihre Wangen sind plötzlich ganz rot. Auch ihre Stimme klingt wieder normal. »Ich dachte schon! Aber ich würde wirklich gerne wissen, warum sie die roten Schuhe anhatte«, murmelt sie. »Egal. Mir ist alles recht, außer Herr Schmittkatze!« Sie strahlt. »Tut mir leid, dass es bei dir nicht so gut aussieht.« Jennifer guckt Fridi mitleidig an.

*Aber vor Schreck hab ich grad gar nicht mehr dran gedacht ...*

»Hör auf!«, sagt Zeck ärgerlich. »Du siehst ja, dass du anscheinend nicht immer recht hast. Das mit dem Pullover kann hundert Gründe haben, zum Beispiel, dass sie einfach Lust auf einen neuen Pullover hatte.«

Jennifer wiegt den Kopf. »Da ist was im Busch, das riech ich auf hundert Meter.«

*Oh, mein Gott, wenn Mama auszieht und mich bei Papa lässt oder Mama und ich eine neue Wohnung suchen müssen, ich glaub nicht, dass ich das überlebe.* Fridi atmet tief durch.

*Okay, bisher hab ich alles überlebt. Irgendwie krieg ich das hin. Ruhig bleiben! Survival-Regel Nummer zwei: Man muss gut vorbereitet sein, und das bin ich. Mich trifft es nicht wie der Schlag. Ich kann mir überlegen, wie ich das aushalte.*

»Eltern denken immer, Kinder gewöhnen sich mit der Zeit an alles. Aber das stimmt nicht«, meint Jennifer.

»Genau. Es gibt Dinge, an die kann man sich einfach nicht gewöhnen, auch wenn es vielleicht so aussieht.« Polina nickt.

»An Herrn Schmittkatze in unserem Wohnzimmer könnte ich mich nie gewöhnen. Niemals!«

»Kann ich verstehen«, meint Zeck.

»Ich auch, Mann, ich schwöre, der will dann immer von dir die Hauptstädte wissen oder stellt dir Matheaufgaben oder so.« Musti macht ein entsetztes Gesicht.

Jennifer haut mit der Faust in die sandige Erde. »Manche Sachen gehen einfach nicht. Ich mein, klar, bestimmte Dinge kann man nicht ändern, ich kann Mama nicht sagen, dass sie wieder mit Papa zusammen sein soll oder dass sie sich am besten gar nicht erst getrennt hätten; wenn sie sich nicht mehr lieben, ist das eben so. Aber so drum herum gibt es eine Menge, was man anders machen könnte.« *Das klingt jetzt wieder ganz nach Jennifer! Ein Glück!*

»Ich finde, wir brauchen noch eine Survival-Regel«, sagt Zeck. »Sag deinen Eltern, wo deine Grenzen sind, was einfach gar nicht geht. Das ist die Schmittkatze-Survival-Regel.« Er grinst.

*Das muss ausgerechnet Zeck sagen, ich mein, der darf doch alles, und seine Eltern sind schließlich noch zusammen.*

»Für mich heißt die Schmittkatze-Survival-Regel, ganz klar: Keine Lehrer als Ersatzväter!«

»Also, für mich heißt die Schmittkatze-Survival-Regel: Meine Mutter darf keine Sachen, die ich von meinem Vater bekommen habe, einfach wegschmeißen, ohne mich zu fragen. Bald erinnert mich gar nichts mehr an ihn«, schießt es aus Polina heraus. »So als hätte es ihn nie gegeben. Dabei wär ich ja sonst nicht da, oder?«

Die anderen nicken.

Fridi weiß eigentlich nicht so richtig, was er sagen will. Da ist so ein Gefühl in ihm drin, aber so ohne Worte. *Klar will ich, dass meine Eltern sich nicht trennen, aber so was kann man ja nicht bestimmen. Was man aber sehr wohl bestimmen kann, sind Sachen, die mit mir zu tun haben, so wie Jennifer gesagt hat.* Und plötzlich weiß er es: »Für mich wäre die Schmittkatze-Survival-Regel, dass ich nicht umziehen will oder so hin und her wechseln müsste zwischen meiner Mama und meinem Papa«, piepst er. »Ich verreise einfach nicht gerne, und bis ich mich daran gewöhnt hätte, dass ich jetzt bei meinem Papa bin, müsste ich dann schon wieder zu meiner Mama. Das schaff ich nicht.«

»Ich hab mal gehört, dass das Kind in der Wohnung bleibt und die Eltern sich dann immer abwechseln und zu ihm ziehen«, meint Zeck. »Dann bleibt das Kind immer da, wo es sich zu Hause und vertraut fühlt.«

Fridi überlegt. »So will ich es auch. Ich will in der Wohnung bleiben«, sagt er entschlossen und denkt dabei an sein gemütliches Zimmer mit den gelb gestrichenen Wänden und den Bildern von Reitschu, Evoli, Glurak und all den anderen. Und auf einmal spürt er, dass es wirklich genau das ist, was er will. *Gut, dass Papas Büro aus Pappe ist, da kann er es mitnehmen und immer woanders aufstellen.*

»Hat noch einer eine Schmittkatze-Survival-Regel?«, fragt
Jennifer.

»Meine Eltern trennen sich nicht, Mann«, meint Musti.

»Das habe ich früher auch immer gedacht«, seufzt Polina.

# Wovon man träumt

»Leute, wir sollten jetzt mal das Zelt aufstellen.« Zeck steht auf.

*Oh Gott, die Kothe! Jetzt muss ich das Ding aufbauen, dabei weiß ich gar nicht, wie das geht. Also, praktisch. Theoretisch hab ich mir das ja auf YouTube angeguckt. Aber Theorie und in echt ist ja wohl was anderes! Fridi Schulze, reiß dich zusammen!*

Fridi zieht vier schwarze Stoffballen aus dem Rucksack. Er räuspert sich. »Zuerst die Bahnen falsch rum hinlegen.« Vor Aufregung ist seine Stimme schon wieder ganz heiser.

Gemeinsam breiten sie die vier schwarzen Planen auf dem Waldboden aus.

»Die müssen ein Quadrat ergeben«, piepst Fridi und zieht die Bahnen dichter zueinander.

»Sieht doch ganz gut aus.« Zeck nickt.

»Und jetzt binden wir die Bahnen zusammen.« Fridis Finger zittern ein bisschen. *Ganz ruhig bleiben.* »Die Lasche durch die Öse stecken und die andere auch und dann das Ende der unteren Lasche durch das Loch ziehen.« *Na bitte, geht doch.* Er knüpft die ersten beiden Bahnen zusammen und ist selbst erstaunt, wie gut er das hinkriegt. *Okay, ist jetzt auch nicht so schwer!*

Jennifer, Zeck und Polina knüpfen die anderen Bahnen zusammen, sodass eine große Plane entsteht.

»Und jetzt?«, fragt Jennifer und sieht Fridi mit großen Augen an.

»Jetzt legen wir die Ösen übereinander und stecken Heringe durch, damit die vier Ecken fest am Boden halten.« Fridi räuspert sich.

»Ich schwöre, sieht schon voll gut aus, Mann.« Musti strahlt.

»Okay, jetzt brauchen wir zwei Äste, so ungefähr einen halben Meter lang. Und schön gerade.« Fridi bückt sich und hebt einen Ast vom Boden auf. »So wie den hier.«

»Alles klar!« Mit gesenkten Köpfen suchen die Kinder den Waldboden ab und werden schon nach einigen Minuten fündig.

»Hab einen!«, schreit Polina aufgeregt und reicht Fridi den Stock. »Wozu brauchst du die?«

Die Kinder gucken gespannt auf die beiden Stöcke, während Fridi ein Seil aus seinem Rucksack holt.

»Das ist das Schwierigste«, sagt er mit erstickter Stimme. »Wir müssen sie mit einem Knoten zusammenbinden.«

Musti lacht. »Ein Knoten ist doch nicht schwierig, gib her, Mann.«

Fridi schüttelt den Kopf. »Kein normaler Knoten. Ein Knoten, der sich bei Druck zusammenzieht und leicht wieder lösen lässt.« Fridi hat die Stöcke zu einem Kreuz auf den Boden gelegt. Er holt Luft. »Zuerst mache ich das Seil mit einem Palstek an einem der Stöcke fest.«

»Mit was für 'nem Ding?«, erkundigt sich Jennifer.

»Mit einem Palstek, das ist ein Knoten«, erklärt Fridi.

*Jetzt kommt es.* Fridi schluckt. Die Spucke kommt schon wieder von ganz alleine in seinen Mund.

»Der Fuchs kommt aus dem Loch, um den Baum herum und wieder zurück ins Loch«, murmelt Fridi.

»Hä?«, fragt Jennifer.

»Na, das Loch ist das Auge und der Fuchs der freie Teil

des Endes«, erklärt Fridi, während er eine Schlaufe legt und das lose Seilendstück von unten durchfädelt, ihn hinten um den stehenden Teil und von oben wieder zurück durch die Schlaufe fädelt. *Geschafft!*

Fridi strahlt. *Oh Mann, ich hab es wirklich hingekriegt!*

Musti haut ihm auf die Schulter. »Sieht echt gut aus, Mann.«

Fridi lächelt glücklich. »Und jetzt machen wir noch einen doppelten Achter fünfzig Zentimeter weiter oben.«

Die Kinder schauen gebannt auf Fridi, dessen Finger Schlaufen vollführen und Doppelschlaufen fädeln und die Seilstränge geschickt hindurch und dazwischen legen.

»Okay, das ist das Kothenkreuz.« Fridi hält erleichtert die zusammengebundenen Äste in die Luft, an denen baumelt jetzt eine Schlaufe.

»Wir brauchen noch zwei lange Äste.« Plötzlich weiß er genau, was zu tun ist.

»Wie lang?«, fragt Zeck.

»Vier Meter.« Fridi sieht sich schon suchend um. »Und sie müssen schön gerade sein und stabil, also nicht morsch oder so.«

»Hier ich hab einen«, schreit Jennifer. Sie hebt einen Ast ein Stückchen in die Höhe. »Und hier liegt noch einer. Die sind bestimmt von dem umgestürzten Baum da hinten.«

Fridi guckt sich die Äste an. »Die sind, glaub ich, ganz gut.«

»Fasst mal mit an.« Damit bückt sich Zeck und beginnt, den einen Ast über den Waldboden zu schleifen.

»Warte, ich helf dir.« Jennifer packt hinten mit an. Fridi zieht den zweiten Stock hinter sich her.

»Na toll!«, sagt Musti und guckt zu Polina. »Jetzt muss ich mit dir machen.«

»Ich bin ziemlich stark, falls du es wissen willst. Tänzerinnen haben nämlich viele Muskeln, aber wir brauchen eh nur zwei, falls du nicht zugehört hast.« Damit dreht sie sich um und stolziert den anderen so vornehm, wie das auf dem unebenen Waldboden möglich ist, hinterher.

Fridi räuspert sich. »Jetzt müssen wir die Stangen zusammenbinden, und zwar so, dass sie noch beweglich bleiben.«

Er nestelt das zweite Seil aus dem Rucksack. *Okay!* Fridi befestigt das Seil an der Spitze eines der Stöcke. »Jetzt fünf achtförmige Windungen um die Stöcke, dann noch mal drei Windungen zwischen den Stöcken hindurch, damit der Bund nicht rutscht, und jetzt wieder mit einem Webleinstek an einem der Äste festmachen.« Seine Finger wissen irgendwie genau, was sie machen müssen. Fridi atmet aus. *Ja, genau so hat das in dem Video auch ausgesehen!*

Musti nickt. »Echt gut, Mann. Ich schwöre, du bist ein richtiger Knotenmacher.«

Fridi zuckt verlegen mit der Schulter, und er kann nicht verhindern, dass seine Ohren an den Rändern ein minibisschen rot werden, *Manno!* Aber in ihm drin schaukeln so kleine Glückswellen. *Ich hab es echt hingekriegt!* Er überlegt. »Wir müssen das Kreuz jetzt an den vier Bahnen festmachen, vielleicht binden wir die Ösen einfach fest, ich hab bloß kein Seil mehr. Das hat Zottel.«

»Also, ich hab noch einen Schnürsenkel anzubieten!«, meint Jennifer.

*Ja, klar! Hätte mir auch einfallen können!* Fridi, Jennifer und Zeck beginnen wortlos, die Schnürsenkel aus ihren Schuhen zu ziehen.

Jennifer guckt auf ihre Chucks. »Jetzt ist mal Oskar dran!

Nur weil er der Schüchterne ist, heißt das nicht, dass er nicht auch mal was wagen kann.«

»Etwas wagen?« Polina guckt Jennifer spöttisch an.

»Na, so ohne Schnürsenkel ist schon ein Risiko, du rutschst leichter weg und kannst verloren gehen. Stell dir mal vor, so ganz allein im Wald.« Sie beugt sich zu Oskar runter. »Aber keine Angst, kriegen wir hin!«

Und irgendwie hofft plötzlich sogar Fridi, dass Oskar es hinkriegt!

Fridi legt das Kothenkreuz in die Mitte des Quadrats, zieht die Schnürsenkel durch die Ösen und befestigt sie an den vier Enden.

Zeck und Musti stehen an der einen Seite, während Fridi und Jennifer den anderen Stock in Position und so das Zelt in die Höhe ziehen.

Dann reicht Fridi den anderen die restlichen vier Heringe, die sie mit den übrigen Laschen am Boden befestigen. *Geschafft!*

»Ein Wunder!«, staunt Musti. »Eben war das noch einfach so eine Plane auf dem Boden, und jetzt steht da ein Zelt!«

Auch Polina nickt beeindruckt. »Sieht toll aus!«

Sofort krabbeln alle durch die Öffnung in die Kothe. Es ist dämmrig da drin, nur durch das Loch ganz oben fällt Licht herein.

Polina zuft mit der Hand an einem Blatt. »Aber da ist ja unten gar keine Plane. Sollen wir jetzt auf dem Boden schlafen, oder wie? Da krabbeln uns bestimmt ganz viele kleine Tiere in die Ohren und die Nase, Ameisen und so.« Sie schüttelt sich. »Außerdem ist es hart. Da hab ich morgen ja überall Muskelkater und kann mich gar nicht richtig bewegen, und die in der Ballettschule denken dann vielleicht, ich bin so steif.« Polina macht ein ängstliches Gesicht.

»Wir können ja Tannenzweige drunterlegen«, schlägt Fridi vor.

»Na, danke! Damit es uns die ganze Nacht pikst!«

»Und auf die Zweige legen wir Moos«, sagt Fridi beruhigend.

»Und die Isomatte und Poppys Decke drauf«, fügt Jennifer eifrig hinzu.

»Na, wenn ihr meint ...« Polina verzieht den Mund. So ganz überzeugt ist sie nicht, das sieht man.

Die Kinder krabbeln wieder aus dem Zelt und laufen los, um alles zu sammeln, was irgendwie geeignet ist, den Boden zu polstern. Gemeinsam schleppen sie die gefundenen Sachen rüber zu ihrem Lagerplatz.

»Guckt mal, Leute, ich hab ein riesiges Stück Moos gefunden, das ist ganz weich«, ruft Polina begeistert.

Schon bald liegt vor der Kothe ein großer Haufen Tannenzweige, riesige Rindenstücke, Moos und eine Menge Blätter, die sie von abgefallenen Ästen gestreift haben.

»Und jetzt legen wir alles auf den Boden«, meint Zeck zufrieden.

»Okay, das machen Fridi und ich«, bestimmt Jennifer. »Sonst wird es da drin zu voll.«

Mit rotem Kopf krabbelt Fridi hinter Jennifer in die Kothe. Die anderen reichen ihnen rein, was sie brauchen. Zuerst breiten sie Fridis riesigen olivgrünen Regenponcho in der Kothe aus. Darauf schichten sie die Rinde und Tannenzweige und streuen anschließend die Blätter drüber. Dann polstern sie alles mit weichem Moos. Zum Schluss breiten sie die orangefarbene Decke der alten Frau aus. Ganz oben liegt die Isomatte.

»Gemütlich.« Jennifer strahlt. »Ich würde mich am liebsten sofort hinlegen.«

Sie knien nebeneinander in der Kothe. Jennifer lächelt Fridi an. Verlegen streicht er sich die Haare über seine Ohren, denn die werden schon wieder warm, das spürt er genau. *Es ist so still. Das ist irgendwie peinlich. Warum sagt sie denn jetzt nichts?* Jennifer sieht Fridi genau in die Augen. *Mich hat noch nie ein Mädchen auf so eine Art angeguckt. Wie Mama, wenn sie eine Pflanze betrachtet. Ich mein, die kann nach nichts aussehen, einfach irgendwie grün und klein und zerzaust, aber Mama guckt trotzdem so, als wenn sie wer weiß was vor sich hat. Genau auf diese Art.*

»Seid ihr da drin eingeschlafen?«, ruft Zeck und kommt in die Kothe gekrabbelt.

Fridis Kopf ist ganz heiß und voller komischer Gedanken.

Da kommen auch die anderen hinterher.

»Die Kotze ist fertig!«, strahlt Jennifer.

»Echt gut, Mann!« Musti haut Fridi auf die Schulter.

»Haben wir ja alle zusammen gemacht«, meint Fridi und lächelt verlegen.

»Übrigens, es heißt Kothe, nicht Kotze«, sagt Polina spitz, »und rutsch mal ein Stück und mach dich hier nicht so breit.«

»Danke, Frau Schlau.« Jennifer rückt ein bisschen zur Seite, sodass sie alle in einem Kreis sitzen.

»Wir passen echt alle rein!«, stellt Polina erstaunt fest. »Und ich muss zugeben, es ist wirklich gemütlicher, als ich dachte!«

»Ich schwöre, wenn wir jetzt noch was zu essen hätten ...« Musti schielt durch das Loch nach oben.

»Ich muss dich enttäuschen, Kumpel, die Sonne ist leider noch nicht untergegangen.« Zeck legt den Arm um Musti.

Jennifer guckt nun ebenfalls in das Stückchen blitzblauen Himmel über ihren Köpfen. Sie macht ein verträumtes Gesicht. »Mama würde so gerne mal nach Spanien. Da soll der Himmel ja immer blau sein.« Sie schlingt die Arme um ihre Knie. »Ich hab auch einen Traum. Ich würde gerne mal mit dem Taxi zum Funkturm fahren und da oben Schokoladentorte mit Sahne essen und Schaummilch trinken.«

Polina zieht eine Augenbraue hoch. »Und was bringt dir das, bitte schön?«

»Nichts.« Jennifer lächelt verzückt und legt den Kopf auf die Knie. »Ich wäre ganz schön angezogen und würde über die ganze Stadt gucken.«

»Ich schwöre, ich will später mal eine gute Arbeit haben, dann kann ich mir alles kaufen, ein Haus und ein tolles Auto, ein rotes Cabrio mit so weißen Ledersitzen ...« Musti lächelt selig, man kann richtig sehen, dass er sich selbst gerade in einem roten Cabrio sitzen sieht ...

Zeck holt tief Luft, jeder weiß, dass er Autos nicht ausstehen kann, weil sie die Luft verpesten und die Stadt verstopfen, aber bevor Zeck noch etwas sagen kann, meint Jennifer: »Jeder träumt eben von was anderem.«

»Genau, Mann.« Musti nickt zufrieden mit dem Kopf.

Da seufzt Zeck nur leise und zuckt mit den Schultern. »Ich würde jedenfalls gerne mal was richtig Aufregendes machen, was Gefährliches, irgendwas, bei dem man spürt, dass nicht alles egal ist.«

Einen Moment sind alle still.

»Wovon träumst du?« Jennifer sieht Polina an.

»Also, ich hab mir überlegt, ich will Anwältin werden, da verdiene ich viel Geld, und ich kann was erreichen, also zum Beispiel kann ich bestimmen, wie oft die Väter ihre Kinder sehen dürfen und so. Und wenn ich was sage, wird das auch so gemacht.«

Zeck nickt. »Ute ist auch Anwältin geworden, weil sie an Gerechtigkeit glaubt.«

Musti schielt zu Polina. »Ich schwöre, dann setzt sie ihren Killerblick auf, und alle zittern!«, murmelt er.

Aber das überhört Polina einfach. »Und ich hab dann eine ganz schicke Kanzlei, so mit Ledersesseln und einem Glastisch.«

»Moment mal, ich dachte, du willst professiodingsda Balletttänzerin werden«, meint Jennifer.

Polina zögert. »Dann eben danach.« Sie zuckt mit den Schultern. »Tanzen kann man ja nicht ewig.«

»Und du?«, fragt Jennifer und dreht sich zu Fridi. »Wovon träumst du?«

Fridi zögert. »Ich hätte gerne, dass mein Papa mal so richtig stolz auf mich ist.« Er guckt die anderen nicht an. »Mein Papa, der will immer, dass ich stark bin und andere ärgere und alles esse und keine Angst habe.« Fridi macht eine Pause. »Aber so bin ich einfach nicht.«

»Hey, dein Vater kann nicht über dich bestimmen, Mann«, meint Musti entrüstet. »Ich schwöre, du musst nicht alles machen, was er will, du bist ja nicht sein Eigentum.«

»Mein Vater meint es ja nur gut.« Fridi schluckt. »Der glaubt, dass ich bei den Pfadfindern, na ja, mutiger werde.« Seine Stimme wird immer leiser. »Eigentlich will er einen echt harten Sohn. Einen, der so ist, wie er früher war.

»Soll er kriegen!«, meint Jennifer plötzlich. Die anderen sehen sie verwundert an. »Ist doch ganz einfach! Wir schicken deinem Papa jetzt lauter Fotos von einem echt mutigen Fridi, von einem, der sogar mutiger ist, als er selber früher war, na, der wird staunen.« Jennifer ist so begeistert von ihrer Idee, dass ihre Augen leuchten.

*Ich will ja nichts sagen, aber ihre Ideen enden meistens, na ja, in einer Totalkatastrophe.*

»Find ich gut!« Zeck lacht.

»Aber«, stottert Fridi, »ich trau mich das alles doch gar nicht.« Sein Herz klopft gleich ein bisschen schneller.

»Genau. Wie soll das denn gehen?« Polina wirft Jennifer und Zeck einen fragenden Blick zu. *Und ganz ehrlich, das würde ich auch gerne wissen.*

Jennifer strahlt. »Also, als Erstes isst du Maden, dein Papa hat ja gesagt, du sollst ALLES essen.« *Ich hab's ja gewusst. Nur weil sie Hundekuchen knabbert, soll ich jetzt Maden essen, oder wie? Lieber würde ich mir die Zunge durchstechen und mir einen Nagel in den Bauchnabel rammen!*

Die anderen sind schon aus der Kothe gekrochen, und Fridi krabbelt mühsam hinterher. »Aber ich kann doch keine Maden essen«, piepst er und fühlt schon wieder, wie seine Stimme versagt. Das Kaninchen guckt schon um die Ecke und wartet nur darauf, hervorzuspringen.

# Lecker, Maden!

»Doch nicht echt, du Vollhonk! Du sollst doch nur so tun!«
Zeck lacht und kramt die Maden aus dem Rucksack. »Oah,
die sind *echt eklig!*«

»Igitt.« Polina wendet den Kopf ab.

Vorsichtig öffnet Zeck die Schachtel und schüttet die Maden ins blaue Plastik-Kochgeschirr. Fridi schluckt. Ein eis-
kalter Schauer läuft ihm über den Rücken.

Jennifer löst die Rinde von einem morschen Ast und zieht
mit spitzen Fingern eine dicke weiße Made hervor.

»Und hier ist auch noch eine«, sagt Polina mit erstickter
Stimme und deutet auf eine richtig dicke Made, die unter der
Rinde feststeckt. Im Nu hat Jennifer sie hervorgezogen.

*Also, die hat echt vor gar nichts Angst! Na ja, also fast ...*

»Und hier ist ein Mistkäfer«, jubelt Jennifer. »Er sieht
so schön aus.« Andächtig betrachtet sie den Käfer in ihrer
Hand.

*Das stimmt wirklich!* Die Unterseite des Mistkäfers schil-
lert blau-grün, fast wie ein Ölfleck auf dem Asphalt. Jennifer
legt den Käfer vorsichtig zu den Maden in das Kochgeschirr.

»Igitt!« Polina schüttelt sich. »Das sieht wirklich widerlich aus.«

Jennifer holt das Handy von Fridis Mama aus dem Rucksack. »Wie ist der Code?«, fragt sie.

»1602!«, sagt Fridi wie aus der Pistole geschossen. »Mein
Geburtstag«, fügt er etwas verlegen hinzu.

*Obwohl man das ja eigentlich anderen verraten darf!*

Zeck macht ein unzufriedenes Gesicht. »Auf Fahrt herrscht eigentlich absolutes Handyverbot«, sagt er streng.

Polina stößt Zeck den Ellenbogen in die Seite. »Ach, komm schon, die Idee ist echt spitze!«

Zeck sieht nachdenklich in die Runde. »In Ordnung, wir schicken mit dem Handy Fotos und Nachrichten an Fridis Papa, aber dabei bleibt es, keine weiteren Ausnahmen mehr.« Er schielt zu Polina. »Also, keine Anrufe oder Nachrichten.« Dann wandert sein Blick weiter zu Musti. »Und wir gehen auch nicht ins Internet oder spielen irgendwelche Spiele oder gucken Videos. Kein TikTok oder sonst irgendwas.«

»Okay, okay, wir haben's kapiert!« Jennifer hebt die Hände und rollt mit den Augen. Musti macht ein ganz enttäuschtes Gesicht, aber auch er nickt brav mit dem Kopf. Und selbst Polina scheint mit allem mehr als einverstanden zu sein.

Jennifer stutzt. »Deine Mama hat siebenundfünfzig neue Nachrichten, und das seit gestern, nicht schlecht.« Sie sieht Fridi durchdringend an. »Okay, willst du wissen, von wem?«

Fridi schüttelt den Kopf. »Lieber nicht«, murmelt er.

»Ganz wie du meinst!« Jennifer zuckt mit den Schultern und sucht die Kontakte durch. »Jetzt müssen wir nur noch wissen, wie deine Mama deinen Papa eingespeichert hat.«

»Moppelchen.« Fridi wird knallrot.

Jennifer und Polina kichern los. »Und wie nennt er deine Mutter?«, forscht Jennifer.

»Schnuckelchen«, stottert Fridi.

»Mama hat nie Spitznamen für ihre Freunde, wahrscheinlich sind sie für was auch immer zu kurz zusammen«, überlegt Jennifer.

»Meine Eltern hatten auch keine.« Polina schüttelt den Kopf.

»Also, meine *anne* sagt Canim, und mein Papa sagt Melegim«, verkündet Musti stolz.

Nun wandern alle Blicke zu Zeck. *Kann es sein, dass ihm das jetzt tatsächlich etwas unangenehm ist?*

Zeck guckt erst ein bisschen in der Gegend herum, bevor er antwortet. »Baby und Tiger.« Er versucht, möglichst cool zu klingen.

Jennifer kichert sofort los.

»Dein Vater nennt deine Mutter Baby?«, fragt Polina und versucht, nicht zu lachen.

Zeck räuspert sich umständlich. »Nee, meine Mutter nennt meinen Vater Baby und er sie Tiger.«

»Echt? Ist aber falsch rum, Mann. Der Mann muss Baby sagen und die Frau Tiger. Ich schwöre, die haben da bisschen was verwechselt«, stellt Musti amüsiert fest.

»Passt schon.« Zeck grinst jetzt wieder sein unverwechselbares Zeck-Grinsen. »Andersrum wär's komisch, Tille ist echt alles andere als ein Tiger. Oder höchstens einer ohne Zähne und Krallen, deshalb hat er es ja auch so schwer in seinem Job. Aber Ute«, er schüttelt vielsagend die Hand, »ist eine echte Tigerin. Wenn die sich bei Gericht erst mal festgebissen hat, dann hat ihr Gegner keine Chance mehr. Sie packt ihn mit den Pranken, spielt ein bisschen mit ihm und schlägt dann zu: WOM! Das war's. Sie gewinnt fast immer!«

»Toll!«, meint Polina bewundernd. Ihre Augen glitzern. »Genau so eine Anwältin will ich auch werden!«

»Ich find's gut, wenn *anne* Canim sagt«, meint Musti versonnen, »dann ist grad gut zwischen ihnen.«

Und da kommt Fridi plötzlich ein wirklich fantastischer, bahnbrechender Gedanke! *Das ist es! Wer sich Spitznamen gibt, der mag sich, und Eltern, die sich mögen, bleiben ganz sicher zusammen. Vielleicht muss ich mir gar ja keine so großen Sorgen machen. Moppelchen und Schnuckelchen. Peinlich, aber trotzdem beruhigend!*

»Moppelchen, da haben wir es.« Jennifer geht auf *Nachrichten* und hält das Handy triumphierend in die Luft. »Es kann losgehen!«

Zeck drückt ihm einen Göffel in die Hand und schmunzelt dabei schon so vielsagend.

Fridi kann nicht mehr sprechen. Seine Füße frieren, und er merkt, wie er wieder ganz steif wird. Kaninchenalarm, ganz klar!

Da stupst ihn Jennifer mit dem Zeigefinger an. Nur so ganz leicht ... *Aber ich weiß auch nicht ... das fühlt sich irgendwie gut an.* Und er spürt gleich, wie das Kaninchen in ihm drin ein bisschen ruhiger wird.

Zeck drückt Fridi das Kochgeschirr in die Hände. »Jetzt zeigst du deinem Papa mal, was so richtig harte Kerle zum Frühstück essen.«

Auf dem Löffel winden sich die kleinen Maden. Der Käfer krabbelt lustig drauflos.

*Also, dazu kann ich eigentlich nur eins sagen: Me runs the water in the mouth together!*

Und in dem Moment überkommt ihn so ein kleines Kichern. Fridi hebt den Löffel an den Mund. Er muss höllisch aufpassen, dass nicht noch der Käfer so seitlich zwischen seinen Lippen reinkrabbelt. Irgendwie spürt er immer noch genau die Stelle am Knie, wo Jennifer ihn berührt hat, und das Gefühl vermischt sich mit dem Ekel und der Angst und dem Kichern, und alles zusammen macht, dass er überhaupt nicht mehr weiß, was eigentlich in ihm los ist. *Fühlt sich an wie schätzungsweise eine Million Ameisen, die da drin rumkrabbeln. Das Gute ist, bei so viel Action traut sich das Kaninchen nicht raus!*

»Super!«, jubelt Jennifer.

»Ja, echt gut.« Zeck nickt begeistert.

Fridi lässt den Löffel erschöpft ins Kochgeschirr sinken.

Die Fotos sind alle ziemlich gut! Die Kinder hängen mit den Köpfen über Zecks Schulter und suchen das beste raus: Seine Augen scheinen darauf vor lauter Gier zu schielen. *In echt hab ich aber nur den Käfer beobachtet, der mir fast in den Mund gestürzt ist, oh Mann!* Die dicke weiße Made glänzt auf den sich windenden Mehlwürmern. Absolut spitze!

»Alles herhören! Erste Nachricht an Fridis Papa«, verkündet Jennifer.

Zeck überlegt. »Wie wär's mit ...« Schon legt er los.

> **Ich esse jetzt alles! Maden! Yummy!**
> **Gut Pfad!**

Fridi kriegt gleich wieder ein bisschen Herzklopfen, aber Jennifer, die irgendwie immer mitkriegt, wie es in ihm drin so aussieht, sieht ihn streng an: »Denk an unsere Schmittkatze-Survival-Regel: Alles, was deine Eltern von dir verlangen, hat seine Grenzen.«

*Stimmt schon, nur weil **er** früher so war, kann Papa nicht erwarten, dass er auch einen Superhelden zum Sohn hat. Bin ich einfach nicht!*

»Okay, abgeschickt.« Jennifer kichert. »Na, der wird Augen machen!«

»Vor allem, weil er zuerst ja denkt, die Nachricht ist von Schnuckelchen.« Zeck grinst.

Jennifer winkt ab. »Ach, der kann sich schon denken, dass Fridis Mama das Handy aus Versehen mit eingepackt hat.«

Fridi nickt. »Mama verliert in letzter Zeit ständig was. Sie ist dauernd abgelenkt.«

Jennifer verkneift sich einen Kommentar, macht aber ein vielsagendes Gesicht. Im nächsten Moment schlägt sie sich an die Stirn. »Apropros, Mama und Papa hatten doch Spitznamen, das war mir komplett entfallen!«

Die anderen sehen sie erstaunt an. »Mama hat zu Papa Käpt'n Iglo gesagt und Papa zu Mama Cookie.«

»Hä?«, fragt Polina.

»Na ja, das war so, Papa und Mama haben sich im Supermarkt kennengelernt. Papa war sofort hin und weg, aber ihm ist so schnell nichts Schlaues eingefallen, na, und da hat er Mama eben gefragt, ob sie weiß, wo die Fischstäbchen stehen. Und Mama hat gesagt, tut mir leid, da kann ich dir auch nicht weiterhelfen, weil ich grundsätzlich nicht koche, aber ich würd's in der Kühltruhe versuchen. Da gibt es im Notfall auch Cookie-Eis. Und dann hat Papa Mama zu Fischstäbchen und Cookie-Eis eingeladen, und zack, waren sie zusammen.«

»Irgendwie merkwürdig, aber romantisch«, meint Polina.

»Finde ich auch.« Jennifer nickt.

*Verdammter Mist! Damit ist meine supergeniale Theorie gerade gescheitert. Spitznamen sind keine Garantie für irgendwas. Genauso gut könnten sie sich Sigune und Ralf nennen, würde keinen Unterschied machen.*

Musti guckt prüfend in den Himmel. »Wann geht die denn endlich unter, Mann«, fragt er sehnsüchtig.

»Ach, komm, dauert ja nicht mehr lange«, tröstet ihn Jennifer. Im nächsten Moment schreit sie: »Guckt mal, da hinten ist ein Hochsitz! Los, da gehen wir hin. Das bringt dich auf andere Gedanken!«

# Kribbeln total

Fridi ist von der Idee weit weniger begeistert. »Das darf man doch bestimmt gar nicht«, meint er zögerlich, »ich mein, der gehört doch dem Förster.« *Aber so was stört Jennifer natürlich nicht ...*

Zeck offensichtlich auch nicht. »Klar darf man das!«, meint er. »Wir haben ja schließlich nicht vor, da oben zu übernachten.«

»Nee«, Jennifer schüttelt zufrieden den Kopf, »dafür haben wir die Kotze.«

Polina verdreht die Augen. »Manche kapieren es echt nie!«

»Was denn?«, fragt Jennifer irritiert und sieht die anderen an.

»Kooothe mit langem O«, erklärt Fridi. *Dabei find ich Kotze eigentlich auch ganz gut. Beschreibt ziemlich genau das Gefühl, wenn ich mit den Pfadfindern da drin liege und Knall mir einen Frosch in den Schlafsack steckt ...*

»Mein Gott, wenn's weiter nichts ist.« Jennifer lacht. »KOoothe, KOOthe, KOOOOthe, so besser?«

Beim Hochsitz angekommen, beginnt Jennifer sofort, die Leiter hochzuklettern. »Ich geh zuerst«, jubelt sie, wirft Oskar einen aufmunternden Blick zu und ist im nächsten Moment auch schon oben.

*Wie kann sie das, ohne Schnürsenkel so gut klettern?*

Fridi macht lieber langsam. Nicht dass er mit den losen Schuhen noch abrutscht. *Oma hat mich ja immer davor ge-*

*warnt, mit offenen Schnürsenkeln herumzurennen. Dabei sollen sich nämlich schon ganze Massen die kompletten Zähne ausgeschlagen haben.*

»Ach, ich glaub, das ist nichts für mich«, meint Polina zögernd, die an der untersten Sprosse stehen geblieben ist.

»Ich klettere hinter dir und fange dich auf, wenn du fällst«, sagt Zeck. »Stell dir mal vor, du sollst die Julia tanzen, da musst du auch auf einen Balkon klettern, und unten ist dann Romeo, der auf dich wartet.«

Polina plinkert mit den Augen. »Findest du denn, die Rolle würde zu mir passen?«, fragt sie.

»Oh Mann!«, stöhnt Jennifer von oben.

Musti plinkert jetzt auch mit den Augen. »Findest du denn, die Rolle würde zu mir passen?« Er kann Polinas Ton wirklich perfekt nachahmen.

»Klar«, sagt Zeck ungerührt. »Aber nur, wenn ich der Romeo bin.« *Also echt!* Zeck hilft Polina auf den Hochsitz. Oben drängen sich die Kinder dicht zusammen.

»Toll!«, sagt Jennifer, beugt sich etwas vor und lässt ihren Blick schweifen. »Man kann ganz weit gucken. Fast so weit wie vom Funkturm. Auch wenn man nur Bäume sieht.« Jennifer seufzt. »Ist irgendwie beruhigend.« Und das stimmt wirklich: Die letzte Abendsonne fällt in ihre Gesichter, entlockt dem Wald seinen warmen Geruch nach Baumrinde, Erde und dem harzigen Duft der Tannen und gibt ihnen irgendwie das Gefühl, mittendrin zu sein. Zwischen Himmel und Erde und Bäumen, die schon so lange hier stehen und einfach da sind.

Die Kinder rutschen auf der schmalen Bank zusammen. »Kannst auf meinen Schoß«, meint Zeck und schielt zu Polina rüber. Die lässt sich elegant auf Zecks Schoß gleiten und macht ein höchst zufriedenes Gesicht.

»Darf ich mich auf deinen setzen?« Jennifer wirft Fridi einen fragenden Blick zu.

*Warum müssen meine Ohren eigentlich immer gleich rot werden?*

Fridi nickt. Er kriegt keinen Ton raus. Seine Zunge fühlt sich wie gelähmt an. *Wie eine Streichholzschachtel oder so, also, ist natürlich Quatsch, niemand hat ja eine Streichholzschachtel im Mund, aber wie so was Sperriges.* Jennifer setzt sich vorsichtig auf sein Knie. »Hoffentlich bin ich dir nicht zu schwer«, meint sie und dreht sich zu ihm um.

Fridi schüttelt den Kopf: »Du weißt doch, Maden machen stark.« *Keine Ahnung, wie der Satz aus meinem Mund gekommen ist, der ist einfach rausgeschlüpft.*

Da muss Jennifer kichern. *Ich kann mich nicht daran erinnern, dass ich schon mal jemanden zum Lachen gebracht hab, also mit Absicht jetzt. Aber das fühlt sich verdammt, verdammt gut an.* Jennifers Körper wird richtig von so kleinen Lachwellen geschüttelt. Fridi atmet den Geruch ihrer Haare ein, die riechen irgendwie nach Mango, und ihm wird ein bisschen schwindelig. Immer, wenn sie sich bewegt, weht so eine kleine Duftwolke in seine Nase. Sie sitzen da und gucken vom Ausguck runter, auch wenn man zwischen den Spitzen von Jennifers Katzenohren, die nie so richtig still stehen, eigentlich nicht viel mehr sieht als Grün. *Also fast.* »Da, hinten ist was Blaues, das ist bestimmt ein See«, meint Fridi und zeigt mit der Hand geradeaus. *An Seen und Bäumen kann man sich festhalten, wenn sonst alles in ihm drin schwankt wie bei einem Kaninchen mit Drehwurm.*

Jennifer beugt sich etwas vor und zappelt mit den Beinen. Da stößt ihr lila Turnschuh – *ist das jetzt Oskar oder Charly, ach, egal* – gegen seinen Fuß. *Kribbeln total,* das spürt er sogar durch die dicken Schuhe. Und Fridi sitzt da und denkt, dass das Leben manchmal einfach stehen bleiben sollte, hier oben, weit weg von allem, der Schule, den Pfadfindern, Mama und Papa, einfach still stehen mit dem Duft von Mango in der Nase. *Genau jetzt!*

»Vielleicht werd ich ja Förster«, meint Musti nachdenklich. »Dann sitz ich immer hier oben gemütlich mit meinem Fernglas ...«

»... und schießt ab und zu mal ein Reh oder ein Wildschwein ab«, meint Zeck.

»Schon gut, schon gut, Mann.« Musti lässt seinen Blick schweifen. »Jetzt weiß ich! Ich schwöre, ich werd Architekt und baue so Hochhäuser mit toller Aussicht.«

»Da ist die Konkurrenz bestimmt hart«, vermutet Zeck.

»Genauso wie beim Ballett«, murmelt Polina. »Da versucht man auch immer, sich gegenseitig auszustechen.«

»Ja, da gab es doch mal diesen Fall«, meint Jennifer eifrig. »Diese amerikanische Eistänzerin, die hat ihrer größten Konkurrentin das Knie mit einer Eisenstange eingehauen, damit die nicht bei den Olympischen Spielen mitmachen konnte.«

Musti lutscht an seiner Pulloverkordel und überlegt: »Ich schwöre, vielleicht werd ich doch nicht Architekt. Sonst haun die mir das Knie mit einer Eisenstange kaputt, weil ich besser und schlauer bin als sie.« Musti winkt ab. »Vergesst es!«

Polina stützt ihre Arme auf der Brüstung ab und wirkt auf einmal ganz nachdenklich.

»Was denkst du?«, fragt Zeck.

»Na ja, die Mädchen an der Ballettschule zertrümmern sich vielleicht nicht gegenseitig die Knie, aber sie machen andere Sachen.«

»Was denn so?«, forscht Jennifer neugierig nach.

Polina zögert. »Sich gegenseitig was verstecken, zum Beispiel. Ich war mal zum Probeunterricht in der Ballettschule, da war ein Mädchen, das war die Allerbeste von allen, und die anderen waren neidisch auf sie und haben ihr das Duttkränzchen versteckt, und deshalb durfte sie nicht am Ballettunterricht teilnehmen, die musste die ganzen zwei Stunden vorne sitzen.«

»Ist doch gut«, Musti grinst, »mal bisschen Pause.«

Polina schüttelt heftig den Kopf. »Nicht zu trainieren, ist für eine Tänzerin das Allerallerschlimmste. Da bist du ganz schnell nicht mehr die Beste.«

»Aber man braucht doch das Ding nicht zum Tanzen?«, fragt Musti irritiert. »Tanzt du ohne Säckchen, wo ist das Problem, Mann?«

»KRÄNZCHEN«, verbessert Polina. »Natürlich braucht man das nicht. Es geht um Disziplin, keiner soll aus der Reihe tanzen.« Polina zuckt mit den Schultern.

»Und auf so eine Schule willst du gehen?«, fragt Zeck und sieht Polina fragend an.

»Das Wichtigste ist das Tanzen«, meint Polina kleinlaut. Einen Moment herrscht Stille.

»Wie wär's jetzt mit einer kleinen Abkühlung im See?« Zeck stupst Polina in die Seite.

»Au ja!«, ruft Jennifer und springt auf.

Schon nach wenigen Schritten sehen sie den See zwischen den Bäumen liegen und stürmen los. Sie schleudern alle ihre

Schuhe von den Füßen, krempeln die Hosen hoch und waten durchs seichte Wasser.

»Ist das kalt!«, ruft Jennifer und spritzt Polina, die am Ufer sitzen geblieben ist, mit den Füßen nass. »Warum ziehst du nicht deine Schuhe aus?«, fragt sie.

»Damit ich mir nichts eintrete, hier liegen ja so viele Sachen rum, sonst kann ich morgen nicht tanzen.« Polina betrachtet ihre Sneaker auf dem grauen Sand. Richtig weiß sind die nicht mehr.

»Guckt mal!«, ruft Jennifer. »Da hinten hängt ein Seil an einem Baum, da kann man bestimmt prima hin- und herschwingen und dann ins Wasser springen.«

*Na, vielen Dank auch! Wer weiß schon, was da unten ist: Steine, auf die man raufspringen kann, oder Strudel, die einen in die Tiefe reißen. Obwohl, Spaß machen würde es vielleicht.*

»Also, wer ist so mutig und geht ganz rein?« Jennifer sieht in die Runde.

»Ich bin raus!« Zeck hebt die Hände.

»Ich bin doch nicht lebensmüde, Mann.« Musti schüttelt den Kopf.

»Da holt man sich bloß eine Lungenentzündung«, meint Polina. »Und dann ...«

»... kannst du morgen nicht zur Prüfung«, antworten die anderen im Chor.

Polina wirft ihr Haar zurück. »Sehr richtig!«

»Kommst du mit?« Jennifer guckt Fridi an.

»Wir haben doch gar keine Badehosen«, stottert er.

»Na und?« Jennifer zuckt mit den Schultern.

»So was macht doch Jennifer nichts aus!«, sagt Polina spitz.

»Du könntest mir natürlich deinen Anzug leihen«, meint Jennifer und sieht Polina von der Seite an.

»AUF KEINEN FALL!« Polina wirft den Kopf in den Nacken. »Vergiss es!« Im nächsten Moment wird sie ganz blass. »Meine Tasche! Wo ist meine Balletttasche?« Sie denkt einen Moment nach. »Ich hab sie doch dir gegeben, im Garten des GRAUENS, als ich meinen Schuh zugemacht hab.«

»Upsi.« Jennifer guckt auf ihre schmutzigen nackten Zehen.

»Und wo ist sie?« Polina starrt Jennifer an.

Die beißt sich verlegen auf der Lippe herum. »Ich glaub, die hab ich liegen gelassen, weil wir ja so schnell verschwinden mussten.« Die Worte kommen zäh wie Kaugummi aus ihrem Mund. Verlegen schielt sie zu Polina.

Polina ist ganz blass. »Was mach ich denn jetzt bloß? Morgen ist das Vortanzen. Da kann ich ja wohl schlecht nackt hereinspazieren«, stammelt sie.

Jennifer überlegt einen Moment: »Du könntest in Unterwäsche gehen.«

»Spinnst du?« Polina guckt sie entgeistert an.

»Ich mein ja nur, besser als nackt!«

Polina durchbohrt Jennifer mit ihrem Killerblick. »Ohne Anzug keine Prüfung!« Sie schlägt die Hände vors Gesicht und schreit: »Und wie bitte soll ich das meiner Mutter erklären? Tut mir leid, ich hab meine Balletttasche vergessen, weil ich mal eben einen Baum und eine Schildkröte klauen musste?«

»Ich finde sowieso, dass du auf diese Prüfung pfeifen solltest«, meint Zeck fröhlich. »Meine Meinung.«

»Diese Prüfung ist absolut lebenswichtig. Meine Meinung«,

faucht Polina. Und plötzlich fängt ihr Körper an zu beben, und sie beginnt zu schreien. »Ich brauche meine Tasche!«

Jennifer bohrt ihren Zeh tief in den dunklen Sand. »Ist doch kein Problem. Wir holen sie!«

*Wie bitte?*

# Zunderpilz und
# Fake-Blut

Musti bricht sofort in einen Hustenanfall aus.

»Bist du irre?«, fragt Zeck.

»Wolltest du nicht mal was wirklich Aufregendes machen?«, erkundigt sich Jennifer und sieht Zeck herausfordernd an.

Der wird jetzt auch ein bisschen rot. »Okay, ja«, stammelt er.

Jennifer wendet ihren Blick nicht von ihm ab. »Oder hast du das vielleicht nur so gesagt, um gewisse Personen zu beeindrucken, und meintest es gar nicht so?«

*Wow, Zeck kann ja mindestens genauso rot werden wie ich!*

»Der Anzug ist wichtig«, presst Polina mit erstickter Stimme hervor. »Wirklich wichtig!« Polina sieht die anderen so verzweifelt an, dass sie plötzlich alle begreifen, *wie* wichtig. Sie wischt sich die Tränen aus den Augen und sagt mit fester Stimme: »Ich muss meine Tasche wiederhaben!«

»Und deshalb holen wir sie uns auch«, sagt Jennifer entschlossen.

*Und wenn sie so guckt, hey, dann versuch gar nicht erst, sie aufzuhalten. Das ist vollkommen sinnlos.*

»Okay, okay«, sagt Zeck gedehnt. »Holen wir sie uns!« Richtig glücklich sieht er dabei allerdings nicht aus. Musti beginnt, laut zu stöhnen. »Oh Mann, ich schwöre, das ist nicht gut. Das ist gar nicht gut, Mann. Der hatte ein Messer. Ein Messer, Leute, und der schlachtet Hasen, der ist richtig gefährlich, Mann. Aber wenn ihr unbedingt wollt, ist okay.«

*Neinneinneinneinneinnein! Wir wollen nicht unbedingt: Ich will nicht. ICH WILL NICHT! Fridolin Schulze, bleib ruhig.* Fridi geht im Kopf alle Survival-Regeln durch: Ruhig bleiben! *Aber wie soll man ruhig bleiben, wenn man gleich das GRAUEN trifft?* Sei gut vorbereitet. *Ich weiß wirklich nicht, wie man sich darauf vorbereiten soll, im Garten einer grauenhaften Person im Stockdunkeln einen Anzug zu finden.* Drei Tage ohne ... *Also, diese Regel nützt nun wirklich gar nichts.* Hab immer Schleimbrei in der Tasche. *Das GRAUEN hat ja keinen Hund, und man wird ihn wohl kaum mit Haferbrei füttern und damit besänftigen können, also sinnlos.* Drei Sekunden zum Abhauen. *Okay, das könnte nützlich sein, aber so richtig hilfreich ist das jetzt auch nicht ...*

»Wir müssen nur an uns glauben, Leute«, meint Jennifer, auch wenn sich ihre Stimme dieses Mal selbst ein bisschen wackelig anhört. »Schließlich haben wir heute schon ganz anderes überstanden.« Sie sieht Fridi an.

*Na klar, das ist es! Die Zwei-Euro-im-Hals-Regel: Glaub an dich. HALLO, wer zwei Euro runterschlucken kann, der kann eigentlich alles, oder gibt es irgendwas, was schlimmer sein kann, als zwei Euro runterzuschlucken, also für jemanden, der, sagen wir mal, nicht mal Haferflocken runterkriegt, meine ich. Und auch so, generell.*

Jennifer sieht Fridi an. »Bist du dabei?«

Fridi schluckt. »Klar«, krächzt er.

»Super!«, stößt Jennifer hervor, und die Freude in ihrer Stimme ist nicht zu überhören.

»Aber wir sollten zumindest warten, bis es dunkel ist«, schlägt Zeck vor.

*Hat da etwa jemand Angst?*

Jennifer zuckt mit den Schultern, und auch Polina seufzt. »Meinetwegen.«

»Und was machen wir jetzt? Also, nach Baden ist mir nicht mehr zumute.«

*Na, wenigstens etwas!*

Jennifer setzt sich auf den feuchten Sandboden und zieht Charly und Oskar wieder an.

»Ich schwöre, wir sollten uns ums Essen kümmern, die Sonne geht bald unter.« Musti wirft einen langen Blick in den Himmel.

Zeck legt den Kopf in den Nacken und guckt ebenfalls prüfend nach oben. »Okay. Jetzt ist es wirklich bald so weit. Da wir nicht hundertprozentig wissen, ob Poppy das mit dem Essen hinkriegt, würde ich vorschlagen, wir halten uns an Plan B.« Zeck nickt.

»Plan B?«, fragt Musti unsicher.

»Ich hab da noch einen kleinen Einkauf in meinem Beutel.«

Musti stöhnt. »Gemüse!« Er streichelt über Naruto und murmelt: »Ich schwöre, aber geht ja nicht anders, Mann.«

»Geht schon vor, wir kommen nach!«, meint Zeck und hält Polina fest.

»Oh, là,là!« Jennifer grinst.

Musti lässt vielsagend seine Augenbrauen tanzen. Und auch Fridi denkt sich seinen Teil. *Was machen die bloß? Würde mich echt mal interessieren. Andererseits kann ich es mir auch schon denken ...*

Langsam schlendern sie zurück zum Lagerplatz. Die Abendsonne färbt die Blätter glutrot. Jennifer bleibt stehen und betrachtet andächtig die glühenden Bäume. »Das ist so schön, dass man es fast nicht aushalten kann.«

Fridi nickt. *Irgendwie genau so!*

»Hier ist der Beutel.« Jennifer schwingt den Jutebeutel durch die Luft.

»Zeigst du mal, was ist drin?«, fragt Musti hoffnungsvoll und durchsucht Zecks Einkaufsbeutel. »Rote Beete, Kohlrabi, Kartoffeln, Mohrrüben, Porree, Reis, ist das sein Ernst, Mann?«

»Ich dachte, Zeck ist gegen Porree allergisch?«, fragt Fridi.

»War wohl ein Irrtrum«, murmelt Jennifer. Im nächsten Moment schlägt sie sich an den Kopf. »Oh nein! Wir können ja gar nicht kochen! Wir haben ja keinen Herd. So wird aus dem ganzen Zeug hier doch keine Suppe.«

»Stimmt, Mann.« Musti guckt entgeistert.

»Poppy hat dir doch Streichhölzer mitgegeben.« Fridi räuspert sich.

»Klar!« Jennifer tippt sich an die Stirn, die Katzenohren wackeln.

»Kannst du denn so was, ich mein, Feuer machen?«, fragt Musti unsicher.

Fridi zuckt mit den Schultern. »Weiß nicht so genau. Ich war jedenfalls schon oft dabei.« *Also, zumindest so ungefähr weiß ich, wie das geht, auch wenn ich's noch nie versucht habe ...*

»Ich schwöre, nicht, dass der ganze Wald brennt.«

*Oh, mein Gott, er hat recht. Ist vielleicht doch keine so gute Idee, wenn nun der ganze Wald Feuer fängt und ich bin schuld?*

Jennifer schüttelt energisch den Kopf. »Also, ich vertraue Fridi!«

Fridi schnappt nach Luft. *Okay, okay, okay, sie vertraut mir! Außerdem gibt es Regeln, Sicherheitsregeln, wenn ich die beachte, ist das kein Problem. Ruhig bleiben, wer zwei Euro verschlucken kann, kann auch Feuer im Wald anmachen, ohne dass was passiert!*

Fridi schluckt und sagt heiser: »Also, ich versuch's.«

Jennifer zieht die Streichholzschachtel auf. »Du hast genau vier Streichhölzer.« Sie sieht Fridi an. »Das ist nicht grad viel, oder?«

Fridi schüttelt den Kopf. Seine Ohren werden schon wieder *ziemlich* warm. Das Kaninchen zuckt mit dem Näschen.

Jennifer sieht ihn von der Seite an. *So was merkt man ja.* Dann dreht sie sich zu Musti.

»Ich würde sagen, du schneidest schon mal alles«, bestimmt sie und schiebt Musti das Gemüse und das Schweizer Messer rüber. Dann lächelt sie Fridi aufmunternd zu.

*Das ist echt lieb von ihr, ich mein, sie spürt irgendwie genau, wie es mir geht.*

Fridi räuspert sich. »Zuerst müssen wir uns eine Feuerstelle machen.«

»Okay.« Jennifer nickt.

»Und wir brauchen Steine und Zunderpilz.«

»Ich hol die Steine.« Schon springt Jennifer auf und geht mit gesenktem Kopf den Waldboden ab.

Fridi sucht an morschen Baumstümpfen nach dem Zunderpilz, und wirklich, an dem vierten oder fünften Stamm wächst ein weißer, trockener, breit gefächerter Pilz. Fridis Herz klopft vor Aufregung gleich ein bisschen schneller, aber mehr so freudig. *Also, dass man die in den Überlebensvideos immer findet, ist ja klar, aber dass das auch in echt klappt, hätte ich jetzt nicht gedacht.*

»Da drüben liegt ein ganzer Steinhaufen«, ächzt Jennifer und lässt vier große Steine aus ihrem Pullover kullern.

Während sie noch einmal losgeht, sucht Fridi trockene Rinde und Zweige. Dann bereitet er eine kreisrunde Fläche auf dem sandigen Boden vor, die er von Tannennadeln befreit. Drum herum legt er Steine, damit sich das Feuer nicht ausbreiten kann, und in der Mitte schichtet er Rinde und kleine Holzstücke zu einem kleinen Stapel auf. In dem Moment kommen Polina und Zeck wieder.

»Fridi macht gerade eine Feuerstelle«, verkündet Jennifer und kniet sich neben ihn.

»Lass mich mal das Feuer anmachen«, meint Zeck eifrig. Schon nimmt er Fridi die Streichhölzer aus der Hand und lächelt Polina zu.

»Es sind aber nur vier«, meint Jennifer zaghaft.

»Ja, ja«, sagt Zeck ungeduldig und reibt ein Zündholz an der Zündfläche, das im selben Moment auch schon wieder erlischt. »Mist, der Wind!«, schimpft Zeck und holt ein neues Streichholz aus der Schachtel.

»Willst du das nicht lieber Fridi machen lassen?«, fragt Jennifer zögernd.

»Ich krieg das schon hin.« Zeck beugt sich vor, entzündet das Streichholz, führt es in Richtung Feuerstelle und hält es an die Rinde. Leider geht es aus, ohne dass sich irgendetwas entzündet hat. »Shit!«

»Ich bin dafür, dass Fridi es jetzt versucht«, meint Jennifer bestimmt. »Schließlich ist er bei den Pfadfindern.«

Zeck reicht Fridi die Streichhölzer. »Viel Glück, Kumpel.«
Er haut Fridi auf die Schulter, und irgendwie fühlt es sich so
an, als ob Zeck nicht daran glaubt, dass Fridi was hinkriegt,
was er selbst nicht schafft.

*Survival-Regel Nummer eins: Ruhig bleiben, sonst hast
du gleich verloren. Tief durchatmen.*

Mit zittrigen Fingern holt Fridi das vorletzte Streichholz
aus der Schachtel.

*Mit zweien schafft es nicht mal Keule, vielleicht gerade
mal Zottel, und der ist der beste Feuer-Anmacher von allen. Oh Mann!*

Fridi atmet tief durch. Er reibt das Streichholz an der Rei-
befläche, puff und aus.

»Tja, ich sag's ja, der Wind«, meint Zeck. Und irgendwie
scheint es ihm nicht wirklich leidzutun.

»Oh bitte, bitte«, fleht Jennifer. »Kalt können wir die Suppe
vergessen.«

Alle starren auf das letzte Streichholz zwischen Fridis
Fingern.

»Allah, sei uns gnädig«, betet Musti.

*Los, Fridi Schulze, reiß dich zusammen. Ich mein, das
Zweieurostück, das war echt krass. Viel krasser als so eine
»Zünde ein Feuer mit einem Streichholz an«-Sache, komm
schon!*

Fridi bückt sich ganz nah zur Feuerstelle runter, entzündet das Streichholz und führt die Flamme mit der Höhle der
anderen Hand geschützt, schnell, aber nicht zu schnell zum
Zunderpilz. Als er das Streichholz an den Pilz hält, beginnt
es leise zu knistern. Fridi pustet sacht in die Glut, pustet und
hält das Streichholz dann noch mal an den Pilz, pustet wie-

der, und da lodert tatsächlich ein kleines Flämmchen auf. Behutsam legt er den brennenden Zunderpilz auf die Rinde, hält wieder schützend die Hände davor und pustet. *Vorsicht, nicht zu doll!* Und pustet. Und da, es ist kaum zu glauben, entzündet sich die Rinde, und jetzt beginnen auch einzelne Zweige zu brennen. *GESCHAFFT!*

»Jippie!«, jubelt Jennifer und fällt Fridi um den Hals. Der steht von einer Sekunde zur anderen stocksteif da. Und kann sich nicht rühren. *Aber diesmal nicht vor Angst, sondern vor ... ja, ich weiß eigentlich auch nicht ...*

Jennifer hüpft aufgekratzt von einem Bein auf das andere, also von Charly auf Oskar.

Zeck nickt anerkennend mit dem Kopf. »Echt gut gemacht, Kumpel!«

»Ich schwöre, danke, danke, Allah, dass wir wenigstens Suppe kriegen.« Musti streckt die Hände in den Himmel und strahlt. »Hätte ich auch nicht gedacht, dass ich mich über Suppe mal so freuen würde, Mann.« Er reibt sich genüsslich über den Bauch, und fast sieht es so aus, als würde selbst Naruto den Mund zu einem Lächeln verziehen.

Die anderen lachen. Jennifer holt den Topf und guckt Fridi ratlos an. »Wir können den doch nicht ins Feuer stellen.«

»Wir nehmen einfach zwei Stöcke, und da hängen wir ihn rein.« *Also, das geht jetzt echt leicht ...* Fridi greift nach einer kleinen Astgabel, stellt einen zweiten Stock dagegen und befestigt dazwischen geschickt den Topf, der jetzt praktischerweise genau über dem Feuer hängt.

»Genial!« Jennifer schüttet gleich eine ganze Wasserflasche in den Topf und gibt dann eilig das Gemüse dazu.

Zeck schüttelt noch ein bisschen Reis dazu. »Jetzt müssen wir nur noch warten, bis alles gar ist«, meint er zufrieden.

Musti hat vom Rote-Beete-Schneiden ganz rote Hände. »Ich schwöre, wie Blut.« Er betrachtet fasziniert seine Hände.

Jennifer überlegt. »Da kommt mir doch gleich eine Idee!« *Oh nein!*

Jennifer baut sich vor Fridi auf und mustert ihn: »So ein richtig harter und mutiger Junge, wie ihn sich dein Vater wünscht, der kämpft doch auch.«

*Wie meint sie denn das jetzt schon wieder?* Fridi zögert. »Mein Papa sagt, es gibt immer die, die einstecken, und die, die austeilen. Und es ist immer besser, der zu sein, der austeilt.« Vielleicht hätte er das besser nicht sagen sollen ...

»Da ist was dran!« Jennifer nickt. »Also los!«

»Also los was?«, fragt Fridi. *Will sie vielleicht, dass ich jemanden blutig schlage? Oh, mein Gott!*

»Na, zeig's uns!« Jennifer nimmt ein Stück Rote Beete und verschmiert den leuchtenden Saft auf Zecks Gesicht.

»Hey!«, ruft Zeck. »Bist du bescheuert!«

Polina guckt Jennifer entsetzt an. »Jetzt ist sie vollkommen verrückt geworden!«

Jennifer stöhnt: »Blut muss fließen und nicht zu knapp, versteht ihr?« Sie wendet sich Fridi zu. »Dann ist dein Vater bestimmt mächtig stolz auf dich, oder?!«

»Aber ...«, beginnt Fridi.

»Sollst du dich nun durchsetzen oder nicht?«, will Jennifer wissen.

Fridi denkt nach. »Irgendwie schon!«

»Na also.« Jennifer nickt zufrieden. Während die anderen

noch ein wenig ratlos dastehen, kramt sie das Handy von Fridis Mama hervor. »Rote Beete ist prima Fake-Blut!«

»Alles klar!« Zeck, der endlich kapiert hat, grinst.

»Jetzt weiß ich, was du meinst!« Auch Polina strahlt, schnappt sich ein Stück Rote Beete und beginnt, sie möglichst effektvoll auf Zecks Gesicht zu verteilen. Der hält ganz still. Wahrscheinlich könnte Polina so ziemlich alles auf seinem Gesicht verteilen.

Musti steht immer noch völlig entgeistert da: »Leute, ich schwöre, was macht ihr da?« Im nächsten Moment fängt er an zu grinsen. »Ah, verstehe, Mann. Wie im Fernsehen.«

»Toll, sieht richtig echt aus«, jubelt Jennifer. »Schön blutbeschmiert. Und jetzt muss du ihn am Kragen nehmen.«

Fridi schluckt.

»Hilfe!« Zeck zuckt zurück und tut so, als ob er Angst hätte, dabei sitzt so ein Grinsen auf seinen Lippen.

*Wahrscheinlich denkt er, ich kann gar nicht hart zuhauen, wahrscheinlich denkt er, ich bin ein Windelpisser, ein Weichei, ein jämmerlicher Furztrog.* Und ehe er sichs versieht, packt Fridi zu und nimmt Zeck am Schlafittchen. Eine Sekunde später erschrickt er selbst über seine Heftigkeit.

»Wou, wou, wou«, macht Zeck und wirkt tatsächlich ebenfalls verwirrt.

»Sehr gut, sieht total echt aus!«, ruft Jennifer.

Fridi rüttelt ein bisschen an Zeck, nicht zu fest, nur ein bisschen, und Zeck tut so, als würde er sich wehren, oder wehrt er sich jetzt wirklich ein bisschen? Fridi packt sicherheitshalber noch etwas fester zu. Und Zeck, das merkt er ganz deutlich, versucht, sich aus seinem Griff zu befreien. Aber Fridi hält fest. Er weiß auch nicht, wieso, seine Finger klammern sich an Zecks T-Shirt und lassen nicht zu, dass er sich losmacht.

»TOTAL ECHT!« Jennifer kommt mit dem Handy ganz dicht an sie heran. »Ihr habt Talent, Freunde!«

Fridi hält Zeck fest. Er hört ihn in schweren Stößen atmen, oder ist das sein eigener heftiger Atem? *Ich glaub's fast.* Zecks Gesicht liegt unter seinem, und auch Zeck denkt nicht daran, ihn loszulassen, das kann er an seinen Augen erkennen.

»Okay, ich hab's!«, ruft Jennifer.

Fridi lässt Zeck los. Der schüttelt sich. Und grinst, diesmal sein unverwechselbares Zeck-Grinsen. Fridi grinst zurück. Sein Fridi-Grinsen, aber vielleicht auch nicht so ganz.

»Zum Glück muss ich mich nicht in echt mit dir anlegen, man muss ja richtig Angst vor dir haben«, sagt Zeck, und Fridi hört ganz genau hin, ob es irgendwie nicht so klingt, wie es klingen soll, aber es klingt genau so, wie es klingen soll.

Gemeinsam betrachten sie die Fotos. »Klasse!« Jennifer lacht. »Wenn ich es nicht wüsste, würde ich denken, ihr kämpft echt.« Auch Polina nickt begeistert. Jennifer hat es so fotografiert, dass Zeck mit zusammengekniffenen Augen ein bisschen schräg in die Kamera guckt und Fridi über ihm so bedrohlich wirkt, als würde er ihn jeden Moment zerreißen. Die Rote Beete tut ihre Wirkung. Zeck sieht übel zugerichtet aus, ganz so, als hätte Fridi schon ein paarmal kräftig zugeschlagen. Am eindrucksvollsten ist jedoch die rote Blutspur, die am Mundwinkel herunterfließt, weil Polina Zeck noch schnell ein Stück Rote Beete in den Mund geschoben hat, das er so lange gekaut hat, bis der leuchtende Saft ihm ganz von alleine aus dem Mund getropft ist.

»Du kannst toll schminken.« Jennifer guckt Polina anerkennend an.

»Das muss man ja als Ballerina auch können. Zu den Auf-
tritten müssen wir uns immer ein übertrieben starkes Make-
up auflegen, sonst sehen die Zuschauer das ja gar nicht.« Sie
macht eine Pause. »Aber sonst darf man sich in der Ballettschule natürlich nicht schminken. Make-up und Haare färben ist absolut verboten.«

»Gibt's ja nicht!« Jennifer guckt sie entrüstet an.

»Nagellack übrigens auch«, sagt Polina trotzig. »Aber den
mach ich mir trotzdem manchmal drauf, nur morgen vor der
Prüfung muss ich ihn abmachen.« Sie hält inne. »Bloß womit, ist die Frage? Ich hab ja gar keinen Nagellackentferner.«

Die Kinder sehen sie ein bisschen ratlos an. Jennifer legt
den Kopf schief. »Ich wette, das sieht eh kein Mensch, ich
mein, helllila, komm schon.«

»Die sehen alles, glaub mir«, seufzt Polina. »Selbst wenn
du den Fuß ein minibisschen zu sehr nach links streckst oder
so, ALLES!« Sie betrachtet ihre Fingernägel. »Ach, ist auch
schon egal.« Polina zuckt mit den Schultern. »Sollen sie doch
meckern, deswegen werden sie mich schon nicht durchfallen
lassen.«

»Genau die richtige Einstellung«, grinst Zeck.

Musti haut Polina auf die Schulter. »Wenn sie dich deswegen durchfallen lassen, ist das echt nicht in Ordnung, Mann!«

Da muss sogar Polina lachen. »Werd ich denen aus-
richten.«

»Was schreiben wir jetzt?« Jennifer sieht gespannt in die
Runde.

Zeck überlegt.

> **Ich mache alle fertig!**
> **Lasse mir nichts mehr gefallen!**
> **Gut Pfad!**

Jennifers Finger fliegen über das Handy. »Sehr gut!« Sie schaut gespannt auf das Display.

»Und?«, fragt Polina.

»Er hat's schon gelesen, aber keine Reaktion!«

»Mein Papa weiß ja, dass man bei den Pfadfindern eigentlich keine Handys benutzen darf«, meint Fridi. »Und er will mich bestimmt nicht in Schwierigkeiten bringen.«

»Aber er freut sich garantiert tierisch, dass er so einen starken Macher zum Sohn hat.« Zeck grinst.

*Macher. Hab das Wort noch nie gehört. Passt vielleicht zu Zeck. aber bestimmt nicht zu mir. Also, wobei, wenn ich's bedenke, hab ich heute schon eine ganze Menge gemacht.*

»Dann lasst uns jetzt ...« Musti deutet vielsagend auf den Topf und rutscht ungeduldig hin und her.

»Auch wenn es wahrscheinlich unsere letzte Mahlzeit ist.« Zeck seufzt.

»Ja, Mann.« Musti nickt bekümmert. »Das GRAUEN macht uns bestimmt voll fertig. Ich schwöre, aber bevor ich ins Grab gehe, muss ich was essen!«

# Reis mit Scheiss

»Ich auch!« Fridis Magen fühlt sich an wie ein leeres dunkles Loch.

Gemeinsam suchen sie Baumstämme und legen sie um die Feuerstelle. Polina schlägt sich die Arme um den Körper. Zeck reicht ihr seinen Parka und meint: »Ich hab noch ein Wollhemd drunter. Mir ist nicht kalt.«

*Ein Wollhemd?*

Polina lächelt und kuschelt sich in Zecks Jacke. Es scheint ihr gerade auch völlig egal zu sein, dass der Parka schon etwas verschlissen aussieht. *Ist ja sowieso dunkel. Also, fast.* Das allerletzte Abendsonnenlicht hängt noch in den Zweigen, und die Kinder rutschen näher zusammen, um sich am Feuer zu wärmen.

»Reis mit Scheiß ist fertig!« Zeck sticht mit dem Messer in die Kartoffeln.

Musti schielt in den Himmel. »Endlich ist sie untergegangen, Mann«, sagt er mit Genugtuung in der Stimme. Und andächtig setzt er hinzu: »Jetzt darf ich!«

»Jap«, bestätigt Zeck. »Du hast es geschafft!«

»WIR haben es geschafft«, verbessert Polina. »Immerhin haben wir alle den ganzen Tag noch nichts gegessen.«

»Danke, richtig nett von euch, Leute«, sagt Musti und starrt auf den dampfenden Topf. »Wenn ihr neben mir gegessen hättet, ich schwöre, das hätte ich nicht ausgehalten. Echt nicht.«

»Trifft sich ganz gut, dass auch gar nichts da war, was wir hätten essen können.« Zeck lacht.

»Außer einer herrlichen Currywurst von der besten Bude der Stadt«, ergänzt Jennifer und leckt sich unwillkürlich über die Lippen.

»Ja, außer Currywurst natürlich. Aber wer will schon eine Currywurst mit Pommes, Ketchup und Mayo, wenn er Reis mit Scheiß haben kann?« Zeck guckt in die Runde.

»Also, gesund ist das auf alle Fälle«, sagt Jennifer. Polina nickt.

»Ungefähr so ein Essen hat sich meine Mutter vorgestellt, würde ich sagen. Vitaminreich und leicht.«

»Na, siehst du, alles genau so, wie du deiner Mutter versprochen hast: Bewegung und frische Luft! Und deine Fußgymnastik hast du auch gemacht. Nur mit der klassischen Musik ist es leider nichts geworden.« Jennifer zuckt bedauernd mit den Schultern.

»Ich kann Klassik sowieso nicht ausstehen«, sagt Polina und lächelt zaghaft.

»Nicht?«, fragt Jennifer irritiert. »Aber ich dachte ...«

Polina schüttelt den Kopf. »Ich mag ...« Sie zögert. »Ihr dürft aber nicht lachen, Leute.«

»Versprochen, Hand aufs Herz.« Jennifer sieht sie gespannt an.

Polina schlägt sich die Hände vors Gesicht und lugt durch die gespreizten Finger. »Helene Fischer.«

»Oh Gott.« Zeck krümmt sich auf dem Boden, als hätte er Schmerzen.

»Nicht dein Ernst jetzt?«, fragt Musti.

Polina ist so rot wie eine Tomate. *Wer hätte das gedacht!*

Kichernd reicht Jennifer Fridi das Koschi.

»Hast du das denn auch richtig ausgespült?«, fragt Polina zweifelnd. »Also, ein bisschen eklig ist das schon!« *Finde ich auch, also um ganz ehrlich zu sein ...*

»Klar! Ich hab es ganz gründlich mit Wasser ausgespült und mit einem Taschentuch abgewischt.«

»Na, hoffentlich nicht mit einem benutzten«, sagt Polina spitz.

»Nee, denk mal an, mit einem frischen.«

»Bei dir weiß man ja nie.« Polina wirft ihre Haare zurück. *Ich sag nur Hundekuchen ...*

Jennifer kippt ein bisschen Suppe ins Kochgeschirr.

»Ich hab gedacht, wir lassen das Koschidingsda kreisen, weil wir ja nur eins haben und auch nur einen Löffel«, sagt sie unbekümmert.

*Na, da kann ich ja von Glück sagen, dass ich der Erste bin.*

Musti lutscht aufgeregt an seiner Pulloverkordel. »Ey, ich schwöre, wenn ich nicht gleich was zu essen kriege, sterbe ich.« Die durchgelutschte Kordel hängt ihm schlaff aus dem Mund, und selbst Naruto macht schon ein ganz leidendes, komisch zusammengeknautschtes Gesicht.

*Na los, komm schon!* Fridi reicht Musti das Plastikgefäß. »Daran will ich wirklich nicht schuld sein.« Er grinst etwas verlegen.

»Danke, Mann.« Sofort beugt sich Musti über das Koschi. »Allah, danke, dass wir hier sitzen und was zu essen haben«, stößt er hervor, während er den Löffel immer wieder in die Suppe taucht. Irgendwann hebt Musti den Kopf. »Ich schwöre, ist voll gut, Mann.« Und etwas schuldbewusst fügt er hinzu: »Ich hab ganz vergessen, dass wir nicht so viel haben.«

»Ist schon okay«, meint Zeck und kippt noch einen Schwall Suppe aus dem Topf ins Kochgeschirr. »Aber genau genommen hättest du jetzt einen Hortenpott gekriegt.«

»Ich? Warum denn, Mann?«, fragt Musti verwirrt.

»Na, weil du einfach angefangen hast, ohne guten Appetit oder so«, erklärt Fridi. *Also, ich hasse es, wenn man einen Hortenpott kriegt und wenn dann alle einen so angucken und lachen.*

»Quatsch«, meint Jennifer, »das ist doch blöd! Hortenpötte müsste man für was anderes kriegen.«

»Und wofür?«, erkundigt sich Polina.

Jennifer überlegt. »Na, wenn man was Gutes macht, ist doch klar, dann gibt's einen Hortenpott! Als Belohnung sozusagen.«

»Okay«, Polina nickt, »find ich gut!«

»Ich auch«, meint Fridi. *Das muss einem dann wenigstens nicht sooo unangenehm sein.*

»Ich auch, Mann.« Musti nimmt noch ein paar schnelle Löffel. Er seufzt tief und reicht dann mit einem noch tieferen Seufzer das Kochgeschirr an Fridi weiter. Jennifer kippt noch etwas Suppe dazu.

*Komm schon, wer nicht stirbt, wenn er ein Zweieurostück verschluckt hat, der stirbt auch nicht von ein paar Bazillen am Löffel ... wenn es nur nicht grad Reis mit Scheiß wäre ...*

Fridi starrt in das Koschi.

»Du kannst ja nur die Suppe schlürfen, ohne Gemüse und Reis«, flüstert Jennifer ihm ganz leise zu, und in dem Moment spürt Fridi, wie ihm von innen ganz warm wird, und das kommt nicht vom Feuer und ganz sicher auch nicht vom Reis mit Scheiß.

Er taucht den Löffel ins Kochgeschirr und hebt ihn vorsichtig zum Mund. *Denk an die Zwei-Euro-im-Hals-Survival-Regel, Fridi, wer ein Zweieurostück verschlucken kann, kann auch ein paar läppische Löffel Suppe schlucken. Los, komm schon!*

»Und?« Jennifer sieht ihn an.

»Lecker«, sagt Fridi und ist selbst ganz erstaunt, dass die Suppe wirklich viel besser schmeckt, als er dachte. Warm und würzig und auch ein winziges bisschen süß. Vielleicht liegt es aber auch einfach daran, dass sie alle zusammen sind und hier im Wald und um ein Feuer sitzen, unter einem Himmel, der immer dunkler wird. Vielleicht würden ihm jetzt sogar Haferflocken schmecken. *Nee, Quatsch. Ausgeschlossen!*

Fridi reicht das Kochgeschirr an Jennifer. Sie nimmt nur ein paar schnelle Löffel und gibt es dann an Polina weiter. Die zieht die Augenbrauen zusammen. »Wenn einer von euch krank ist und ich mich anstecke, dann seid ihr schuld, wenn ich morgen nicht zur Prüfung kann.«

»Okay«, sagt Zeck. »Daran bin ich gerne schuld.« Er zupft etwas Rinde von einem Baumstamm. »Dann gehst du wenigstens nicht zur Ballettschule.«

Polina guckt auf ihre Turnschuhe mit den ordentlich gebundenen Schleifen. »Ich fände es eigentlich auch schade, wenn ich die Schule wechseln müsste«, sagt sie leise. »Sooo gerne will ich nun auch nicht Tänzerin werden.« Sie rührt gedankenverloren im Koschi herum. »Das ist nämlich ein Knochenjob, du musst jeden Tag hart trainieren bis zur völligen Erschöpfung, und wenn du dich verletzt, hast du Pech gehabt. Und mit dreißig ist dann sowieso Schluss, da ist dein Körper völlig fertig.«

»Hört sich nicht grad nach Zuckerschlecken an«, meint Jennifer.

»Nee«, Polina schüttelt den Kopf, »und man verdient so gut wie nichts. Tanzen, das macht man nicht wegen Geld, sondern weil man es so liebt, das ist so was wie ein Traum, der wahr wird.« Sie seufzt.

»Dein Traum?«, fragt Zeck.

Polina beißt sich auf die Lippen. »Ich hab ziemlich hart trainiert, und meine Mutter hat eine Menge Geld ausgegeben und die besten Privatlehrer bezahlt, und früher habe ich das auch geliebt, zu tanzen, mein ich, da gab es nichts Schöneres für mich.« Sie macht eine Pause. »Außerdem hat es mich abgelenkt, und ich hab nicht so viel an meinen Vater gedacht. Das war so was wie meine Rettung.«

»Und heute?«, fragt Jennifer vorsichtig und wirft einen kleinen Zweig ins Feuer.

»Heute«, sagt Polina nachdenklich, »gibt es auch noch ein paar andere Sachen, die wichtig für mich sind.« Sie sieht ein bisschen verlegen in die Runde.

»Gut so!«, meint Jennifer und lächelt.

»Aber dann verstehe ich nicht ...«, setzt Zeck an.

Doch Polina unterbricht ihn. »Nein, das verstehst du nicht. Deine Eltern sind ja auch anders. Aber meine Mutter, die wünscht sich, dass ich auf diese Schule gehe. Früher, nach der Trennung, da war sie oft so traurig, und immer, wenn ich was Neues gelernt hab, eine Pirouette oder den Pas de chat, oder was richtig gut konnte, dann sah sie, na ja, so richtig glücklich aus. Ich kann sie einfach nicht enttäuschen.«

*Kann ich gut verstehen, ehrlich. Jemanden zu enttäuschen, ist ein ziemlich mieses Gefühl, vielleicht das mie-*

*seste, was es gibt. Da will man sich am liebsten im Kanin-*
*chenloch verkriechen.*

Langsam senkt sich die Dämmerung bis in die Spitzen
der Bäume. Sie sitzen ganz dicht rund um das kleine Feuer
und hören auf das Knacken der Äste und das Knistern der im
Feuer verbrennenden Tannennadeln.

»Hm, riecht gut«, meint Jennifer.

»Finde ich auch.« Polina streicht sich eine Haarsträhne
hinters Ohr.

»Ich schwöre, richtig pfadfindermäßig.« Musti stößt
Fridi an.

»Irgendwie schon.« Fridi nickt langsam.

»Fehlt nur noch ein Lied, die Pfadfinder sitzen nämlich
abends immer ums Feuer und machen eine Singerunde«,
erzählt Zeck.

*Musste er das jetzt sagen?*

»Echt?«, fragt Jennifer.

»Ja«, sagt Fridi. Seine Stimme hört sich ein bisschen kräch-
zend an.

»Schade, dass ich meine Klampfe nicht dabeihab«, seufzt
Zeck. »Also, meine Gitarre.«

»Ja, schade«, meint Polina.

»Aber wir können auch so ein bisschen singen.« Jennifer
wirft einen Tannenzweig ins Feuer, der tausend Funken auf-
stieben lässt.

»Oh, mein Gott, verschon mich!«, stöhnt Polina.

*Aber so was kann sie ja nicht abhalten, also Jennifer*
*jetzt.*

»Was singt man denn da so?«, erkundigt sie sich interessiert.

*Wusste ich's doch!*

Fridi schluckt, er hat auf einmal wieder ziemlich viel Spucke im Mund. »So was wie *Laudato si*«, piepst er.

»Hm, kenn ich nicht.« Jennifer zuckt mit den Schultern.

»Oder *Bella ciao*«, sagt Fridi gleichgültig, die Lieder kennt ja sowieso kein normaler Mensch, das ist schließlich nicht Beyoncé oder ...

»Mensch! Das kenn ich!«, schreit Jennifer. Vor Schreck wäre Fridi fast vom Baumstamm gefallen.

»Ich auch«, meint Zeck. »Tille hat eine Platte mit alten Arbeiterliedern, da ist das auch drauf.«

»Singt doch mal«, meint Musti, und das muss man Jennifer nicht zweimal sagen. Schon schmettert sie los.

»Oh Bella, ciao! Bella, ciao! Bella, ciao, ciao, ciao! Lalala lalalalala lalala la la la la!«

Sie holt Luft. »Leider kann ich nicht den Text, nur den Refrain.«

»Macht doch nichts«, meint Zeck. »Den Text machen wir selber.«

*»Wir sitzen hier, am Lager-feuer*
*Oh Bella ciao! Bella ciao! Bella ciao, ciao, ciao!*
*Wir sitzen hier, am Lager-feuer und ha-ben kei-ne Angst!*
*Wir sitzen hier, am Lager-feuer und ha-ben kei-ne Angst!«*

Sofort singen die anderen mit. Musti klopft auf seinen Schenkeln den Takt dazu. Polina – *aha, jetzt doch!* – und Jennifer singen aus voller Kehle. Zeck singt ... *na ja, um ehrlich zu sein, ziemlich schief.*

»Hier stört es wenigstens keinen.« Jennifer lacht. »Wenn ich zu Hause singe, kommt immer gleich der Nachbar hoch und beschwert sich.«

»Kann ich verstehen!«, kichert Polina. Dann singen die beiden wieder lauthals los.

Jennifer stößt Fridi den Ellenbogen in die Seite. »Komm schon!«

Und da beginnt auch Fridi mitzusingen, erst leise und dann immer lauter. Denn Jennifer hat recht, es stört wirklich niemanden, hier sind nur Bäume und Käfer und Rehe und vielleicht ein paar Maden, und denen ist es völlig egal, ob man schief singt oder gerade, leise oder laut, und so toll singen die anderen schließlich auch nicht. *Also, was soll's?*

*»Wir sitzen hier, am Lager-feuer*
*Oh Bella ciao! Bella ciao! Bella ciao, ciao, ciao!*
*Wir sitzen hier, am Lager-feuer und ha-ben kei-ne Angst!*
*Wir sitzen hier, am Lager-feuer und ha-ben kei-ne Angst!«*

»Echt pfadfindermäßig!« Musti stößt Fridi wieder an und lächelt.

*Und komischerweise fühl ich mich gut dabei. Richtig gut sogar.* Fridi guckt in die lodernden Flammen. Er atmet den Geruch tief ein, diesen Geruch nach Feuer und Rauch und verbrannten Tannennadeln, nach feuchtem Wald und kühler Nachtluft, die, dicht neben ihm, ein winziges bisschen nach Mango duftet.

Musti guckt ins Feuer. »Bei uns ist das so, wenn Ramadan ist, kommen alle am Abend zusammen, meine *anne*, mein *baba*, Serkan, Nilgün, Tante Ayse und Onkel Bülent mit meinen Cousins und manchmal noch Onkel Hassan und Tante Melek, und wir sitzen im Wohnzimmer zusammen und reden. Ich schwöre, fast wie wir jetzt, aber gibt natürlich nicht Reis mit Scheiß, ist ja klar. Meine *anne* kocht, lauter leckere Sachen, Börek und so.« Musti lächelt. »Und irgendwie geht es allen gut, weil man Ramadan geschafft hat und Allah gezeigt hat, dass man an ihn glaubt und bisschen übers Leben nachgedacht hat und so.«

»Find ich gut«, meint Jennifer, »Ramadan müsste Mama auch mal machen.« Sie überlegt. »Ich weiß, ich frag sie einfach, ob wir nächstes Mal mitmachen, nur ohne beten vielleicht, na ja, beten geht noch, das macht Mama auch manchmal, wenn sie an der Kasse steht, dass noch genug Geld auf dem Konto ist oder so, nur mit Gott wird's schwierig. Wär aber ganz gut, wenn sie jemanden hätte, finde ich. Sie schleppt immer alles mit sich rum, Probleme und so. Mit den Männern geht es auch dauernd schief. Mit mir will sie nicht drüber reden und mit Oma schon gar nicht, aber Gott geht vielleicht.«

Musti nickt. »Allah hält eine Menge aus.«

Das Feuer knistert, und der Rauch verliert sich über ihren Köpfen in der Dunkelheit.

Musti legt seinen Kopf auf die Knie. »Mein Vater sagt, wenn er krank wird, kann er zu Nilgün gehen, die wird Ärztin, und wenn er später Streit hat, geht er zu Serkan, der wird Anwalt, ich schwöre, die sind ja auch voll gut in der Schule, und ich, ich soll Automechaniker werden, sagt mein Vater.«

Die Kinder sehen ihn verwundert an. »Automechaniker?«

Musti nickt. »Dann kann ihm im Leben nichts passieren, sagt mein Vater, weil alles, was schiefgehen kann und was teuer ist, machen seine Kinder. Ich mag Autos, aber ich will die doch nicht reparieren, Mann.« Musti guckt auf seine kleinen, knubbeligen Hände. »Ich hab zu meinem Papa gesagt, ich will nicht Automechaniker werden, *baba*. Und mein Papa hat gesagt, was willst du denn machen, Musti, und ich hab gesagt, ich weiß nicht. Aber es ist wichtig, dass du weißt, hat mein Papa gesagt. Und er hat recht.« Musti überlegt. »Ich schwöre, es gibt einfach nichts, was zu mir passt, Mann.«

Zeck überlegt. »Tille ist erst mal rumgereist, und dann hat er dies und das studiert, bis er draufgekommen ist, für die Zeitung zu schreiben. Ist doch normal.«

Polina schüttelt den Kopf. »Ich kann Musti verstehen. Es ist ein gutes Gefühl, einen Plan zu haben, auch wenn der sich später noch mal ändert. Da fühlt man sich irgendwie sicher.«

*Absolut!*

»Also, mein Plan ist, das Leben zu genießen, schließlich haben wir nur eins!«, meint Jennifer.

*Hört sich theoretisch gut an, aber praktisch ist das mit dem Genießen gar nicht so leicht ... Mal ehrlich, das Leben ist nun mal gefährlich, und man muss dauernd aufpassen, dass nicht einer was Blödes zu einem sagt, zum Beispiel wegen Spaghettihaaren oder Segelohren oder pinken Hasenschlafanzügen ...*

Da fällt Jennifer noch etwas ein. »Und, ganz wichtig, Kaugummis! Ich werd in meinem Leben ab jetzt immer darauf achten, dass ich genug Kaugummis in der Tasche habe, die kann ich dann an alle verteilen. Kaugummikauen beruhigt nämlich!«

»Mensch, wenn das deine einzige Sorge ist, Kaugummis! Und das Leben zu genießen! Guck dich doch mal um, die Welt ist voller Probleme, Klima und Kriege und Menschen, die hungern. Armut und Naturkatastrophen.« Zeck holt Luft. Seine Stimme klingt ganz aufgebracht.

»Ja, aber dagegen können wir nichts tun«, mischt sich jetzt Polina ein. Zeck will sie gerade unterbrechen, ist ja klar, dass er das anders sieht, aber Polina spricht ganz ruhig weiter. »Das ist Sache der Erwachsenen und der Politiker. Ich mein, klar, ich kann das Licht immer ausmachen und weniger heizen und mich meinetwegen mit einem Waschlappen waschen und so Strom sparen, und ich kann am Freitag zu den Fridays-for-Future-Demos gehen und von mir aus auch Kartoffelbrei gegen irgendwelche Bilder werfen oder mich an Straßen kleben, um den Autoverkehr lahmzulegen, aber mal ehrlich, was hilft das?«

Zecks Stimme überschlägt sich fast. »Also, es geht darum, ein Zeichen zu setzen und zu zeigen, dass einem nicht alles egal ist! Dann fühlt man sich nicht so alleine und man weiß, dass da ganz viele sind, die genauso denken, und zusammen kann man auch was bewirken. Sonst ändert sich doch nichts!«

Polinas Stimme ist immer noch ganz ruhig. »Was ich sagen will, ist, dass jeder seine eigene Art finden muss, die Welt irgendwie zu verbessern ...«

»Hey, da gibt es doch zu Weihnachten immer diesen Film«, ruft Jennifer aufgeregt, »der Kleine-Schlag-mich-tot, da sagt die Mutter das jedenfalls auch zu dem Jungen, dass jeder die Welt mit seinem Leben ein kleines bisschen besser machen sollte.« Sie strahlt.

Zeck schnauft, und Fridi könnte wetten, dass er dabei die Augen verdreht. »Mann! Das ist ein Scheiß-Weihnachtskitsch-Film. Wir sind hier aber zufällig in der wahren Welt!«

Polina antwortet ganz bedacht und überzeugt von dem, was sie sagt. Auf einmal kann man sich richtig vorstellen, wie sie als Anwältin sein würde. »Aber ich finde, es stimmt. Genau darauf kommt es doch an, jeder muss seine eigene Art finden und was Gutes einbringen, ganz egal was, und da kann man eben auch damit anfangen, dass man Kaugummis verteilt.«

»Genau! Leider hab ich keinen mehr! Sonst würd ich dir jetzt einen geben.« Jennifer stößt Zeck an. »Zur Beruhigung.« Sie seufzt. »Also, Leute, was Süßes wäre jetzt echt nicht schlecht!«

»Oh ja, Mann, was Süßes, so Baklava oder ...!«

»Schokolade«, seufzt Jennifer.

»Also, da hätte ich was«, sagt Zeck und fährt sich durch die Haare.

Die anderen sehen ihn verblüfft an. »Du?«

»Ich schwöre, bestimmt Reiswaffeln oder so Sachen aus dem Bioladen, gesund und ohne Zucker, die nach nichts schmecken«, murmelt Musti.

Jennifer seufzt leise. Zeck fasst in die Seitentasche des Rucksacks. »Die hab ich hier reingesteckt, damit Musti sie nicht aus Versehen alle aufisst.« Er bückt sich und zieht doch glatt – *ich fass es nicht!* – eine riesige Tüte Marshmallows hervor. »Die waren eigentlich für Martha, weil ich, na, ja, ihre letzten einfach weggeschmissen habe.« Er dreht verlegen die Tüte in seinen Händen. Es knistert verführerisch.

»Finde ich lieb von dir«, sagt Polina und stupst ihn an. »Einfach was wegschmeißen, ohne zu fragen, geht gar nicht!« Sie guckt in die Flammen. »Sogar die Fotos von meinem Papa hat meine Mutter alle weggeschmissen. Sie hat mich nicht mal gefragt, ob ich die vielleicht gerne aufheben möchte.«

Zeck wirft Polina die Tüte zu und verschwindet in der Dunkelheit. Die starrt unschlüssig auf die Marshmallows in ihrer Hand und seufzt: »Morgen ist Prüfung.«

»Na und?«, fragt Jennifer.

»Nee, lieber nicht«, murmelt Polina. Sie wirft die Tüte zu

Jennifer, und zwar so flach, dass sie haarscharf über die Flammen fegt.

»Das war knapp.« Jennifer grinst und reißt die Tüte auf. Sofort liegt der süße, zuckrige Marshmallow-Duft in der Luft.

Als Zeck zurückkommt, reicht er jedem einen langen Stock. Die Kinder spießen die Marshmallows auf und halten die Stöcke übers Feuer. Fridi dreht sein Marshmallow langsam und hoch über den Flammen, damit es rundherum schön gleichmäßig geröstet ist.

»Scheiße! Verbrannt!«, ruft Jennifer schon im nächsten Moment.

Fridi hält ihr zögernd seinen Stock entgegen. Vorsichtig zieht Jennifer das braune, klebrige Marshmallow herunter und steckt es sich halb zerlaufen in den Mund. Dann leckt sie sich die weißen Fäden vom Kinn. »So, so gut! Danke, lieb von dir!«

Fridi wird ein minibisschen rot, aber zum Glück sieht man das im Dunkeln ja nicht. Schon spießt er ein neues auf und hält es übers Feuer. Einen Moment sitzen sie nur da und drehen ihre Stöcke und sagen kein Wort. Fridi wirft einen prüfenden Blick auf sein Marshmallow. *Ja, das ist gut.* Was man von Jennifers nicht behaupten kann. Das ist schon wieder so dunkel wie ein Stück Kohle.

»Mist! Mist! Mist!«, flucht Jennifer.

»Kannst meins haben.« Fridi hält ihr seinen Stock hin, und Jennifer steckt sich die Fäden ziehende Masse selig in den Mund. »Du bist der weltbeste Marshmallow-Röster«, schwärmt sie kauend. Und da durchzuckt ihn wieder dieses Gefühl ... *Also echt, vielleicht sollte ich einfach hier sitzen bleiben, für den Rest meines Lebens Marshmallows rösten ...*

»Willst du nicht?«, fragt Zeck und hält Polina seinen Stock hin.

Die guckt einen Moment wie gebannt auf das duftende Marshmallow, presst die Lippen fest zusammen und schüttelt den Kopf. Da lässt Zeck den Stock direkt vor ihrer Nase kreisen. Polina zögert.

»Schön den Mund aufmachen«, lockt Zeck und schiebt ihr die klebrige Süße zwischen die Lippen. Polina seufzt tief, öffnet dann aber den Mund und verspeist das Marshmallow mit einem Haps. Eine Sekunde hört man nichts, dann sagt sie entschlossen: »Ich glaub, ich will noch eins!«

»Alles klar!« Zeck grinst. Das ist sogar im Dämmerlicht des Feuers zu erkennen.

»Tja, wenn man erst mal auf den Geschmack gekommen ist«, schwärmt Jennifer und schiebt sich eins von Fridis Super-Marshmallows in den Mund, »dann will man nichts anderes mehr!«

Musti sagt nichts mehr, aber der Berg Marshmallows auf seinem Schoß schrumpft von Minute zu Minute. Selbst Zeck leckt sich genüsslich die Finger ab.

Als das Feuer runtergebrannt ist und nur noch ein paar kleine Flammen in der Dunkelheit lodern, alle Marshmallows aufgegessen sind und der Himmel voller kleiner Sterne hängt, meint Polina: »Gut, also ich will euch ja nicht stressen, aber ich finde, wir sollten uns dann mal auf den Weg machen, meine Tasche holen.«

Musti stöhnt leise. »Die vergisst auch nie was. Ich schwöre, wir könnten so schön hier sitzen und ...«

»Okay.« Jennifer erhebt sich. »Gesagt ist gesagt!«

# Wenn der Tod an einem Knabbert ...

*Also, ich würde jetzt eigentlich auch viel lieber hier sitzen bleiben ...*

Fridi erhebt sich langsam und streut Sand aufs Feuer, um die letzten Flammen zu ersticken.

»Den Rucksack nehmen wir am besten mit«, meint er zögernd. »Damit ihn niemand klaut.«

*Ich mein, da ist das Messer drin, also das MESSER.*

»Komm schon, wer geht mitten in der Nacht in den Wald und klaut einen Rucksack?«, fragt Zeck.

Doch Musti haut Fridi auf den Rücken. »Fridi hat recht, Mann. Ich schwöre, im Wald passieren die meisten Verbrechen. Stellt euch vor, zwei Verbrecher treffen sich im Wald. Sie sind Komplizen und haben was zusammen geklaut, eine Bank ausgeraubt oder so, und jetzt streiten die sich ums Geld, und der eine bringt den anderen um. Und wie will der den dann wegschaffen?« Er sieht die anderen erwartungsvoll an.

»Keine Ahnung.« Jennifer zuckt mit den Schultern.

»Im Rucksack, Mann!« Musti strahlt.

»Okay, okay, wir nehmen ihn mit«, meint Zeck genervt, »er ist ja auch nicht mehr so schwer.«

Schnell schultert Fridi den Rucksack.

»Nur blöd, dass wir keine Taschenlampe haben«, seufzt Polina und macht ein paar vorsichtige Schritte.

»Taschenlampen sind auf Fahrt verboten!«, stellt Zeck mit wichtigem Ton klar.

»Aber zum Glück scheint der Mond hell, und die Sterne funkeln«, sagt Jennifer und wirft einen Blick in den Himmel und wirklich, sie hat recht. Durch die Zweige der Bäume schimmert das Licht von unzähligen Sternen. »Hey, das hört sich richtig potisch an.«

»Potisch?«, fragt Polina zweifelnd.

»Sie meint was anderes«, erklärt Zeck und buchstabiert: »P o e t i s c h.«

»Pötisch?« Jennifer zieht die Stirn kraus. »Also, das hört sich jetzt echt komisch an, wenn du mich fragst.«

»Poetisch«, korrigiert Zeck.

»O und e ist ö.« Jennifer sieht Zeck triumphierend an. »Das weiß ich zufällig, weil ich mit Opa immer Kreuzworträtsel gemacht habe.«

»Aber in dem Fall nicht.«

»Leute, egal jetzt!«

Langsam machen sich die Kinder auf den Weg, doch soo dunkel ist es tatsächlich gar nicht. Sogar der Mond wirft sein blasses Licht zu ihnen herunter, und irgendwann, nach einer gefühlten Ewigkeit, in der die Kinder dicht aneinandergedrängt vorwärtsstolpern, ruft Zeck: »Dahinten sieht man schon die Scheinwerfer vom Supermarkt!« Er deutet mit dem Kopf geradeaus.

»Puh«, seufzt Polina erleichtert.

Und auch Fridi ist ziemlich froh, dass sie jetzt wieder etwas sehen können, *also so richtig.*

Als sie auf den Parkplatz kommen, kneifen sie im grellen Licht die Augen zusammen.

»Guckt mal, Poppys Auto ist weg!« Polina deutet aufgeregt zu der Stelle, an dem der weiße Van gestanden hat.

»Das gibt's ja wohl nicht! Sie ist heimlich abgehauen«, sagt Jennifer verblüfft.

»Sie hat uns voll hopsgenommen«, stellt Musti fest.

»Von wegen bestes Abendessen«, seufzt Jennifer.

»Also, mir kam die ja gleich komisch vor.« Polina streicht sich das Haar aus der Stirn.

»Ich schwöre, ich hab gedacht, die ist ehrlich, die hält ihr Versprechen«, murmelt Musti.

Langsam gehen die Kinder weiter. Die Straßenlaternen werfen warme orangegelbe Lichtflecken auf die Bürgersteige. »Es war ihr bestimmt peinlich«, beginnt Jennifer. »Ich mein, dass sie uns nicht zum Essen einladen konnte. Womit denn auch, wenn sie kein Geld hat? Über manche Sachen kann man eben nicht sprechen.«

»Ich finde, man kann über alles sprechen«, sagt Zeck überzeugt. »Das ist wichtig, sonst verändert sich ja nichts.«

»Nur weil du über alles sprechen kannst, heißt das aber noch nicht, dass das alle können. Manche schämen sich auch. Mama zum Beispiel würde nie jemandem sagen, wenn wir mal wieder superknapp sind. Nicht mal Oma. Und wenn wir in der Schule einen Ausflug machen, so wie den zu Karls Erdbeerhof, und es ist Ende des Monats, und ich weiß, dass Mama nicht mehr so viel übrig hat, dann sag ich das Mama gar nicht erst. Ich mein, sie arbeitet schon so viel und macht Nachtschichten und so, aber es reicht irgendwie trotzdem nie.«

»Stimmt«, überlegt Polina, »du warst an dem Tag nicht da.«

»Ich hab Mama gesagt, dass ich Kopfschmerzen habe. Hey, wer isst schon gerne Erdbeeren?«

»Du hast vollkommen recht, Erdbeeren schmecken scheuß-lich.« Zeck rempelt gegen Jennifer.

»Igitt, Erdbeeren!« Polina schüttelt sich.

»Ich krieg von Erdbeeren immer Ausschlag«, meint Fridi, denn das Letzte, was Jennifer haben will, ist sicherlich so ein fieser, juckender Hautausschlag.

»Das nächste Mal bleiben wir einfach alle zu Hause«, meint Polina, »und machen zusammen was Schönes.«

»Aber beim nächsten Mal bist du sowieso nicht mehr da-bei, wenn alles gut geht«, sagt Zeck und sieht Polina ernst an.

»Richtig!« Polina bleibt einen kurzen Augenblick im Licht-kegel einer Laterne stehen und geht dann langsam weiter.

»Okay, da hinten ist es.« Zeck senkt seine Stimme.

»Leute, ich hab kein gutes Gefühl«, flüstert Jennifer und krallt sich an Fridi fest. *Wahrscheinlich, weil ihre Nase nicht juckt.*

»Selber schuld!«, zischt Polina. »Wenn du meine Tasche nicht stehen gelassen hättest ...«

»Ja, ja, schon gut!« Jennifer rollt genervt mit den Augen.

Vor dem Gartenzaun des GRAUENS gehen die Kinder in Deckung. Im Haus ist alles dunkel.

»Der schläft bestimmt«, flüstert Zeck, aber ganz sicher hört sich das nicht an.

»Ist doch gar kein Problem, wir schaffen das«, sagt Jenni-fer mit fester Stimme.

»Halt, Mann«, meint Musti. »Was ist, wenn er eine Alarm-anlage hat oder eine Kamera?«

»Oh, mein Gott!« Jennifer schlägt sich die Hand vor den Mund.

»Ich schwöre, das sind Beweise, wenn er damit zur Polizei geht, hängen die dann überall so Fahndungsfotos von uns auf.« Musti nickt gewichtig mit dem Kopf.

*Hilfe! Wenn Papa so ein Fahndungsfoto von mir sieht ...* Fridis Herz schlägt gleich ein bisschen schneller, also nicht ein bisschen, sondern so in Hüpfern.

»Das ist mir völlig egal, wir gehen jetzt da rein und holen meine Tasche!«, sagt Polina ungerührt.

»Okay, okay, okay«, flüstert Jennifer. »Wir gehen jetzt alle ganz leise in den Garten und suchen die Tasche, und wenn wir sie haben, schleichen wir uns wieder raus. Ganz einfach.«

»Und die Kameras?«, fragt Musti besorgt.

»Ach, der wird schon keine haben«, Jennifer winkt ab, »außerdem ist ja es dunkel, da erkennt man uns nicht.«

»Ich sag nur Infrarot, damit kann man einen auch im Dunkeln erkennen.«

»Leute, wir sollten hier nicht ewig rumstehen, das fällt auf.« Zeck tritt unruhig von einem Bein auf das andere. Zum Glück ist weit und breit kein Mensch zu sehen.

Fridi ist schon wieder ganz starr, klarer Fall von paralysiertem Kaninchen.

Jennifer sieht Fridi an und weiß natürlich gleich Bescheid. »Du bleibst hier und schreist, wenn was ist.« Sie tippt ihm gegen die Brust.

Fridi schluckt. Er ist sich jetzt nicht sicher, ob aus seiner Kehle überhaupt noch ein Ton kommt, die fühlt sich wieder an wie verstopft.

Im Nu sind die anderen übers Tor geklettert und verschwunden. Wieder ist er allein. Fridi kneift die Augen zusammen und starrt in den Garten. Er sieht nicht mehr als ein paar Schatten, die durch die Dunkelheit huschen. Fridis Finger umklammern

den Gartenzaun. Er drückt so fest, dass kleine braune Lack-
splitter an seiner Haut kleben bleiben. Alles ist gespenstisch
ruhig. *Oh Mann, wo bleiben die denn? Sooo lange kann das
doch gar nicht dauern.*

Und dann, plötzlich, geht das Licht im Haus an. *Oh, mein
Gott, war ja so klar!* Fridi zuckt zusammen. Vor Schreck vergisst er vollkommen zu atmen. Mit aufgerissenen Augen
starrt er in den Garten und versucht, irgendetwas zu erkennen. Er sieht den hellen Lichtfleck einer Balkontür und – das
GRAUEN! Es steht in einem grauen Morgenmantel in der ge-
öffneten Tür und sieht in den Garten. Fridis Herz klopft laut
und schnell, so laut, dass das GRAUEN bestimmt gleich he-
rausgestürmt kommt, um zu fragen, was los ist.

Aber alles bleibt ruhig, erschreckend ruhig.

Eine Sekunde lang glaubt er, Jennifer gesehen zu haben,
aber im nächsten Moment geht die Lampe wieder aus, und
der Garten liegt so still und finster da wie zuvor. Das GRAUEN
ist verschwunden. In Fridis Kopf flitzen die Gedanken hin
und her wie Silberfischchen. *Da stimmt was nicht! Irgendetwas ist passiert. Was ist, wenn das GRAUEN die anderen
erwischt hat? Was ist, wenn es sie eingesperrt hat und jetzt
die Polizei ruft? Fridi Schulze, ganz ruhig bleiben, Survival-
Regel Nummer eins: Keine Panik, sonst bist du gleich verloren. Tief durchatmen. Denk nach, los, komm schon, Fridi!
Okay, okay, okay. Ich könnte losschreien. Aber Schreien kann
auch genau falsch sein ... Bloß, was dann? Survival-Regel
Nummer sieben: Wer ein Zweieurostück verschlucken kann,
der kann eigentlich alles. Ich geh da jetzt rein und gucke
nach.*

Fridis Herz hämmert so stark, dass es ihm fast aus der

Brust springt. Er hebt schon ein Bein übers Tor, da fällt es ihm ein. *Die Kameras! So eine Scheiße. Wenn das GRAUEN wirklich eine Kamera installiert hat, vielleicht sogar infrarot, wäre es natürlich vollkommen hirnverbrannt, in seinen Garten zu spazieren und sich filmen zu lassen. Aber ich kann die anderen auch nicht hängen lassen ... Ich muss mich irgendwie tarnen, nur wie? Ich hab nichts dabei, nicht mal mein Käppi. Doch! Ich hab was!* Hastig zieht Fridi den Hasenschlafanzug aus dem Rucksack. Eine Sekunde lang steht er mit dem weißen Puschelschwänzchen in der Hand da. *Soll ich das jetzt wirklich?*

Aber es gibt keine andere Möglichkeit. Schnell schlüpft Fridi in den pinken Schlafanzug und zieht den Reißverschluss zu. Er sieht an sich runter. Jedes Stück von ihm steckt in dem riesigen weichen Plüschkostüm. Zuletzt setzt er noch die Kapuze mit den Hasenohren auf. *Perfekt!* Nie im Leben ist er so zu erkennen, absolut keine Chance! Trotzdem spürt er, wie das Kaninchen in ihm drin zittert, vom Puschelschwänzchen bis zu den Hasenohren.

*Fridi Schulze, reiß dich zusammen. Denk an die Zwei-Euro-im-Hals-Regel. Los jetzt!*

Vorsichtig klettert Fridi über den Zaun. Er hört sein Herz in der Dunkelheit schlagen. Ganz langsam schleicht er durch den Garten. Da, plötzlich vernimmt er ein leises Pfeifen. Das ist eindeutig Jennifer! Sein Herz macht einen aufgeregten Hüpfer. Fridi dreht sich um.

»Hier«, flüstert da eine gedämpfte Stimme. »Wir sind hier im Schuppen.«

Ganz, ganz langsam schleicht Fridi auf einen kantigen Umriss zu, der in einer Ecke des Gartens steht.

Jennifer drückt ihren Kopf an das vergitterte Fenster. »Mensch, bin ich froh, dich zu sehen!«, flüstert sie.

»Echt gut, dass du kommst.« Auch Zeck hört sich richtig erleichtert an.

»Ja, Mann!«, stöhnt Musti.

»Hat aber ganz schön lange gedauert«, zischt Polina.

»Wir haben uns aus Versehen eingesperrt«, flüstert Jennifer aufgeregt. »Das GRAUEN hat die Tasche hier in den Schuppen gelegt, und als wir sie endlich gefunden hatten, ist plötzlich das Licht im Haus angegangen. Vor Schreck sind wir hier rein, um uns zu verstecken, und Musti hat die Tür zugemacht, und jetzt kommen wir nicht mehr raus.«

Vorsichtig drückt Fridi die Klinke runter, und die Tür springt auf.

»Gott sei Dank.« Mit einem Seufzer kommt Jennifer ihm entgegengefallen. »Ich dachte schon, unser letztes Stündlein hat geschlagen.«

»Ich auch!«, stößt Zeck hervor.

Musti atmet erleichtert aus. »Ich schwöre, Mann, ich hab immer an das blutverschmierte Messer gedacht!«

Alle drängen gleichzeitig durch die Tür ins Freie. Ohne Zeit zu verlieren, huschen sie durch den Garten. Polina und Zeck klettern schon übers Tor. Fridi und Musti sind gleich hinter ihnen. Bis ein leiser Schrei sie alle zusammenzucken lässt. Jennifer! Da direkt neben Fridi, im Gras, liegt ... *Ja, das ist sie, eindeutig.* Ihr türkiser Pullover leuchtet sogar im Dunkeln.

»Aua, ich bin in das Loch vom Mandelbaum gefallen«, jammert Jennifer. In der nächsten Sekunde hört man sie fluchen: »Scheiße!«, und im Gras herumtasten. »Mir ist die Tasche ausgekippt«, flüstert sie hektisch. Fridi bückt sich zu ihr runter. Gerade als er ihr den Arm entgegenstreckt, um sie aus dem Loch zu ziehen, huscht plötzlich ein heller Lichtstrahl über sie hinweg.

»Kommt raus! Ich weiß, dass ihr da seid!«, dröhnt eine Stimme.

*Mein Gott, mein GOTT, MEIN GOTT!*

Jennifer rappelt sich hoch und packt seine Hand. »Los, wir müssen uns verstecken!« Fridi kann sich nicht bewegen. Aber Jennifer schleift ihn einfach hinter sich her. »Komm, hier rüber.« Mit einem Ruck reißt sie ihn mit sich, aber dann, plötzlich, spürt Fridi gar nichts mehr. *Wo ist sie?* Fridi sieht sich panisch um. *Jennifer ist einfach weg!* Mit einem taumelnden Sprung – *na ja, eigentlich ist es mehr so was wie ein Sturz* – rettet er sich hinter einen Bretterverschlag. Sein Herz pocht heftig, seine Ohren rauschen. *Und gleich, gleich sterbe ich bestimmt vor lauter Schreck. Klappe zu, Kaninchen tot.*

Fridi schließt die Augen, da ...

... nagt auch schon der Tod an ihm. Nagt, oder besser: knabbert. *Knabbert?* Ganz langsam dreht er sich um. Kaninchen! Ein ganzer Verschlag voller Kaninchen, die in engen Boxen sitzen und ihre zuckenden Näschen durchs Gitter strecken. *Kaninchen sind nicht gefährlich! Kaninchen sind ... kuschelig und extrem süß!* Die weißen Kaninchen drücken sich ans Drahtgeflecht und säuseln mit den Zähnen. *Kann aber sein, dass es grad auch nur in meinen Ohren saust.* Eins stellt sich sogar auf die Hinterpfoten, als wolle es ihn begrüßen. *Wie niedlich!* Fridi steckt einen Finger durchs Gitter, und das Kaninchen beginnt sofort, daran zu schnuppen. *Morgen ist Schlachttag!*, schießt es ihm durch den Kopf. Fridi horcht. Alles ist ruhig. Der Gedanke kommt ihm ganz plötzlich, und ohne, dass er überhaupt darüber nachdenken kann, löst er den ersten Haken. Seine Finger zittern ein bisschen, als er auch den nächsten Haken aufklickt und den nächsten und den nächsten und den nächsten. Sofort hüpfen die dicken Kaninchen aus den Verschlägen. »Los, lauft!«, sagt Fridi leise. »Lauft, schon!« Dabei wedelt er ein bisschen mit den Armen, und wirklich setzen sich die Tiere jetzt in Bewegung und hoppeln in alle Richtungen davon. Weiße Flecken in der Dunkelheit.

Nur eins sitzt immer noch verängstigt im Käfig. Ein kleines weißes mit so karamellbraunen Tupfen. Ganz hinten drückt es sich eng an die Bretterwand. Hockt einfach da wie erstarrt.

»Lauf doch!«, flüstert Fridi. »Du bist frei!«

Doch das Kaninchen guckt Fridi nur aus seinen schwarzen, weit aufgerissenen Augen an und rührt sich nicht. »Ich weiß ganz genau, wie du dich fühlst«, flüstert Fridi. *Kaninchentotalstarre, logisch!*

Er streckt seine Hand aus. *Wie weich und warm das Fell ist!* Das Näschen schnuppert, die Ohren zucken, und er fühlt das kleine Kaninchenherz schlagen. *Zweihundert Schläge in der Minute, mindestens! Omas außer Kontrolle geratenes Hypnose-Pendel ist nichts dagegen!* Einen Moment zögert er, dann fasst Fridi einfach zu. Er schiebt seine Hände unter das weiche Fellknäuel und hebt es behutsam heraus. Zuerst zappelt das Kaninchen mit den Beinen, und Fridi erschrickt so, dass es ihm fast aus den Händen rutscht, doch dann drückt er es einfach gegen seinen Hasenschlafanzug, und da wird es auf einmal still, ganz still.

»Hab keine Angst«, flüstert Fridi. Er presst das Kaninchen

fest an sich. Sein Rücken schrappt am Bretterverschlag entlang, als er sich ganz langsam vorwärtsschiebt. Weiter, immer weiter. Bis im Haus plötzlich schon wieder das Licht angeht und der grelle Schein einer Taschenlampe durch den Garten flitzt. Eine Sekunde lang ist Fridi wie erstarrt, das Kaninchen eng an sich gedrückt, und dann rennt er einfach los. Um dem Lichtkegel auszuweichen, schlägt er Haken, als hätte er sein Leben lang nichts anderes getan, nach rechts und links, und da ist ja auch schon das Tor!

»Halt! Stehenbleiben! Oder ich rufe die Polizei!«, donnert das GRAUEN, das in den Garten geschlurft kommt und wild mit der Taschenlampe herumfuchtelt. Fridi hält das Kaninchen ganz fest.

»Da bist du ja endlich!«, ruft Jennifer, die am Tor schon ungeduldig auf ihn wartet und die Arme nach ihm ausstreckt. Bei seinem Anblick kann sie sich ein Kichern allerdings nicht verkneifen. *Typisch!*

Gemeinsam ziehen sie Fridi übers Gartentor, und bevor das GRAUEN auch nur einen Schritt gemacht hat, rennen sie los. Fridi wirft noch einen schnellen Blick über die Schulter – *man kann ja schließlich nie sicher sein, ob der nicht doch plötzlich losrennt oder eine Waffe aus dem Morgenmatel zieht* –, doch das GRAUEN steht einfach nur da, im Schein seiner Taschenlampe, mit seinen zu großen Hausschuhen und mit zerwuscheltem Haar, und guckt ihnen nach. Fridi rennt so schnell, dass er unter dem Hasen-Onesie zu schwitzen beginnt.

Jennifer schwingt die Balletttasche über dem Kopf. Zeck zieht Polina mit sich, und auf Mustis Rücken hüpft der Rucksack hin und her, aber wenigstens klappert er nicht mehr. Sie rennen und rennen. Fridi hat das Gefühl, dass das Blut wie Quecksilber durch seinen Körper schießt. Irgendwann bleiben sie erschöpft stehen. Niemand folgt ihnen. Nur eine Katze verschwindet hinter einer Ligusterhecke.

»Leute, das war was.« Zeck lacht aufgekratzt. »Mensch, wie der Typ rausgeschlurft kam mit der Taschenlampe in der Hand.«

»Ja, Mann, und wie er gebrüllt hat, er ruft die Polizei. Ich schwöre, ich hätte mir fast in die Hose gemacht!«, schnauft Musti, stützt die Hände auf die Knie und atmet tief durch.

»Und dann waren da plötzlich überall weiße Hasen auf dem Rasen.« Polina lacht ausgelassen. »Vielleicht hab ich mir die aber auch nur eingebildet.«

»Nee, nee, ich hab die auch gesehen!«, ruft Jennifer. Und Musti gluckst: »Ich auch, Mann! Aber ich dachte, ich hab Halluzidingsbums, weil ich so lange nichts gegessen hatte, ich mein, außer Suppe.«

»Das war ich«, sagt Fridi. Plötzlich wird ihm ganz mulmig zumute. »Ich hab sie freigelassen, weil sie doch morgen geschlachtet werden sollten, und ich hab gedacht, so haben sie vielleicht noch eine Chance.«

»Oder wenigstens einen schönen Abend.« Zeck grinst.

Jennifer seufzt: »Muss doch schrecklich sein, in einem engen Käfig zu hocken und darauf zu warten, dass man geschlachtet wird.«

»Na, zum Glück wissen sie das ja nicht«, meint Zeck.

»Ich glaub, die spüren das!«, sagt Polina nachdenklich.

»Auf alle Fälle!«, meint Jennifer voller Überzeugung. Sie beugt sich zu Fridi. »Und was hast du da?« Das kleine Kaninchen ist in seinem plüschigen Onesie fast nicht zu sehen.

»Ein Kaninchen«, stammelt Fridi. »Ich hab's mitgenommen, weil es nicht weghoppeln wollte.«

»Süüß!«, ruft Jennifer. Das Kaninchen liegt ganz ruhig in Fridis Armen.

Musti guckt Fridi an. »Richtig gute Tarnung!«, meint er und nickt. »Ich schwöre, ich hab mich voll erschreckt, Mann! Ich dachte, da ist ein Monsterhase, aber dann hab ich gesagt: Denk nach, Musti, so große Hasen gibt's nicht, und dann noch pink ...« Er lacht und boxt Fridi ein bisschen in die Seite. »Du hast es echt drauf, Mann.«

Da muss auch Fridi ein bisschen kichern, weil er aber Angst hat, dass das Kaninchen zu sehr durchgerüttelt wird, beißt er sich ganz schnell auf die Lippe. *Aua!*

Jennifer zupft ihn an einem Hasenohr. »Jedenfalls echt niedlich!« *Na ja, und wie sie dabei lächelt ...*

»Ich würde sagen, wir haben uns alle einen dicken Hortenpott verdient!«, stellt Zeck fest.

»Ich schwöre, wir sind echt ein starkes Team«, meint Musti zufrieden.

»Ja, du Otto!« Jennifer lacht.

»Otto? Mit der Mütze, nee, Mann. Ich bin lieber Yüksel, der ist auch mit im Team. Yüksel ist echt schlau und sieht gut aus und ist hilfsbereit und mutig, genau wie ich, Mann.« Musti bleibt mit einem Ruck stehen. »Ich schwöre, jetzt weiß ich, was ich werden will! Ich werde Kommissar. Das ist es, Mann!« Er strahlt so hell wie der Stern, den Mama zu Weihnachten immer ins Fenster hängt.

»Würde passen.« Polina nickt.

Musti ist ganz aufgeregt. »Ich schwöre, das wär auch gut für *baba*, Mann, wenn der wieder mal falsch parkt.«

»Aber dafür sind doch die vom Ordnungsamt zuständig«, gibt Zeck zu bedenken.

»Ach«, Musti winkt ab, »wenn ich denen sage, drückt ein Auge zu, dann machen die das auch. Ich bin schließlich Kommissar, Mann. Dann kann ihm im Leben echt nichts mehr passieren.« Er fasst sich an die Brust. »Mustafa Onur. Kriminalkommissar. Na, wie hört sich das an?«

»Echt gut«, sagen Jennifer und Zeck wie aus einem Mund.

Musti lächelt den ganzen Weg selig vor sich hin. Als sie am Parkplatz ankommen, bleiben die Kinder verblüfft stehen.

»Träume ich?« Polina reibt sich die Augen.

»Da steht ja Poppys Wagen!«, ruft Jennifer.

Und wirklich, der weiße Van steht wieder auf seinem alten Platz, als wäre er nie weg gewesen.

# Melonen-Kaugummis

»Hallo, da seid ihr ja«, begrüßt Poppy sie schon von Weitem. »Kommt, bevor das Essen kalt wird.«

Als sie näherkommen, sehen sie, dass Poppy den Campingtisch festlich gedeckt hat. Auf einer blauen Tischdecke mit einem Mond und lauter Sternen – *eindeutig ein Kissenbezug* – steht im gleißenden Parkplatzlicht eine Platte mit Hummer, Lachsschnittchen, Pasteten, Weißbrot und Kräuerbutterklecksen in Form von mehrblättrigen Blüten.

Jennifer bleibt der Mund offenstehen. »Wo haben Sie denn das alles her?«, staunt sie.

»Haben Sie etwa ein Restaurant ausgeraubt?«, fragt Musti streng.

»Ich hab so meine Quellen.« Poppy macht ein geheimnisvolles Gesicht. Als ihr Blick auf Fridi fällt, wird ihre Stimme ganz schwärmerisch. »Ich hatte auch mal so einen Schlafanzug, der war wahnsinnig warm, da brauchten wir nachts nicht zu heizen.«

Fridi zieht etwas verlegen die Schultern hoch, die Spucke schluckt er einfach schnell runter.

Hungrig nehmen die Kinder auf den Holzbänken Platz. Zeck und Polina besetzen die Spezialplätze im aufgeklappten Kofferraum.

»Greift zu!« Poppy strahlt.

Das mit dem Zugreifen lassen sie sich nicht zweimal sagen. Sie sitzen im Flutlicht des Parkplatzes und essen Lachs,

Hummer, Zuchinipasteten und andere Delikatessen, die alle irgendwie fremd und besonders schmecken.

»Reis mit Scheiß war ja ganz gut, aber das hier ist echt was anderes«, meint Zeck.

Musti ist so mit Essen beschäftigt, dass er bloß versonnen nickt. Irgendwie sieht selbst Naruto glücklich aus.

Fridi knabbert mit einer Hand an einem Stück gebuttertem Weißbrot. Mit der anderen hält er das Kaninchen auf seinem Schoß fest und streichelt sacht über sein samtig weiches Fell.

»Jetzt sagen Sie aber endlich, wo Sie das herhaben.« Zeck schlürft etwas Lauchcremesuppe aus einem Pappbecher und guckt die alte Frau neugierig an.

Poppy beißt von einer Hühnerkeule ab und meint, noch halb kauend: »Nach Mitternacht gibt es bei der Stadtmission immer alles, was in den feinen Restaurants und Hotels nicht aufgegessen wurde. Heute gab's 'ne ganze Menge. Und da meine Freundin Rita bei der Essensausgabe arbeitet und ich ihr oft zur Hand gegangen bin, hat sie mir ausnahmsweise was davon mitgegeben. Das ist sozusagen mein Abschiedsgeschenk.« Poppy hält dem Kaninchen die Petersiliengarnierung unter die Nase.

»Was haben Sie eigentlich gearbeitet?«, fragt Jennifer und schiebt sich ein Lachsschnittchen in den Mund.

»Ach, so dies und das«, meint Poppy. »Gekellnert, bei der Tankstelle gejobbt und in einem Kino, bei der Post gearbeitet, bei McDonald's und in einem Eisladen, ich kann gar nicht alles aufzählen. Irgendwie hab ich immer gedacht, ist ja noch Zeit, ich finde schon das Richtige für mich, und plötzlich hab ich festgestellt, dass ich ja schon ziemlich alt bin.« Sie zuckt mit den Schultern. »Irgendwie geht es immer weiter. Daisys

Tochter betreibt eine kleine Frühstückspension in Griechenland, die hat gerade eine Tochter gekriegt, da kann ich mich
erst mal nützlich machen.« Sie überlegt einen Augenblick.
»Und Elvis setz ich auf einem sonnigen Hügel zwischen Oran-
genbäumen aus. Bei Schildkröten geht das. Sie folgen einfach
ihren Instinkten und leben ihr Leben.«

*Elvis hat es gut. Ich mein, der läuft auf seinen abgewetz-
ten Schildkrötenkrallen einfach los und macht sich keine
Gedanken. Warum kann mein Leben nicht auch so einfach
sein? Wenigstens zehn Prozent davon wären schon nicht
schlecht.*

Das Kaninchen knabbert vergnügt an dem Petersilienstän-
gel. Fridis Hände sind ganz warm, warm und ruhig. Und genau so fühlt er sich auch überall in sich drin.

»Wie soll es denn heißen?«, fragt Jennifer und krault das
Kaninchen hinter den Ohren.

Fridi überlegt. Doch dann, ganz plötzlich, fällt es ihm ein.
»Schnurzelchen«, sagt er und grinst.

Jennifer geht mit ihrem Gesicht ganz nah an das Kaninchen heran. »Hallo, Schnurzelchen«, murmelt sie. »Meine
neue Zahnbürste heißt Jennifer, die ist elektrisch, ich sag dir,
die hat irre viel Energie, wie ich. Die fegt nur so durch meinen Mund.«

Jetzt muss Fridi lachen. *Kann ich mir echt gut vorstellen!*
»Also, ich bin satt!«, stößt Zeck plötzlich hervor.

»Ich auch!« Jennifer streckt die Beine weit von sich.

Selbst Polina hat sich den Bauch mit Hummerhäppchen
vollgeschlagen.

Fridi rülpst leise. »Oh, Entschuldigung.« Er hält sich schuldbewusst die Hand vor den Mund.

Sofort muss auch Musti laut losrülpsen, doch er entschuldigt sich kein bisschen, sondern zieht nur vielsagend die Augenbrauen hoch, was wohl so viel heißt wie: Keiner rülpst so laut wie ich. Da macht plötzlich Polina den Mund auf, und ein gewaltiger Rülpser, der aus den Tiefen ihres Körpers zu kommen scheint, dröhnt durch die Luft.

»Wow!« Jennifer ist tief beeindruckt. »Nicht schlecht. Also der Hortenpott geht eindeutig an Polina!«

Polina wird ein bisschen rot, lächelt aber sichtlich zufrieden. Sie liebt es eben zu gewinnen, egal wobei.

Gemeinsam tragen sie die Bänke noch zum Blumenladen auf der anderen Seite des Parkplatzes und helfen Poppy, ein wenig aufzuräumen.

»Dann gehen wir jetzt mal«, meint Zeck.

»Können Sie vielleicht Schnurzelchen nehmen?« Fridi sieht die alte Frau zögernd an. *Ich hab irgendwie gar nicht darüber nachgedacht, was ich mit ihm mache.*

Poppy nickt. »Schnurzelchen passt auch noch irgendwie ins Auto. Sehr heldenhaft übrigens, dass du dem kleinen Kerl hier das Leben gerettet hast.« Sie rüttelt Fridi ein bisschen an der Schulter.

»Aber er will es einfach nicht glauben«, meint Jennifer bekümmert. »Dass er ein Held ist, mein ich.«

»Wieso nicht?«, fragt Poppy.

»Ein Held ist irgendwie was anderes«, sagt Fridi ausweichend, ihm wird gleich wieder warm und seine Ohren, na ja ...

»Das wollen wir doch gleich mal sehen!« Poppy tippt auf ihrem Handy herum. »Also, hier steht es: *Ein Held ist jemand, der sich mit Unerschrockenheit und Mut einer schweren Aufgabe stellt oder eine ungewöhnliche Tat vollbringt, die ihm Bewunderung einbringt.* Ich würde sagen, das ist dir voll und ganz gelungen«, stellt sie fest.

*Meint sie das jetzt wirklich ernst?*

»Absolut.« Jennifer strahlt.

»Kann man so sagen. Du hast eine schwere Aufgabe bewältigt und eine ungewöhnliche Tat vollbracht, und außerdem warst du unerschrocken«, sagt Zeck.

»Ja, Mann, wir bewundern dich voll.« Musti haut Fridi auf die Schulter. Der wird natürlich gleich wieder rot, aber das macht nichts. Im grellen Parkplatzlicht sehen sie ja alle irgendwie orange aus. Fridi gibt Poppy das Kaninchen in die Hand. Und ihm ist von einer Sekunde auf die andere so, als ob ihm etwas fehlt.

Die Kinder streicheln dem Kaninchen zum Abschied noch mal übers Fell. Fridi geht mit seinem Kopf ganz dicht an das Kaninchenohr heran. »Schlaf gut!«

»Ich wünsche euch auch eine gute Nacht.« Poppy lächelt.

»Können Sie denn bei dem Licht überhaupt schlafen?«, erkundigt sich Jennifer.

»Ich klemm so Schutzfolien vor die Fenster, die halten gleichzeitig auch noch warm, das funktioniert ganz gut. Zum Glück ist es ja sowieso meine letzte Nacht hier.«

Die Kinder winken der alten Frau noch einmal zu, und Musti nimmt dieses Mal den Rucksack ganz freiwillig auf den Rücken. »Jetzt hab ich wieder Kraft, Mann.«

So ziehen sie los. Tausend Sterne stehen am Himmel, und der Mond scheint so hell durch die Zweige, als wollte er ihnen den Weg leuchten. *Echt potisch!*

»Will einer einen Kaugummi?«, fragt Musti beiläufig und fasst in seine Hosentasche.

Jennifer bleibt stehen und starrt ihn fassungslos an. »Damit rückst du jetzt erst raus? Du hattest die ganze Zeit Kaugummis in der Tasche, ist das dein Ernst?«

Musti druckst ein bisschen herum. »Das ist meine eiserne Reserve, Mann. Ich schwöre, hab ich an Ramadan immer dabei, falls der Hunger mal zu doll wird, damit ich bisschen was kauen kann. Aber morgen ist ja Zuckerfest, da kann ich wieder essen!« Er strahlt übers ganze Gesicht und verteilt ein wenig zerknirscht die Kaugummis.

»Melone! Oh, mein Gott, wie lecker!« Jennifer schiebt sich einen Kaugummi in den Mund und beginnt, andächtig zu kauen.

»Einer ist übrig«, stellt Musti fest.

»Den krieg ich!«, bestimmt Polina, und obwohl Jennifer protestieren will und Musti schon wieder das Wasser im Mund zusammenläuft, sagen sie kein Wort, sondern überlassen Polina den allerletzten Kaugummi. Vielleicht einfach, weil es eine so schöne Nacht ist, in der niemand streiten will. Schweigend gehen sie weiter.

»Also, das ist schon gruselig, hier so ganz alleine nachts im Wald«, flüstert Polina irgendwann mit leiser Stimme.

»Finde ich auch«, meint Jennifer und hakt sich bei ihr ein.

»Na ja, vielleicht ein klitzekleines bisschen.« Zecks Stimme klingt tatsächlich etwas belegt. »Wenn man drüber nachdenkt, jedenfalls.«

»Oah, ich schwöre, so ein Wald ist der perfekte Ort für ein Verbrechen, Mann. In den Krimis liegen da immer so Tote verbuddelt, und man stolpert andauernd über Leichen.« Mustis Stimme erschaudert.

»Ihh!«, ruft Polina.

»Stellt euch mal vor, wir stolpern über eine Leiche«, flüstert Jennifer.

»Nee, so was will ich mir gar nicht vorstellen«, sagt Polina.

Im selben Moment beginnt Jennifer auch schon zu schreien.

# Atmende Dunkelheit und scheppernde Fanta-Dosen

»Da hinten! Da hinten ist was!«

»Wo?«, ruft Polina aufgeregt.

»Na, da hinten! Schwarze Schatten oder so.«

Die Kinder starren in die Dunkelheit. Und jetzt sehen die anderen es auch! Die dunklen Umrisse bewegen sich in einem ziemlichen Tempo genau auf sie zu. Die Luft vibriert regelrecht von ihrem schweren Atem.

»Was ... was ist das?«, haucht Polina und klammert sich an Zeck fest.

»Hat vielleicht noch jemand Haferbrei in der Tasche?«, flüstert Jennifer und kichert aufgeregt.

*Oh Mann!*

Die Schatten schieben sich immer dichter an sie heran. Ihr Schnaufen kommt immer näher.

Fridi räuspert sich. »Survival-Regel Nummer eins: Keine Panik, schön ruhig bleiben, sonst bist du verloren.«

Da drehen die massigen Gestalten plötzlich ab und verschwinden in Richtung See.

»Das war knapp«, pfeift Jennifer. »Was war das, Mann?«

Musti ist immer noch geschockt. »Ich schwöre, lasst uns lieber schnell abhauen, bevor die wiederkommen.«

Und schon rennen sie los. Fridi macht ein paar schnelle Schritte. *Aber kann mir vielleicht mal jemand sagen, warum es plötzlich so dunkel ist?*

»Wir müssen zusammenbleiben!«, ruft Zeck. »Fasst euch mal an!«

Jennifer greift nach Fridis Hand und hält auf der anderen Seite Zeck fest, der Polina im Schlepptau hat, an der Musti hängt. »Wartet auf mich, Mann.«

»Leute, ich weiß nicht mehr, wo die Kothe ist«, meint Zeck etwas ratlos. Sie stehen irgendwo im *mittlerweile ziemlich finsteren* Wald und versuchen, etwas in der Dunkelheit zu erkennen, doch es schieben sich immer mehr Wolken über den Himmel. Aus ist es mit der sternenklaren Nacht und von einer Kothe ist absolut nichts zu sehen.

»So ein Mist! Ich hätte schwören können, dass sie da hinter den Bäumen steht, aber ich seh sie einfach nicht.«

*Survival-Regel Nummer drei: Spätestens zur Nacht musst du einen Unterschlupf gefunden haben, sonst ...*

»Dann geh ich zu Poppy, da pass ich noch ins Auto«, jammert Polina. Im nächsten Moment hört man nur noch einen erstickten Schrei und ein Stöhnen.

»Was ist passiert?« Jennifers Stimme zittert vor Angst.

»Ich bin gestolpert«, stöhnt Polina.

»Komm, ich helf dir.« Zeck tastet sich durch die Dunkelheit und hilft Polina beim Aufstehen.

»Hast du dir wehgetan?«, fragt Jennifer.

»Ich hab mir das Knie aufgeschürft, sonst ist, glaub ich, alles okay. Aber es blutet ein bisschen.«

»Hast du Verbandszeug oder was zum Desinfizieren mit?« Zeck stupst Fridi an.

»Nein, das sollte Zottel mitbringen«, sagt Fridi mit tonloser Stimme.

»Also, alles, was wichtig ist, hat dieser Zottel«, schimpft Polina. »Wenn ihr mich fragt, ist das auch absolut hirnrissig, auf so eine Fahrt keine Taschenlampen mitzunehmen. Was hat man bitte davon? Dass man sich im Stockdunkeln verläuft oder verletzt. Ich hab mir den Fuß gebrochen, aber ich hab kein elektrisches Licht angemacht, na prima. Kann vielleicht bitte einer mal die Taschenlampe von seinem Handy anmachen? Der Spaß ist vorbei. Das ist jetzt echt ernst.«

»Ich fürchte, das geht nicht«, meint Zeck.

»Du lässt jetzt sofort diesen Schwachsinn!«, schreit Polina. »Das ist ein Notfall!«

»Geht echt nicht«, meint Musti.

»Jetzt hört auf mit dem blöden Fieselschweifkram. Das hier ist das echte Leben! Und wir sind nun mal keine Pfadfinder.« Polinas Stimme ist jetzt so scharf wie die Schneidekante von gewissen Messern, die Fridi tief unten in seinem Rucksack versteckt.

»Mein Akku ist leer, Mann, weißt du nicht mehr?«, meint Musti kleinlaut.

»Und Elisas Licht ist schon lange futsch. Die Arme, sie ist echt alt geworden«, seufzt Jennifer.

»Kannst sie ja in ein Seniorenheim für altersschwache Handys geben«, scherzt Zeck.

»Scheiße, das ist ein HANDY, kein Mensch«, zischt Polina, doch im nächsten Moment schluchzt sie auch schon los. »Ich will doch nur ein bisschen Licht!«

»Schon klar. Aber wir haben kein funktionierendes Handy«, stellt Zeck noch mal fest. So richtig traurig scheint er darüber allerdings nicht zu sein. Außerdem hat er bestimmt nichts dagegen, wenn Polina morgen wegen ihrer Fußverletzung nicht zur Prüfung gehen kann.

»Aber das von Fridis Mama!«, ruft Polina triumphierend.

»Nein, das hat nur noch wenig Akku, und den brauchen wir für unsere Mission«, bestimmt Zeck.

»Mission Fieselschweif«, sagt Musti. »Weißt du?«

»Ich scheiß auf eure Mission!«, ruft Polina.

»Die Taschenlampe an ihrem Handy ist sowieso kaputt«, sagt Fridi kleinlaut. *Stimmt auch!*

Einen Moment ist es still.

»Ich hab morgen diese blöde Prüfung, und wenn ich da nicht lebend ankomme oder mir jetzt auch noch die Beine breche, dann war alles umsonst!«

Die Kinder sind ganz still. Keiner weiß, was er sagen soll. Nur Jennifer fasst nach Polinas Hand. »Komm. Das kriegen wir schon hin.«

Die Dunkelheit hängt wie eine Decke über ihnen. Ganz langsam bewegen sie sich vorwärts. »Ich hab mal gelesen, dass man auf die Wunde pinkeln soll, wenn man kein Desinfektionszeug hat!«, fällt Jennifer plötzlich ein.

»Bäh! Das ist ja eklig! Wo hast du das denn gelesen?« Polina spuckt die Worte fast aus dem Mund.

»Weiß nicht mehr.« Jennifer zuckt mit der Schulter. Aber das spürt nur Fridi, weil er so dicht neben ihr geht und ihm gleich wieder so eine kleine Duftwolke in die Nase steigt.

»Hab ich auch gelesen«, sagt Fridi schüchtern. »Na, ihr könnt ja von mir aus auf eure Wunden pinkeln, solange es euch Spaß macht, ich jedenfalls nicht! Man kann sich ja nicht mal waschen.«

»Hier!«, ruft Musti plötzlich ganz aufgeregt. »Hier, Mann. Seht ihr!« Neben ihnen scheppert etwas in der Finsternis. »Die Dose hab ich vorhin auf einen Stock gespießt, damit wir uns nicht verlaufen, hab ich mal in einem Krimi gesehen, ich schwöre, Moos an den Bäumen ist ja schön und gut, Mann, aber eine Fanta-Dose ist besser«, sagt Musti zufrieden. »Nur weil die Kothendingsda schwarz ist, sieht man die im Dunkeln nicht, aber wir sind gleich da.«

»Hoffentlich hast du recht«, meint Polina.

Vorsichtig schieben sie sich weiter durch den Wald. Es ist, als ob die Äste die Dunkelheit zwischen sich festklemmen. »Da ist sie!«, jubelt Polina und streckt die Arme aus.

»Puh, geschafft!«, ächzt Zeck.

»Allah, danke!«, stöhnt Musti.

Dann hört man einen Schmatz und Jennifers Stimme, die liebevoll sagt: »Kotze, du bist unsere Rettung!«

Und dagegen kann jetzt nicht mal Polina irgendetwas sagen.

# Die Weite des Universums

Schnell kriechen alle in die Kothe, die mit der Finsternis zusammengeschmolzen und so zu einem Teil der Nacht geworden ist.

»Ich seh überhaupt nichts«, flüstert Jennifer und tastet sich an den Kothenbahnen entlang, bis sie endlich den Eingang findet. Schnell schlüpfen die Kinder ihr hinterher. Und obwohl sie nur durch eine Haut von der Nacht getrennt sind, fühlen sie sich hier drin irgendwie sicher. Durch das Loch in der Decke dringt der schwache Schein des Mondes, der nicht mehr ist als ein matter Lichtfleck in der Ferne.

»Okay, wer liegt wo?«, fragt Jennifer.

*Also, eigentlich krieg ich ja immer die Schlafstelle an der Tür, die sonst keiner haben will ...*

»Ich brauch Platz«, meint Zeck, »sonst kann ich nicht atmen.«

»Ich will aber neben dir liegen«, sagt Polina kleinlaut, »dann hab ich weniger Angst. Und neben Musti. Wenn ein wildes Tier kommt, dann hat es mit ihm erst mal genug zu tun.« Sie kneift ihm in die Seite.

»Ey, ich hau dich gleich!«, ruft Musti.

»War doch nur ein Scherz«, meint Polina beschwichtigend. »Naruto schmeckt denen garantiert nicht!«

»Also, mir ist egal, wo ich liege. Wenn ich schlafe, schlafe ich, Mann.« Musti rollt sich in einer Ecke der Kothe zusammen und zieht, immer noch etwas beleidigt, ein Stück Decke über sich.

Fridi legt sich neben ihn, dann kommen Jennifer, Polina und Zeck in der anderen Ecke.

»Mir ist kalt«, jammert Polina.

»Komm zu mir unter den Schlafsack«, meint Zeck, »der ist ganz warm.«

»Hey, ich will auch noch eine Ecke.« Jennifer hält entrüstet den Schlafsack fest. Aber Fridi schiebt ihr ein Stück von der Fleecedecke rüber, die teilt er sich mit Musti. Die ist ziemlich warm und riesig.

»Bestimmt XXL«, vermutet Jennifer, die jetzt rechts die Decke und links eine Ecke des Schlafsacks festhält.

»Klar, im Auto ist es nachts ja bestimmt auch nicht so warm«, meint Polina. Einen Moment hängen ihre Worte in der Kothe.

»Schlimm, dass Poppy kein Zuhause hat«, sagt Jennifer.

»Im Auto zu schlafen, ist bestimmt ziemlich unbequem.« Polina gähnt. »Ich meine, stellt euch mal vor, alles, was man besitzt, passt in ein Auto.«

»Dein ganzer Kleiderschrank würde jedenfalls nicht reinpassen«, stellt Jennifer fest.

»So viele Kleider hab ich gar nicht«, verteidigt sich Polina. »Wenn ich mir was aussuchen müsste, würde ich jedenfalls Tscheburaschka mitnehmen, mein Kuscheltier. Das hab ich schon, seit ich klein bin.«

»Und ich Püppi«, meint Jennifer.

»Ich würde auf alle Fälle meine Lieblingsbücher einpacken und meinen Parka und meine Humming Bird«, sagt Zeck.

»Was ist das?«, flüstert Jennifer und kichert.

»'ne Gitarre, Mensch.«

»Ach so.«

»Mein Handy!« Mustafa denkt einen Augenblick nach. »Ich schwöre, ich würde mein Handy mitnehmen, da kann man Musik hören, Filme gucken, telefonieren, bisschen zocken ... das ist klug, weil es einem immer helfen kann. Außerdem kann man Serien gucken, ich schwöre, ohne *Ein starkes Team* geht gar nichts. Ich brauch in meinem Leben einfach den Krimi, Mann.«

»Aber man kommt auch ganz gut ohne Handy klar, wie du siehst.« Die Bemerkung lässt sich Zeck nicht nehmen.

»Finde ich auch«, stimmt Polina ihm zu. »Auch wenn ich jetzt nicht weiß, wer alles durchgefallen ist. Na ja, ist vielleicht auch ganz gut so.«

»Ich weiß ja nicht, Mann.« Musti wälzt sich ein bisschen. »Leichter wäre auf alle Fälle mit.«

»Bin ich mir nicht so sicher.« Polina stockt. »Es kann ganz schön belastend sein, immer zu wissen, was die anderen so machen, was sie essen, wie viel sie trainieren, irgendwie hat man da immer gleich ein schlechtes Gewissen. Aber gleichzeitig will man auch nichts verpassen.«

»Stress pur!«, stellt Zeck fest.

»Ein bisschen vielleicht«, sagt Polina leise.

Einen Moment herrscht Schweigen.

»Und du«, fragt Jennifer und stupst Fridi in die Seite, »was würdest du mitnehmen?«

*Ich hab echt keine Ahnung!*

»Weiß nicht«, flüstert er und zieht sich die Decke noch ein Stückchen weiter über die Nase.

Die Kinder liegen in der Dunkelheit und lauschen. Der Wind zerrt an der Kothe.

»Es knackt überall«, flüstert Polina.

»Vielleicht gibt es ja auch Wölfe hier, ich hab gehört, dass es in deutschen Wäldern wieder ziemlich viele Wölfe geben soll«, sagt Zeck nach einer Weile mit erstickter Stimme.

»WÖLFE!« Polina fährt hoch. »Das glaube ich jetzt nicht, ich mein, dass es hier echt Wölfe gibt. Die kommen immer gleich in ganzen Rudeln, wenn sie einen angreifen.«

»Jetzt beruhig dich mal wieder. Wenn wir ihnen nichts tun, dann tun sie uns auch nichts«, erklärt Zeck, aber seine Stimme hört sich nicht ganz so überzeugt an wie sonst immer. »Um ehrlich zu sein, hab ich auch Schiss!«, meint er nach einer Weile.

»Ja, Mann, mit denen kann man nicht diskutieren.« Musti lacht. »Also, könnt ihr uns vielleicht mal sagen, warum ihr uns mitten in der Nacht angreift, das kann man auch anders regeln ...«

»Ha, ha«, sagt Zeck, dann ist es still. Nur aus Mustis Ecke ertönt noch ein leises Glucksen.

»Huhuhuuuuu«, heult Jennifer. *Dieses Mädchen hat wirklich vor gar nichts Respekt! Nicht mal vor Wölfen. Ich mein, HALLO? Wölfe!*

»Ich finde das gar nicht witzig«, sagt Polina beleidigt. *Also, ich auch nicht!*

»Mama, da war was!«, schreit Polina plötzlich. »Ein Wolf!«

»Das war ich«, flüstert Jennifer, »also, mein Haarreif, den hab ich abgenommen.« Sie kichert.

Dann ist es wieder still. Man hört nur das leise Rascheln des Schlafsacks. Und einen ziemlich lauten Furz.

»Boa! Damit könnte man Tote wecken.« Zeck hustet.

»Mit dem Ton oder mit dem Gestank?«, erkundigt sich Polina. Man hört, dass sie sich dabei die Nase zuhält.

»Mit beidem«, stöhnt Zeck.

»Wer war das, Mann?«, fragt Musti. »Ich schwöre, die ganze Luft ist verpestet!«

»Oberste Survival-Regel: Pupsen im Zelt ist verboten«, meint Fridi in ernstem Ton.

Und da muss Jennifer so loskichern, dass sie kaum noch Luft kriegt. »Ich mach mir gleich in die Hose«, japst sie, und dann kichert sie weiter.

»Untersteh dich!«, ruft Polina und zieht am Schlafsack. »Pinkelt die in den Schlafsack! So weit kommt's noch!«

Fridi rutscht auch lieber gleich ein Stückchen weg. »Schon gut, ich muss ja gar nicht.« Langsam beruhigt sich Jennifer wieder.

»Also, Leute, wer war das? Hand aufs Herz«, fragt Zeck. »Wer hat gefurzt?«

*Ein bisschen fühlt man sich dabei so, als wenn Zeck einen fragt, ob man seinen Durstlöscher einfach ins Gebüsch geschmissen hat, ertappt! Obwohl ich meinen Durstlöscher ganz sicher nicht ins Gebüsch schmeiße. Und gefurzt hab ich auch nicht!*

»Immer der, der fragt«, meint Jennifer schlau.

»Ich doch nicht«, stottert Zeck, und Fridi könnte wetten, dass er jetzt gerade wieder ziemlich rot im Gesicht ist.

»Egal«, gähnt Musti, »zum Glück ist ja ein Furzloch in der Decke, und der Geruch fliegt raus.« Im nächsten Moment dreht er sich um. »Morgen ist Zuckerfest! Gute Nacht.« Und seine Stimme hört sich so zufrieden und schläfrig an, dass

Fridi fast ein bisschen neidisch wird. Er kann leider nicht so schnell einschlafen. Auf Fahrt hat er eigentlich überhaupt nie ein Auge zugemacht. Kaninchen sind Beutetiere, deshalb schlafen sie immer nur kurz und nie besonders tief, es könnte ja jederzeit ein Feind auftauchen ... *Und dir eine Kröte in den Schlafsack stecken oder deine Füße mit Margarine einreiben ...* Fridi lauscht. Der Wind fegt über die Kothe und zerrt heftig an der Plane. *Also, das ist schon ein bisschen unheimlich.*

Die anderen schlafen schon alle. Man hört ihren gleichmäßigen Atem. Musti neben ihm schnarcht leise. Nur Fridi kann einfach nicht. Zu Hause hört er zum Einschlafen ja immer ein Hörspiel, dabei fallen ihm dann irgendwann von ganz alleine die Augen zu. *Wie bitte soll ich einschlafen, ohne die Fünf Freunde?* Dafür kommen gleich ein paar Ängste in ihm hoch, zum Beispiel, *dass das GRAUEN sicher schrecklich wütend wird, wenn es mitkriegt, dass seine Kaninchen nicht mehr da sind, vielleicht geht es sogar zur Polizei, und wenn das Krankenhaus nun doch ein Überwachungsvideo von uns hat, und was mach ich bitte, wenn die zwei Euro da unten nie wieder rauskommen?* Die Gedanken ziehen wie lose Wollfäden durch seinen Kopf. Plötzlich muss Fridi daran denken, dass alles irgendwann einmal aufhört, und dieser Gedanke ist nun wirklich so unfassbar schrecklich, der Gedanke ans Nichts, der ihn hier unten in seinem Schlafsack so verdammt bedeutungslos macht, dass ihm ganz beklommen zumute wird. Da liegt er unterm schwarzen Himmel in der Kothe irgendwo mitten im Wald, und das ganze Universum um ihn rum ist so riesig und gigantisch, dass man sich so winzig fühlt.

»Siehst du den Stern?«, flüstert Jennifer da auf einmal, und ihr Atem kitzelt ihn am Hals, so dicht rutscht sie zu ihm heran. *Sie ist also doch noch wach!* Unwillkürlich macht sein Herz einen Satz.

Fridi guckt zu dem Loch in der Kothe, über dem tatsächlich ein Ministern funkelt, der ist so klein, dass man ihn fast nicht sieht. Fridi nickt, auch wenn sie das in der Dunkelheit vielleicht gar nicht sehen kann, aber es steckt schon wieder was in seiner Kehle.

»Ich mag Sterne«, flüstert Jennifer, und es durchfährt Fridi wie ein Blitz: *Hat sie da gerade meinen Arm berührt?* Er liegt ganz still. *War das jetzt nur aus Versehen?* Fridi hält die Luft an, er traut sich nicht, sich zu bewegen, aber da streicht die Hand schon wieder über seinen Arm. *Also, das kann jetzt wirklich kein Zufall sein, oder?*

»Dein Schlafanzug ist so weich. Ich brauch immer Fell, das ich streicheln kann, so wie Püppi«, flüstert Jennifer, aber Fridi kann nichts sagen. Er wüsste auch gar nicht, was. Alle Gedanken in ihm drin sind auf einmal still ... da ist nur noch was Minimales: *Das heißt ja dann irgendwie, dass sie an einen ziemlich klein geratenen Rehpinscher denkt, wenn sie über meinen Arm streichelt ... aber das Wichtigste ist, dass sie überhaupt über meinen Arm streichelt ... Außerdem mag sie diesen Rehpinscher sehr, sehr gerne!*

»Ich hab noch nie ohne Püppi geschlafen.« Jennifers Stimme klingt im Dunkeln ganz anders, irgendwie zarter, ein bisschen, als hätte sie Nebel geschluckt. »Darf ich mich an dich kuscheln?«

*Ja! Ja! Ja!*

Natürlich kann er das nicht sagen, *klar!* Sein Hals ist jetzt vollkommen zugeschnürt, es ist, als ob ein Korken, eine Streichholzschachtel, ein Zweieurostück, was auch immer da drin feststeckt. Also nickt er bloß wieder in der Hoffnung, dass sie es versteht. Und offensichtlich hat sie es verstanden! Sie rutscht näher an ihn heran. Fridis Herz hüpft, als hätte es Schluckauf. Er versucht, ganz ruhig liegen zu bleiben, während Jennifer ihren Kopf an seinen Arm schmiegt. *Jetzt nur nicht bewegen, nicht bewegen.*

Er spürt ihre Hand, und er riecht den zarten, süßen Duft, der zu ihm herüberschwappt, immer wenn Jennifer ihren Kopf bewegt. Und das alles zusammen fühlt sich ziemlich gut an, so gut, dass die Weite des Universums für einen Moment ganz dicht an ihn heranrutscht und ihn wärmt.

»Hast du schon mal jemanden geküsst?«, flüstert Jennifer jetzt ganz leise.

*Vielleicht hab ich mich ja auch verhört, und sie hat gefragt, ob ich schon mal jemanden gedisst hab oder so? Also, diese Frage kann ich ganz klar mit Nein beantworten, ich hab noch nie jemanden gedisst, also fertiggemacht und irgendwie schlecht behandelt, ein klares Nein, und ja, was das andere betrifft, auch nein.*

Jennifer stößt ihn mit dem Ellenbogen an. »Ob du schon mal jemanden geküsst hast?«, fragt sie, diesmal schon lauter.

*War ja klar, dass sie das gemeint hat. Also, ich hab Mama geküsst und Oma auch. Papa nur manchmal, also nicht so oft ... Oh Mann, wenn ich jetzt nicht antworte, schreit sie vielleicht noch lauter, und dann werden alle wach und kriegen das mit ... Ist doch logisch, dass sie was anderes meint. Mütter und Omas zählen nicht. Los, Fridi Schulze, sag endlich was!* Er räuspert sich. Und bevor Jennifer, die schon wieder

Luft holt, ihm die Frage noch mal stellt, flutscht ein kleines heiseres »Nein« aus seinem Mund. *Eigentlich ein Wunder, wie es an dem Korken vorbeigeschlüpft ist.*

»Hab ich mir gedacht«, sagt Jennifer zufrieden und kuschelt sich in seinen Arm. Sie liegen ganz still, aber Fridis Herz klopft wie verrückt. *Hat sie schon mal jemanden geküsst? Frage ich sie jetzt natürlich nicht, logisch. Dabei wüsste ich es wirklich gerne. Bestimmt! Oder nicht? Ach, keine Ahnung.*

Plötzlich fällt ihm ein, dass er ja noch seinen Kaugummi im Mund hat. Wenn man einen Kaugummi in der Nacht verschluckt, kann das fatal enden. Daran kann man ersticken, ganz klar! Oder, das hat er von Oma, die Kaugummis können sich im Magen sammeln, und weil sie sich ja nie auflösen, hat man über die Jahre dann einen Kaugummiballen im Magen. *Ich mein, so viele Kaugummis hab ich in meinem Leben jetzt noch nicht runtergeschluckt, um genau zu sein, noch keinen einzigen, aber trotzdem!*

»Was hast du mit deinem Kaugummi gemacht?«, flüstert er Jennifer zu. Es ist auch ganz gut, über handfeste Sachen wie Kaugummis zu reden, da kommt sie nicht auf die Idee, ihm noch mehr so peinliche Fragen zu stellen.

»Ich hab ihn mir hinters Ohr geklemmt«, flüstert Jennifer mit schläfriger Stimme zurück.

*Sieht man's mal wieder, darauf wäre ich gar nicht gekommen.* Fridi nimmt den Kaugummi aus dem Mund und klemmt ihn sich hinters Ohr.

»Leute?«, fragt Polina in die Dunkelheit.

*Oh nein!!! Ist sie etwa noch wach? Dann hat sie ja alles gehört …*

»Was ist?«, fragt Zeck.

*Manno! Der auch noch!*

»Was will sie jetzt schon wieder?«, fragt Musti im Halb-schlaf.

*Na toll!*

»Ich finde es grad ziemlich gemütlich«, wispert Polina. »Übrigens ...«, setzt sie an, und ihre Stimme klingt so, dass Fridi ganz genau weiß, was jetzt kommt!

*Also, da halte ich mir jetzt lieber doch ganz schnell die Ohren zu ...*

*la la la........la.............la.........., okay!*

»... aber lass mir auch noch 'n bisschen Schlafsack. Meine Füße sind kalt«, sagt Zeck.

Und dann schlafen sie wie die Kaninchen, dicht anein-andergekuschelt, alle nacheinander ein, und obwohl Jenni-fers Kopf langsam ganz schön schwer wird, zieht Fridi sei-nen Arm nicht weg. Er bewegt sich kein bisschen. *So will ich einschlafen, genau so, mit dem Geruch von Mango um mich rum.* Bald wird er so müde, dass alle Gedanken verstummen, fast alle. Den letzten hält er fest: *Die fünf Freunde sind hier, bei mir, also eigentlich alles wie immer, nur viel, viel besser.* Ein paar Bäume rauschen in der Dunkelheit. Irgendwo hoch oben schreit eine Eule. Und sonst nichts.

# Erstes Umstyling

»Leu-te?«

Einen Moment weiß Fridi nicht, ob er Polinas Stimme nur im Traum hört, doch als er vorsichtig zwinkert, sieht er, wie die erste helle Morgensonne durch das Loch in die Kothe fällt.

»Wie spät ist es?«

Polina ist schon wach und streckt sich. »Ich hab wahnsinnig gut geschlafen, eigentlich so gut wie schon lange nicht mehr!«

»Ich auch, Mann.« Musti strahlt. »Heute ist Zuckerfest!«

»*Happy bayram!*«, meint Zeck verschlafen.

»Danke, Mann!«

»Ist das wie Weihnachten?«, fragt Jennifer mit geschlossenen Augen.

»Ungefähr, aber nicht ganz«, meint Musti. »Also ohne Weihnachtsbaum und so. Die Kinder gehen rum zu ihren Freunden und Verwandten und kriegen von ihnen Süßigkeiten und Geld geschenkt, und die Familie ist zusammen, wir essen und feiern und so. Also, bisschen ähnlich schon, aber lustiger.«

»Dann kriegst du heute Süßigkeiten?«, erkundigt sich Jennifer und schlägt die Augen auf.

Musti nickt. »Ich schwöre, ich gehe zuerst zu Onkel Kaplan, der hat einen Späti. Der gibt uns immer die besten! So Snickers und Bueno und Chips.«

»Also, Bueno mag ich auch!«, seufzt Polina. »Haben wir nur nie, weil meine Mutter so was natürlich nicht kauft. Höchstens mal Reiswaffeln mit Schoko oder so.« Sie seufzt. Es scheint ganz so, als hätten die Marshmallows gestern Abend sie auf den Geschmack gebracht ...

»Leute, hört auf, von Essen zu reden, mein Magen ist noch ganz voll von gestern«, stöhnt Zeck.

Die anderen nicken. Ihre Mägen sind ebenfalls noch mit den mitternächtlichen Häppchen gefüllt.

»Also, jetzt ist mir wieder kalt!« Polina fröstelt und zieht sich den Schlafsack bis zur Nasenspitze.

»Mir nicht! Der Onesie neben mir war so kuschelig wie Püppi!« Jennifer guckt Fridi an und lächelt, doch das Lächeln erfriert auf ihren Lippen und weicht eindeutig einem Ausdruck des Entsetzens. Dabei starrt sie Fridi unverwandt an.

»Was ist?«, fragt der unsicher.

Jennifer zeigt auf seinen Kopf, oder nein, auf seine Haare. »Du hast es wirklich gemacht?«

»Was?«, fragt Fridi verwirrt, er versteht nicht so ganz. Was soll er wirklich gemacht haben?

»Du hast ihn dir hinters Ohr geklebt.«

*Was soll ich mir denn hinters ...* Langsam fasst er sich ans Ohr. Und fühlt etwas Klebriges, Warmes. Eindeutig, der Kaugummi! Er klebt noch immer fest, bloß nicht mehr hinter seinem Ohr, sondern so ziemlich überall.

»Mensch, das war ein Scherz!«, meint Jennifer betroffen.

»Sag das noch mal!« Polina fährt hoch wie eine Rakete, und Fridi weiß wirklich nicht, warum sie sich jetzt so aufregt, bis er einen Blick zu ihr rüber wirft. Ihre Haare sind im unteren Teil, also etwa von der Schulter bis zur Hüfte, mit klebrigen Kaugummifäden durchzogen. Entsetzt starrt Polina auf ihre Haare.

»Hey, Leute, ich hab doch gesagt, dass war nur ein Witz«, stottert Jennifer.

»Na toll! Das ist ja wieder mal typisch!« Polina wirft Jennifer ihren Killerblick zu. »Ich war gestern schon so müde, und als du Fridi gesagt hast, er soll seinen Kaugummi hinters Ohr klemmen, da hab ich gemerkt, dass ich meinen ja auch noch hatte, und ... Woher sollte ich denn bitte wissen, dass das nur ein beschissener Witz war?« Polina schlägt sich die Hände vors Gesicht.

Vorsichtig tastet Fridi seinen Kopf ab, und so ziemlich überall fühlt er Kaugummifäden mit Haaren dazwischen. Seine ganze linke Seite ist vollkommen verklebt.

»Ich versteh das nicht. Nur ein kleiner Kaugummi«, stottert Jennifer und guckt zwischen Polina und Fridi hin und her.

»Das kommt durch die Wärme und weil ihr die ganze Nacht schön drauf gelegen und euch gewälzt habt.« Zeck schiebt sich die Hände unter den Kopf und gähnt.

»Danke, Schlaumeier«, zischt Polina.

»Deine eigene Schuld! Hättest du mal nicht zwei genommen«, meint Musti, ist aber gleich still, als Polina ihn mit ihrem Blick durchbohrt und gegen die Kothe nagelt.

Zeck guckt von Fridi zu Polina. »Ich würd sagen, du hast noch Glück gehabt.«

»Glück gehabt!«, faucht Polina und setzt ihren Killerblick auf.

*Wow, gleich dreimal hintereinander, das ist rekordverdächtig!*

Sie zupft an ihren Haaren herum. »Sag mir mal lieber, was ich jetzt machen soll. Ich mein, das ist ... das ist ...«

*... ja, sag's ruhig, das ist so ziemlich das Schlimmste, was*

einem mit seinen Haaren so passieren kann, außer in einen elektrischen Mixer zu geraten vielleicht. *Also, vielleicht. Und hey, du hast noch Glück gehabt, guck bitte mal mich an, blöde Kuh!*

»Das ist echt eine riesengroße Scheiße!« Zeck guckt Polina an. »Aber es sind ja nur die Spitzen, also fast.«

»Nur die Spitzen? Sag mal, hakt es?«, schreit Polina, und dann schluchzt sie los. »Wie soll ich denn so zur Prüfung gehen?«

Jennifer rutscht näher an Polina und befühlt die Kaugummiknubbel. »Wartet mal, Leute, ich hab eine Idee!«

»Na toll, wieder eine von deinen super Ideen! Na, da bin ich aber gespannt«, stößt Polina hervor. *Ich auch!*

Jennifer springt auf und wühlt im Rucksack herum, bis sie die Packung Margarine in der Hand hält.

»Soll ich mir jetzt vielleicht ein Brötchen schmieren, oder was?« Polina ist kurz davor zu explodieren.

Jennifer räuspert sich. »Ich hatte mal die ganzen Haare voller Hüpfknete, und da hat Mama mir Butter reingeschmiert, und damit ist sie wirklich rausgegangen.« Jennifer sieht Fridi an und nimmt eine Handvoll Margarine.

»Halt!«, ruft Polina. »Ich zuerst! Meine Haare sind länger. Sonst reicht es nachher nicht mehr!«

»Okay.« Jennifer verteilt circa zwei Kilo Margarine in Polinas Haaren.

»Mehr!«, verlangt Polina.

»Okay.« Jennifer nimmt noch eine ganze Handvoll ...

*Also, ein bisschen eklig ist das schon!*

... und knetet die Haare durch, doch außer, dass sie sehr, sehr fettig werden, tut sich nichts. Absolut nichts.

»Also, wir lassen es erst mal einwirken!«, sagt Jennifer in bestimmtem Ton und schmiert Fridi den kläglichen Rest Margarine in die Haare.

*Wenn das Ganze nicht so eine Scheißkatastrophe wäre, dann würde ich das jetzt sogar schön finden, wie sie so in meinen Haaren herumwuschelt. Obwohl es natürlich ziemlich krass nach Margarine riecht. Davon kann man schon in Ohnmacht fallen ... Ist aber meine einzige Chance, wie es aussieht. Oh, bitte mach, dass es funktioniert, bitte, bitte!*

»Nee«, Jennifer schüttelt den Kopf, »keine Chance! Kaugummi ist echt was anderes als Hüpfknete.«

»Aber was mach ich denn jetzt?«, stottert Fridi.

»Die Frage ist wohl eher, was ich jetzt mache!«, schreit Polina. »Könnt ihr mir das bitte mal sagen?«

»Abschneiden!«, sagt Jennifer trocken. »Es gibt keine andere Möglichkeit!«

*Alles, nur das nicht! Dann sieht man ja sofort wieder meine Ohren, und das wäre ... das wäre echt schrecklich. Also, noch schrecklicher als Kaugummi in den Haaren, oder? Oder auch nicht. Um ehrlich zu sein, sind beide Möglichkeiten nicht gerade the yellow of the egg.*

»Abschneiden?« Polina blitzt Jennifer an.

»Oder wir lassen es einfach so«, stottert Jennifer.

»Es so lassen? Spinnst du, bist du vollkommen irre, guck mich doch mal an.«

»Mach ich die ganze Zeit«, meint Zeck. »Ich bin mir sicher, dass dir kürzere Haare richtig gut stehen würden.«

Polina klappt der Mund auf und wieder zu.

»Ja«, bestätigt Jennifer schnell. »Das ist jetzt sowieso voll in Mode, so halblang!«

»Echt?«, fragt Polina, immer noch ziemlich schroff.

»Ja!« Jennifer nickt. »Hab ich gelesen. Und bei *Germanys Next Topmodel*, da haben die jetzt auch alle kürzere Haare.« Sie macht eine wegwerfende Handbewegung. »Lang ist total langweilig, echt total out.«

Polina schließt die Augen. »Also gut. Man kann es ja jetzt schließlich nicht ändern, machen wir das Beste draus.« Sie schlägt die Augen wieder auf. Die Kinder sehen sie verwundert an.

»Das nennt man Pragmatismus«, meint Polina hochnäsig.

»Ute ist auch pragmatisch, das muss man als Anwältin auch sein, sagt sie«, erklärt Zeck.

Polina hebt ihren Kopf gleich ein Stückchen höher, und *erscheint da jetzt wirklich ein kühles Lächeln auf ihren Lippen?*

*Hey, Leute, und was ist mit mir? Ich hab ein viel größeres Problem, ein mördermäßiges Riesenproblem: Denn was, bitte, mach ich mit meinen Ohren?*

Fridi merkt, wie ihm die Tränen in die Augen schießen. *Nein, nein, nein, jetzt nur nicht losweinen! Das ist so was von uncool.*

Er zwingt sich, die Tränen runterzuschlucken, aber da kommen immer noch mehr. Fridi kneift die Augen zu.

»Ist es, weil dein Papa schimpft?«, fragt Jennifer mitleidig.

Fridi schüttelt den Kopf. »Mein Papa findet meine Haare sowieso viel zu lang«, drückt er mit gepresster Stimme hervor und schluchzt.

»Aber was ist es dann?«, fragt Jennifer.

Doch das kann Fridi natürlich unmöglich sagen. *Ich mein, wie hört sich das denn an? Ich brauch die langen Haare, da-*

*mit sie meine außerirdisch rot leuchtenden Ohren verde-*
*cken? Die dazu auch noch abstehen wie zwei Sonnensegel.*
*AUF GAR KEINEN FALL!*

»Jetzt mal ehrlich, es sind nur Haare!«, meint Zeck.

»Ja, die wachsen wieder.« Jennifer nickt.

»Ich schwöre, sooo megatoll ist deine Frisur ja nun auch
wieder nicht.« Musti sieht Fridi an. »Ist okay, aber nicht der
Burner, weißt du, was ich meine?«

»Sag's doch einfach, wie es ist«, meint Polina und sieht in
die Runde. »Also, um meine Haare ist es echt schade. Aber
deine Haare sehen komplett bescheuert aus.« Die anderen
gucken sie böse an. »Na, was denn? Ist doch so? Ihr traut
euch nur nicht, die Wahrheit zu sagen. Er sieht aus, als hätte
ihm jemand einen Topf Spaghetti über den Kopf geschüttet.
Wie ein Vollhonk.«

*Okay, sie hat wahrscheinlich recht, ziemlich sicher so-*
*gar, aber ...*

»Meine Ohren«, stottert Fridi leise. »Ich mein, wenn ich
meine Haare abschneide, dann sieht man meine Ohren.«

*So, jetzt ist es raus!*

»Na und?«, meint Jennifer verständnislos. »Was ist mit
deinen Ohren?«

*Ha, ha! Als ob!*

»Na, sie stehen ab, und und sie fangen an zu glühen, wenn
ich rot werde.« Fridi sieht die anderen nicht an. Seine Stimme
ist ganz leise.

*Was ich sehe*

*Tannennadeln*

*Ein braunes Blatt*

*ein Blatt, ein Blatt, ein Blatt*

»Also, ich find Segelohren toll«, meint Jennifer.

*Meint sie das jetzt wirklich so?*

»James Bond zum Beispiel hat ganz tolle Segelohren, also, ich meine natürlich Daniel Craig.«

»Den find ich auch toll!«, ruft Polina begeistert. »Oder Will Smith, den Rapper.«

»Ronaldo auch, Mann«, sagt Musti mit Ehrfurcht in der Stimme. »Ich schwöre, bester Fußballspieler aller Zeiten.«

*Sie reden ja von Segelohren wie von starken Muskeln oder so was.*

»Prinz Charles hat auch ziemlich abstehende Ohren«, fällt Jennifer ein. »Also, König Charles der Dritte.«

»Ja, stimmt!«, ruft Polina.

»Dafür«, erklärt Jennifer, »hat sich Udo Jürgens seine Ohren anlegen lassen.«

»Udo Jürgens? Wer ist 'n das, Mann?« Musti macht ein fragendes Gesicht.

Jennifer zuckt mit den Schultern. »Ach, den kenn ich aus Omas Illustrierten, das ist so ein Schlagersänger, der so am weißen Klavier sitzt und Schnulzen von griechischem Wein singt.«

»Na, siehst du, Mann, willst du sein wie er oder wie Ronaldo?« Musti sieht Fridi an.

Da müssen alle lachen.

»Trotzdem bin ich froh, dass **ich** keine Segelohren hab«, sagt Polina zufrieden und will sich die Haare hinters Ohr streichen, aber **das** geht nun wirklich nicht. »Also los!«, sagt sie ungeduldig. »Fridi zuerst! Da kannst du erst mal üben.«

»Okay, wir machen dir jetzt eine spitzenmäßige Frisur.« Jennifers Augen funkeln gefährlich. »Gib mir mal das Messer?«

»Das Messer?«, stottert Fridi.

»Klar!« Jennifer nickt. »Da ist doch eine Schere dabei.«

»Ach so.« Fridi atmet erleichtert aus. Er reicht Jennifer das Schweizer Messer aus seinem Rucksack.

»Kommt, wir gehen am besten raus, da ist das Licht besser.«

Die Kinder krabbeln aus der Kothe. Nur Fridi stopft noch schnell den Hasenschlafanzug in den Rucksack und zieht sich an. *Also, Juja lass ich weg. Man muss es ja nicht übertreiben!*

»Wird bestimmt ein schöner Tag«, meint Zeck und wirft einen prüfenden Blick in den Himmel.

»Schön oder nicht schön, wir verpassen dir jetzt eine wahnsinnig scharfe Frisur, maximal extra.« Jennifer lächelt.

*Wahnsinnig scharf muss ja vielleicht nicht unbedingt sein, und maximal extra auch nicht, irgendwie so normal würde schon reichen.*

Jennifer dreht sich zu Zeck und Musti. *Was flüstern sie denn da? Und warum gehen die beiden jetzt weg?*

»Aufs Klo«, sagt Jennifer nur knapp, als sie Fridis fragenden Blick bemerkt, und winkt den beiden hinterher.

*Also, aufs Klo müsste ich eigentlich auch mal. Die entscheidende Frage ist, ob das Zweieurostück da rauskommt oder ob es alles blockiert, also diesmal Stau in die andere Richtung sozusagen, oh Mann, ihr wisst schon, was ich meine.*

»Okay, jetzt beginnt das große Umstyling!«, sagt Jennifer mit einem gefährlichen Glitzern in der Stimme.

Fridi wird es gleich ein bisschen mulmig. Seine Ohren brennen, und es fühlt sich an, als ob das Kaninchen in ihm drin Karussell fährt. *Oder nee, Melody Star. Jedenfalls irgendwas, wo man so kopfüber hängt.*

»Mach einfach die Augen zu«, rät ihm Jennifer. »Da kann man am besten entspannen.« *Entspannen? Also, das ist ungefähr so, als würde man zu einem Mann, der sich gerade auf die Schienen legt, sagen: Hey, entspann dich, der Zug kommt gleich.*

Jennifer beugt sich über ihn, *oh Mann, warmer Mangoduft*, und schon spürt Fridi, wie etwas auf seinem Kopf ziept.

Er schließt die Augen. *Okay, was sein muss, muss sein!* Jennifer muss sich bestimmt sehr anstrengen, um mit dieser kleinen Schere alle Kaugummistückchen und haarverklebten Bröckchen und Fäden aus seinem Haar zu schneiden. Als Fridi Polina kichern hört, blinzelt er einmal kurz und sieht gerade noch, wie sein abgeschnittenes Haar an seiner Nase vorbei zu Boden segelt. Schnell drückt er die Augen wieder ganz fest zu. Er spürt die feinen Härchen auf seine Schulter rieseln. Plötzlich fährt er zusammen, denn etwas hinter ihm macht einen Ton wie der elektrische Rasenmäher in Omas Garten, aber das kann ja eigentlich gar nicht sein, sie sind hier schließlich im Wald, und im Wald gibt es ja gar keinen Rasen, und noch ehe Fridi so recht begreift, fühlt er schon, wie es auf seinem Kopf warm wird, ziemlich warm sogar, und eine scharfe Schneidekante über seine Kopfhaut gleitet. *Doch ein Rasenmäher?*

*Jetzt hilft wirklich nur noch ... ja was? Vielleicht beten?*

»Dein Papa wird staunen!«, gurrt Jennifer.

»Aber so was von«, kichert Polina.

*Lieber Gott ...* Aber bevor Fridi richtig losbeten kann, ruft Jennifer schon:

»Okay, fertig!«

Fridi öffnet die Augen. »Schade, dass wir keinen Spiegel haben!« Bedauernd zieht Jennifer die Schultern hoch.

»Spiegel sind auf Fahrt verboten!«, erinnert Zeck, der wieder da ist.

»Na, vielleicht auch ganz gut so«, seufzt Polina.

»Aber du kannst es ja fühlen.« Jennifer nimmt Fridis Hände und legt sie ihm auf den Kopf. Vorsichtig betastet er seine Haare, das heißt das, was davon übrig ist. Da gibt es ziemlich viel ganz kurzes Haar, *fast wie abgemäht*, das seine Finger wie weiche Igelstoppeln kitzelt, dazwischen so mittellange Büschel und eine ziemlich lange Strähne, die, soweit er das erkennen kann, BLAU ist. BLAU? Fridi muss sofort schlucken.

»Na, was sagst du?«, fragt Jennifer gespannt und beißt auf ihrem Fingernagel herum. Aber diesmal sind Fridi alle kleinen Nagelstückchen, die sich dabei vielleicht in ihre Magenwand bohren könnten, völlig egal, er muss erst mal mit was ganz anderem klarkommen.

»Wo habt ihr die Farbe her?«, stottert Fridi heiser, weil er nicht weiß, was er sonst sagen soll.

»Ist leider nur Kreide, ich hatte noch ein Stück blaue, ein bisschen Wasser drauf, fertig! Aber das gibt der Frisur, wie soll ich sagen, den letzten Pfeffer.«

*Pfeffer?*

Jennifer strahlt: »Und der Rasierer ist von Poppy geliehen.«

*Ist das etwa der Rasierer von ihrem toten Mann, mit dem sie sich jetzt die Beine rasiert? Ich glaub, ich fall gleich tot um.*

»Wie findest du es denn jetzt?«, bohrt Jennifer weiter.

*Gegenfrage: Wie fühlt man sich, wenn man aufwacht und merkt, dass einem im ganzen Gesicht Sicherheitsnadeln hängen? Ungefähr so vielleicht. Aber zum Glück seh ich mich ja nicht! Das hat auch echt sein Gutes.*

»Ich weiß nicht so genau«, stammelt Fridi.

»Also, ich finde, du siehst toll aus.« Jennifers Augen strahlen wie Sterne.

*Es scheint ihr wirklich zu gefallen!*

Musti haut ihm auf die Schulter. »Yo, Mann!«

»Du siehst echt stark aus«, meint Zeck.

Fridi sieht Zeck in die Augen, und da ist nichts, keine Spur von Ironie oder sonst was, was da nicht hingehört.

Polina mustert ihn. »In der Ballettschule hättest du mit so einer Frisur garantiert Hausverbot, aber ganz ehrlich: Jennifer hat es irgendwie drauf.« *Na, wenn die das schon sagt, kann es ja wirklich nicht allzu schlimm sein!*

»Dein Papa wird begeistert sein, die Haare sind jetzt auch viel kürzer.« Jennifer grinst.

*Na, ich glaub nicht, dass Papa begeistert ist. An so eine Frisur hat er bestimmt nicht gedacht, als er gesagt hat: FRIDI, DU MUSST DIR DIE HAARE SCHNEIDEN!*

Doch dann denkt er, dass sein Papa eigentlich überhaupt keine Ahnung hat. *Der mit seinen total bescheuerten Streuhaaren, ich mein, wer bitte streut sich schon künstliche Haare auf den Kopf? Da werd ich mir meine ja wohl ein bisschen färben können und, na ja, schneiden, wenn man das so sagen kann, ist ja wohl nichts dabei. Ich kann mit meinen Haaren schließlich machen, was ich will, verdammte Scheiße noch mal ...*

# Margarine und Nackschnecken

Polina schiebt Fridi zur Seite. »So jetzt bin ich dran! Aber **ich** will NICHT so eine Frisur!« Das will sie dann doch noch klarstellen. »Fang an!«, kommandiert sie. »Ich hab auch hinten Augen, nur damit du's weißt.« Sie wirft Jennifer einen scharfen Blick zu. ICH SEH DICH!

»Also los!«, sagt Jennifer in wichtigem Ton. Doch schon im nächsten Moment beginnt sie zu kichern. »Hier sitzt eine Nacktschnecke und noch eine, Igitt.«

»Dann nimm sie einfach weg«, sagt Polina wütend.

»Das kommt von der Margarine«, informiert Fridi. »Die zieht die Nacktschnecken an, hat mein Papa gesagt. Deshalb haben sie früher immer gemeine Scherze gemacht, Jungen die Füße damit eingerieben und so.«

»Das können wir doch auch machen!« Jennifer ist sofort begeistert.

»Wie jetzt?« Polina verzieht das Gesicht.

Jennifer überlegt. »Na, wir machen jetzt ein Fotoshooting im Wald, und dann schicken wir die Bilder deinem Papa, so von wegen, du machst noch fiesere Sachen als er! Ich mein, kommt schon, Leute, die Füße mit Margarine einreiben, das können wir besser! *Oh nein!* Wie bei *Germanys Next Topmodel*, kennt ihr nicht?«

»Klar kenn ich das! Das guck ich immer mit meiner Mutter.« Polina nickt.

Nur Fridi hat keine Ahnung, wovon sie spricht, und auch Musti und Zeck sehen ratlos aus.

»Also, da sind Models, die müssen immer so Fotoshootings machen«, erklärt Jennifer, »und manchmal eben auch mit ekligen Sachen, Spinnen oder Würmern, was weiß ich, und die Gewinnerin, also die Schönste und Beste, kriegt dann eine Million Euro.«

»Wow!« Musti nickt beeindruckt. »Dafür würde ich auch so eine Spinne auf die Hand nehmen.«

»Leider muss man dabei aber auch noch gut aussehen«, meint Polina hochnäsig, mehr muss sie nicht sagen.

Jennifer nimmt die beiden Nacktschnecken und setzt sie Polina auf die Wangen. Die erschrickt eine kleine Sekunde, reißt sich dann aber sofort zusammen. »Das nennt man Professionalität«, erklärt sie.

Jennifer nickt begeistert. »Das sagt die Moderatorin von der Show, Heidi Klump, auch immer!«

Musti greift unter einen Baumstamm und zieht eine besonders dicke schwarze Nacktschnecke hervor, die er Polina genüsslich genau auf die Nase setzt. Die zuckt nicht mal mit der Wimper. »Ich schwöre, sie ist echt hart«, flüstert er.

»So, reicht jetzt auch mal«, meint Zeck.

»Dann zeig uns mal dein Talent!«, ruft Jennifer. »Go!«

Und was sie jetzt sehen, verschlägt ihnen allen den Atem. Polina macht auf Knopfdruck die verschiedensten Gesichtsausdrücke, von geekelt über verängstigt bis hin zu vollkommen hysterisch, als hätte sie das stundenlang vor dem Spiegel geübt.

»Du warst super wandlungsfähig gewesen.« Jennifer grinst.

Schnell befreit Zeck Polina von den Nacktschnecken. Den Glibber wischt ihr Jennifer einfach mit dem letzten Rest Margarine aus dem Gesicht. »Du könntest doch auch Model werden, ich mein, wenn du die Prüfung nicht schaffst.«

»Ja, Mann, ich schwöre, du bist voll gut!«, sagt Musti beeindruckt.

Doch Polina schüttelt nur geschmeichelt den Kopf. »Nee, danke, auf keinen Fall! Da verwirklicht man immer nur die Träume von jemand anderem, aber ich will meinen eigenen Traum verwirklichen.«

»Finde ich gut!« Zeck nickt.

Jennifer guckt auf das Display. »Tja, ich würde sagen, du kriegst auf jeden Fall ein Foto, nur welches? Die sind alle spitze.«

Schließlich entscheiden sie sich für eins, bei dem Polina ein verzweifeltes und fast schmerzverzerrtes Gesicht macht, die fettigen Haare hängen ihr in die Stirn, und die Schnecken kleben dick und widerlich auf ihrem Gesicht. Das ist Ekel pur!

»Sehr gut!«, lobt Zeck. »Los, schreib.« Und er diktiert:

**Wir haben viel Spaß! Unser
Margarineopfer leider nicht so.
Gut Pfad!**

»Abgeschickt.« Jennifer sieht in die Runde. Sie will das Handy schon wegstecken, da plingt eine Nachricht auf.

**Fridi, es gibt Grenzen!!**

»Autsch! Das hat gesessen!«, meint Jennifer zufrieden.

»Tja, dein Papa muss jetzt feststellen, dass seine Ratschläge einen echt harten, fiesen Kerl aus dir gemacht haben. Wirst sehen, er wünscht sich schon seinen lieben Fridi zurück.« Zeck legt Fridi die Hand auf die Schulter. *Also, da bin ich mir jetzt nicht so sicher.*

»So, Leute, ich bin dran!«, ruft Polina beleidigt. »Ihr habt mich wohl ganz vergessen.«

»Dich kann man gar nicht vergessen!«, meint Zeck.

»Nee, Mann. Auch wenn man will«, murmelt Musti.

Polina setzt sich ganz gerade hin. Sie beäugt misstrauisch die Schere.

»Das ist Poppis Küchenschere«, informiert Zeck.

Musti haut ihr auf die Schulter. »Extra für dich, Mann.«

»Aber schneid mir ja nicht ins Ohr«, warnt Polina.

Und schon geht es los. Jennifer macht das wirklich ziemlich gut, das muss man schon sagen.

»Ich hab früher immer zugeguckt, wenn Oma ihren Kundinnen die Haare geschnitten hat, und dann hab ich an allen meinen Barbiepuppen geübt.« Jennifer lächelt.

»Ich bin aber keine Barbiepuppe!« Polina betont jedes Wort.

»Echt?« Jennifer tut erstaunt. »Na, an Püppi hab ich auch geübt«, sagt sie beruhigend.

»ICH BIN AUCH KEIN ZU KLEIN GERATENER ZWERG-PINSCHER!« Polinas Augen funkeln.

»Aber es gibt da gewisse Ähnlichkeiten«, stellt Jennifer fest.

»Ach, und welche, bitte schön?« Polina zieht die Augen zu Schlitzen.

»Püppi lässt sich auch nichts gefallen.«

Polina nimmt den Kopf gleich ein Stückchen höher. Sie

mustert Jennifer, die vor ihr kniet, um die Haare auf gleicher Höhe abzuschneiden, ganz genau.

»Jetzt guck mich doch nicht so an, das macht mich komplett nervös. Und dann dieser Blick.« Jennifer rollt mit den Augen.

»Ja, der Killerblick«, raunt Musti. »Mach bloß nichts falsch, sonst ...«

Es dauert eine Ewigkeit, aber irgendwann seufzt Jennifer erleichtert: »Fertig!« Und etwas kleinlaut fügt sie hinzu: »Also, es ist jetzt etwas kürzer geworden, weil ganz hinten noch ein Kaugummistück geklebt hat.«

Polina fasst sich vorsichtig mit den Händen ins Haar.

»Und?«, fragt Jennifer nervös. Alle sind ganz gespannt.

»Doch, ich glaub, es gefällt mir! Also, sehen tue ich es ja nicht, aber es fühlt sich schön an«, Polina schüttelt den Kopf.

»Sieht echt gut aus!« Zeck nickt anerkennend.

Auch die anderen sind begeistert. *Vielleicht kann sie Papa ja auch ein paar Tipps geben, von wegen Streuhaare ...*

Polina schüttelt den Kopf. »Ich hab gewusst, dass kürzere Hare mir gut stehen, aber meine Mutter war immer dagegen, wegen dem Dutt und so. Tja, aber gegen Kaugummi ist selbst meine Mutter machtlos.« Sie strahlt glücklich.

»Ich schwöre, ich finde lange Haare bei Mädchen schöner. Du bist schließlich ein Mädchen, Mann, ich mein, ein richtiges«, sagt Musti vorsichtig.

»Ein richtiges?« Zeck zieht die Stirn in Falten.

Musti wird ganz rot. »Also, mit Kleidern und Ballett und Schminken, Nagellack und so«, versucht er zu erklären.

»Haare sagen gar nichts mehr«, sagt Zeck. »Denk mal umgekehrt. Sogar Fußballer haben einen Dutt auf dem Kopf.«

»Stimmt schon«, murmelt Musti.

»Ich hab neulich einen Jungen mit gelbem Nagellack und Schottenrock gesehen, der sah ziemlich cool aus«, meint Jennifer.

*War ja klar, dass ihr so was gefällt!*

»Aber an irgendwas muss man doch erkennen, wer ein Junge ist und wer ein Mädchen, Mann«, meint Musti ein bisschen verzweifelt. »Ich schwöre, wenn Jungs Röcke tragen und Nagellack und so, das bringt alles bisschen durcheinander.«

»Wir können Fridis Vater ja auch mal durcheinanderbringen.« Jennifer grinst in die Runde. »Wie wär's? Wir bringen ihm jetzt mal bei, dass dieser ganze Jungen- und Mädchenkram totaler Quatsch ist! Jungs sind so und Mächen so, die einen ziehen das an und die anderen das, Nagellack und Schminken für Mädchen und kurze Haare und Muskeln für Jungen, ich mein, das ist komplett bescheuert!«

Fridi nickt langsam. Er zieht sich die Juja über, weil ihm auf einmal ziemlich kalt wird.

»Also dann, zeigen wir deinem Papa mal, dass die Welt bunt ist.«

Fridi schluckt. *Was hat sie jetzt wieder vor?*

# Zweites Umstyling

»Okay, Umstyling zweiter Teil!«, ruft Jennifer begeistert. »Mach am besten wieder die Augen zu!«

Zuerst durchzuckt Fridi ein kleiner Schreck, doch er hat nicht allzu viel Zeit, an seinen Papa zu denken, denn Jennifer hat sich bereits seine Hände geschnappt und beginnt – *macht sie das jetzt wirklich?* –, seine Nägel mit Nagellack zu bemalen. *Und irgendwie ist das auch schön, wenn sie so meine Hand nimmt.* Einen Moment überlässt er ihr einfach seine Finger und schließt die Augen und spürt, wie sie mit dem kleinen Pinsel über seine Nägel streicht und es dabei kitzelt ...

»Fertig!«

Fridi reißt die Augen auf und betrachtet seine Hände mit den giftgrünen Fingernägeln. *Ach du ...*

In seinem Kopf geht alles durcheinander. *Hilfe, ich weiß nicht, ob ich das grad aushalte.* Da spürt er eine Hand auf seiner Schulter.

Jennifer grinst. »Neue Survival-Regel: Immer schön locker bleiben, scheiß drauf, was die anderen sagen!«

Fridi atmet gleich ein bisschen langsamer. *Regeln sind gut. Regeln sind sogar sehr gut.*

»Dann machen wir jetzt mal ein Foto für deinen Papa.« Jennifer schwenkt das Handy.

»Ich schwöre, jetzt weiß man echt nicht mehr, ob du ein Junge oder ein Mädchen bist, Mann.« Musti lacht und fällt fast vom Baumstamm.

»Warum ist das wichtig?« Zeck fixiert ihn mit diesem Zeck-Blick, da wird man gleich von alleine ein bisschen kleiner.

Musti bleibt das Lachen im Halse stecken. »Is gar nicht wichtig, echt, ich mein ja nur, Mann.«

»Junge oder Mädchen, ist doch scheißegal. Wen interessiert es?« Zeck wirft die Hände in die Luft. »Mensch ist Mensch!«

»Genau! Sei einfach du selbst«, meint Jennifer.

*Und wie bitte soll das gehen? Keine Ahnung, wer bin ich eigentlich?*

Da fängt Jennifer mit dem Currywurst-Lied an, nur mit etwas anderem Text: *»Soll ich euch sagen, was mir gefällt – wir sind die coolsten Freunde auf der Welt!«* Die anderen singen sofort mit, und plötzlich beginnen alle um ihn herum zu tanzen, und Jennifer zieht ihn vom Baumstamm hoch, und zuerst traut sich Fridi nicht so richtig, doch dann macht er einfach mit. Er dreht sich mit ausgebreiteten Armen im Kreis, bis der Himmel über ihm schwankt und er vor lauter Schwindel zu Boden sinkt. Da liegt er, lang ausgestreckt auf der Erde, und guckt in die Baumkronen, die vor einem blitzblauen Himmel schweben. Ihm ist ein wenig übel, *Kaninchen mit leichtem Kotzgefühl sozusagen,* aber sonst ... In dem Moment drückt Jennifer ab.

Sie hält das Handy in die Luft. »Das Foto ist spitze!«

Fridi, der mit seinen giftgrünen Fingernägeln in die Kamera winkt. *Also eigentlich hab ich nur die Hand gehoben, um mich vor der Sonne zu schützen, aber egal.* Denn wenn man ganz genau hinguckt, ist da noch was: dieses kleine Lächeln auf Fridis Lippen und der Gedanke, der ihn für den Bruchteil einer Sekunde durchzuckt. *Dann hast du eben grüne Fingernägel und eine Frisur wie ein Punk-Otter, na und?*

»Also, wir schreiben ...« Zeck holt Luft.

> **Ich entdecke ganz neue Seiten in mir!**
> **Gut Pfad!**

Jennifer kichert. »Abgeschickt!« Sie guckt ungeduldig auf das Display. Da kommt tatsächlich eine Nachricht.

»Von deinem Papa«, ruft Polina aufgeregt und reckt den Hals.

Fridi schluckt, ihm ist schon wieder ganz heiß, und sein Herz schlägt besorgniserregend schnell.

> **Fridi, mein Junge, reiß dich am**
> **Riemen!**

»Er wird nervös«, stellt Jennifer zufrieden fest.

»Das ist nicht so ganz die Fahrt, die er sich vorgestellt hat.« Zeck grinst.

*Nee, wirklich nicht!*

»Also, meine Mutter würde durchdrehen!« Polina lacht. Im nächsten Moment wird sie ganz blass. »Leu-te, meine Prüfung! Wie spät ist es?«

»Keine Ahnung.« Jennifer zuckt mit den Schultern.

»Oh, mein Gott, die hab ich total vergessen! Ich treffe mich um 16 Uhr mit meiner Mutter vor der Ballettschule.«

Jennifer kriecht in die Kothe. Als sie wieder rauskommt, ist sie ganz blass um die Nase. »Ich komm gleich wieder«, murmelt sie und verschwindet im Unterholz.

»Sie muss bestimmt mal aufs Klo«, vermutet Zeck.

*Um ehrlich zu sein, müsste ich jetzt auch mal richtig drin-*
*gend. Aber ich verkneif's mir lieber. Ist schon klar, dass ihr*
*so was egal ist, aber wir haben ja nicht mal Klopapier.*

»So, dann lasst uns jetzt mal alles zusammenpacken«,
meint Zeck. »Ist zwar noch Zeit, aber trotzdem.«

»Ich geh mich mal waschen«, sagt Fridi. Irgendwie muss er
jetzt einen Moment alleine sein. Er rennt los, ein weißer Ne-
belschleier hängt dicht über dem Waldboden, aber der Himmel, der zwischen den Bäumen hervorblitzt, ist herrlich klar.
Fridi springt über Wurzeln und Baumstümpfe, vorbei an der
aufgespießten Fanta-Dose, die ihm sagt, dass er richtig ist,
aber das weiß er eigentlich auch so.

# Nackt baden

Am See ist niemand. Eine ganze Weile steht Fridi einfach nur da. Sein Blick gleitet übers Wasser, das still und unberührt daliegt, und plötzlich kriegt er riesige Lust zu baden! Jetzt ist er ja allein, vollkommen allein. Eine Sekunde überlegt er, ob er seine Unterhose besser anbehalten sollte. *Aber, ich mein, hey, eine nasse Unterhose ist jetzt auch nicht so toll!*

Ohne noch weiter darüber nachzudenken, zieht er sich nackt aus und rennt ins eiskalte Wasser, über Muschelbruch, Erlenfrüchte und kleine piksige Steinchen, die ihm zwischen den Zehen stecken bleiben, einfach immer weiter. Der Sand unter seinen Füßen ist feucht und weich, er quillt zwischen den Zehen durch – *fast wie ... wie flüssige ... na, ja ...* Fridi lässt sich ins Wasser fallen – *das, ich schwöre, so kalt ist, dass mir sofort alle Eingeweide einfrieren* – und taucht prustend wieder auf. Einen Moment glaubt er tatsächlich, sein Herz würde stehen bleiben. *Aber irgendwie ist es auch erfrischend. Ich fühl mich fast wie neu!*

Da sieht er das Seil. Ohne nachzudenken, watet Fridi aus dem Wasser, schnappt es sich und klettert auf den Baum. Die Rinde ist schartig, und seine Füße rutschen ein paarmal ab, aber bald sitzt er hoch oben auf dem dicksten Ast und rutscht vorsichtig bis ganz nach vorn. Er hält sich an ein paar dürren Zweigen fest, richtet sich auf, umklammert das Seil, so fest er kann, und springt ...

Fridi saust durch die Luft und fliegt der Sonne entgegen. Er schwingt über den See ...

»Yeah!«, tönt da eine unverkennbare Stimme übers Wasser. Fridi ist so überrascht, dass er fast abrutscht. Er krallt sich am Seil fest und schwingt taumelnd hin und her wie ein verwirrter Affe an einer Liane. Die anderen stehen am Ufer und winken zu ihm rüber, und da fällt Fridi, *OH MEIN GOTT*, plötzlich ein, dass er ja gar nichts anhat. Blitzschnell lässt er los und springt ...

... sein Körper fällt ins eiskalte Wasser, und dann taucht er tatsächlich wieder auf. Kein Stein, an dem er sich verletzt, kein Strudel, der ihn in die Tiefe gezogen hat. *Alles okay!*

Er atmet tief durch. Das einzige Problem ist jetzt ...

# Sachenklau und FNK

»Los, komm raus! Sonst erfrierst du noch!«, schreit Jennifer. Ihre Stimme hallt über den ganzen See und wird von ihrem eigenen Echo verfolgt.

*Die Frage ist nur, wie?* Fridi überlegt angestrengt, wie er – *heilige Scheiße noch mal* – ungesehen aus diesem See kommen kann.

»Ist dir nicht kalt?«, ruft Jennifer.

*Um ehrlich zu sein, bin ich gleich schockgefroren. Aber das ist grad mein geringstes Problem.* Fridi steht bis zum Bauchnabel im Wasser. Der Wind fährt ihm schneidend entgegen und streut tausend Stecknadeln auf seine Haut. Schützend schlingt Fridi die Arme um seinen bibbernden Körper.

Da kommt ihm die rettende Idee! Er legt sich flach hin und zieht sich mit den Armen vorwärts wie ein Krokodil, gleitet ein Stück nach rechts, so weit von den anderen entfernt, dass man unmöglich Genaues erkennen kann, spurtet aus dem Wasser und geht hinter ein paar Sträuchern in Deckung. Von da schiebt er sich langsam durchs Gebüsch und ... *Oh, mein Gott! Meine Sachen sind weg!*

Nur seine Schuhe sind noch da. Alles andere ist spurlos verschwunden. Panisch sieht er sich um. Doch da ist absolut nichts! Er spürt einen kalten Wind, der seine Haut streift, aber das macht nichts. Ihm ist grad sowieso ziemlich heiß.

Fridi räuspert sich. Seine Stimme klingt ganz dünn. »Ähm, Leute!« Und als die ihn nicht hören, versucht er es noch einmal. *Weil mir, um ehrlich zu sein, also jetzt wirklich der Sonstwas abfriert.* Diesmal lauter: »Leute!«

»Hast du es bald!«, klingt Polinas genervte Stimme zu ihm rüber. »Wir wollen los. Ich muss pünktlich sein.« *Kann sie vielleicht mal eine Sekunde nicht an sich denken?*

Fridi hockt hinter einem Strauch. Zum Glück ist das Kaninchen noch von der Kälte benommen. Sein Herz klopft, aber er nimmt sich zusammen und ruft: »Meine Sachen sind weg!«

»Wie jetzt, weg?«, fragt Jennifer.

»Einfach weg!«, ruft Fridi zurück.

Da kommt ihm eine Idee. »Habt ihr sie vielleicht genommen?«, fragt er zaghaft. *Ich meine, was denn, kann doch sein. Irgendein dummer Scherz oder so.* Sofort muss Fridi an Kröten in gewissen Schlafsäcken denken ... Er räuspert sich: »Kommt schon, Leute, es ist kalt!«

»Ich schwöre, wir klauen doch keine Sachen«, ruft Musti empört.

»Und schon gar nicht solche!«, meint Polina mit leicht verächtlichem Ton.

»Quatsch!«, tönt Zecks Stimme zu ihm rüber.

*Wirklich Quatsch, weil, das sind meine Freunde!*

»Ist echt alles weg?«, fragt Zeck ungläubig.

Fridi schluckt. »Ja!«, ruft er heiser, bevor seine Stimme in seinem Körper nach unten rutscht und er gar nichts mehr rufen kann.

Man hört Jennifer kichern. *Wieso wundert mich das jetzt nicht?* Dann schreit sie: »Warte mal! Ich hab eine Idee!«

*Oha!*

Im nächsten Moment fliegt auch schon der Hasenschlafanzug zu ihm über die Büsche. Schnell steigt Fridi in den Onesie. *Und der ist so was von warm und kuschelig. Also, mal ganz abgesehen davon, dass ich wie ein Vollhonk aussehe ...*

»Und sonst hast du nichts dabei, keine Wechselsachen?«, fragt Polina, als er hinter den Büschen hervorkommt. Fridi schüttelt nur den Kopf. »Waren ja nur drei Tage, da braucht man nicht so viel zum Anziehen«, murmelt er. *Jedenfalls stand nichts davon auf der Packliste.* »Na, zum Glück hat dir deine Mutter den Schlafanzug eingesteckt, Mann.« Musti beißt sich auf die Lippen. »Auf jeden Fall«, meint Zeck und unterdrückt ebenfalls ein Grinsen. Jennifer nickt und zieht Fridi die Kapuze über den Kopf. »Eine Lungenentzündung wär schlimmer«, stellt Polina fest. »Finde ich auch«, sagt Fridi und zupft sich am Hasenohr. *Ich mein, hey, besser als nackt!*

Und dann fängt er plötzlich an zu lachen. Er steht einfach da in seinem pinken Hasen-Onesie mit dem Puschelschwänzchen und lacht, und es dauert nicht eine Sekunde, bis die anderen ebenfalls losprusten. Fridi lacht so lange, bis er Bauchschmerzen kriegt, aber die kommen auch noch von was anderem! Lachshäppchen, Zweieurostücke ... und in dem Moment wird ihm erst klar, dass er die Nacht ja tatsächlich überlebt hat, man kann also mit zwei Euro in sich drin ganz gut am Leben bleiben. *Hätte ich jetzt echt nicht gedacht ...*

»Wo hast du deine Sachen denn ausgezogen?«, erkundigt sich Musti, nachdem sie sich langsam wieder beruhigt haben. Als Fridi zu den Büschen zeigt, setzt er sich mit langen Schritten in Bewegung.

»Wir haben schon mal alles zusammengepackt!«, meint Jennifer und wischt sich eine Lachträne aus den Augen.

»Von wegen **wir**! In Wirklichkeit haben wir stundenlang

auf Jennifer gewartet, und sie kam, als alles fertig war, so sieht es aus!«, sagt Polina spitz.

»Na, jedenfalls, die Kothe ist verstaut.« Zeck nickt und deutet auf den Rucksack.

»Also, Leute«, ruft Musti, der mit wichtigem Gesicht zurückkommt. »Ich hab den Tatort untersucht, und da sind Spuren.«

»Wirklich?«, fragt Jennifer. Polina hebt spöttisch eine Augenbraue. »Kommissar Onur oder was?«

Aber Musti lässt sich überhaupt nicht aus der Ruhe bringen. »Ja, wirklich!« Er nickt gewichtig mit dem Kopf. »Ich schwöre, die stammen von Tieren mit Hufen.«

»Also, ich glaub ja nicht, dass hier Kühe unterwegs sind, die Anziehsachen fressen.« Polina verzieht spöttisch den Mund.

»Bisschen viel Pippi Langstrumpf geguckt.« Zeck grinst und verschwindet hinter ein paar Büschen.

Musti zuckt mit den Schultern. »Müsst ihr ja nicht glauben, Mann.«

»Na, zum Glück geht es ja nur um eine stinkige Bluse und eine ziemlich uncoole Hose«, stellt Polina fest und reckt den Hals.

*Ja, nur, dass die uncoole Hose aus dem Outdoor-Laden leider ziemlich teuer war ... die Takelbluse und die Juja lassen sich allerdings verkraften, die finde ich sowieso ... na ja, brauchen wir nicht drüber reden ...*

Jennifer wedelt mit dem Handy von Fridis Mama. »Guck mal, ich hab ein paar ganz tolle Fotos gemacht!« *Ach nö!*

»Hier, das ist mein Lieblingsfoto.« Jennifer hält den anderen stolz das Telefon hin. *Obermegapeinlich, aber so was von!* Fridi schlägt das Herz bis zum Hals. Da, auf einem *zum Glück* ziemlich schlecht belichteten Foto, hängt er an dem Seil, und obwohl es ein sehr sonnenstichiges Bild ist und obwohl das Seil zwischen seinen Beinen hängt, obwohl man also gar nichts sieht, ahnt man doch, dass er nicht viel anhat, also gar nichts. Und als wäre das nicht schon blöd genug, streckt er dem Betrachter auch noch die Zunge raus. *Also nicht echt, in Wirklichkeit hab ich sie mir vor lauter Schreck bloß fast abgebissen, aber das weiß ja nur ich.* Außerdem kneift er ein Auge zu, das sieht aus, als würde er dem Betrachter verschwörerisch zuzwinkern. In Wahrheit ist ihm nur eine Fliege reingeflogen, *die war aber echt dick!*

»Schreib!«, kommandiert Zeck.

> **Ich fühle mich so frei, ab jetzt bade ich immer nackt!**
> **Gut Pfad!**

Jennifer kichert. Fridi ist knallrot. Er hat sofort den ganzen Mund voller Spucke. Er schluckt, und bevor er noch irgendetwas sagen kann, ruft Jennifer schon: »Abgeschickt!«

»Das ist bis jetzt das Beste!« Sie strahlt.

Fridi steht mit hängenden Schultern da. Er fühlt sich plötzlich ganz kraftlos und erschöpft.

»Also, nackt baden ist voll dein Ding.« Musti stößt Fridi an und grinst.

*Neue Survival-Regel: Locker bleiben, locker bleiben, locker bleiben!*

»Fridi ist eben mutiger als ihr alle zusammen!« Jennifer strahlt.

»Na ja, mit dem Nacktbaden hab ich es nicht so«, murmelt Zeck, »weil, ihr wisst schon ...«

»Passt schon.« Musti nickt.

»Dann sagen wir jetzt Poppy Tschüss und machen uns auf den Weg. Und ein bisschen Beeilung bitte, Polina darf nicht zu spät zu ihrer Prüfung kommen«, mahnt Jennifer.

»Aber wo soll ich denn hin?«, fragt Fridi leise. Er sieht die anderen an. »Ihr geht heute wieder nach Hause, aber ich kann nicht, sonst merkt mein Papa doch alles, ich mein, dass ich gar nicht echt auf Fahrt war.«

Doch bevor noch jemand irgendetwas sagen kann, schreit Jennifer aufgeregt: »Guck mal!« Sie fuchtelt mit dem Handy herum. »Da kam eine Nachricht! Von deinem Papa!« Konzentriert starrt sie auf das Display. Und bricht dann in lautes Lachen aus. »Also, da steht:

**Fridi, lass den Schweinkram!**

Schweinkram!« Jennifer kriegt sich gar nicht wieder ein. »Nur, weil man ein bisschen nackt badet. Da muss dein Papa nur mal an die Ostsee fahren, da liegen die haufenweise nackt am Strand rum. FNK.«

»FNK?« Polina zieht die Stirn in Falten. »Was soll das heißen?«

Jennifer überlegt. »Weiß auch nicht so genau. Das steht da auf den Schildern. Vielleicht: Für Nackte Knacker.«

Polina tippt sich an die Stirn.

»Das heißt FKK und bedeutet Frei-Körper-Kultur«, sagt Zeck da mit wichtiger Stimme.

Jennifer guckt Zeck misstrauisch an. »Kultur, das sind

doch Museen und Theater und so was. Also, was ein paar Nackte damit zu haben sollen, kann ich mir nicht vorstellen. Da hast du dich bestimmt verhört.«

»Ja, Mann«, Musti schlägt Zeck auf die Schulter, »ich schwöre, kommt mir auch komisch vor. Da bringst du bisschen was durcheinander, Kumpel. Aber nicht schlimm, man kann nicht alles wissen, Mann.«

Zeck schüttelt energisch den Kopf. »Nee, ganz sicher!«

Musti macht ein besorgtes Gesicht. »Ich weiß, du stehst voll auf Kultur und so, ist auch okay, echt, aber Nackte, die sich sonnen und bisschen schwimmen, ich mein, sag mal selbst, was ist daran Kultur?«

»Wenn sie nackt ins Museum gehen würden, wär das allerdings was anderes«, meint Jennifer, »dann käme ›Nackt-Körper-Kultur‹ hin.«

Polina kichert. Zeck ist schon ganz rot.

»Also, wir gucken jetzt nach. Gib mir mal das Handy! Wir brauchen das nur bei Google eingeben«, sagt Zeck mit wutunterdrückter Stimme.

»Nee, Mann, ich schwöre, wir sind auf Fahrt. Geht nicht. Du weißt doch, keine elektrischen Geräte, Mann.«

»Die Nachrichten an Fridis Papa sind eine absolute Ausnahme, hast du selber gesagt.« Jennifer zuckt mit den Schultern.

»Gleiches Recht für alle.« Polina nickt.

»Aber wie soll ich euch denn beweisen, dass ich recht habe?«, fragt Zeck verzweifelt und zornig in einem, gleich platzt er, das kann man deutlich sehen.

»Gar nicht!«, meint Jennifer gleichmütig. »Das musst du jetzt einfach mal aushalten.«

Musti grinst von einem Ohr zum anderen. »Aber schaffst du, Mann.« Er haut Zeck wieder auf die Schulter, doch der dreht sich weg und stampft ihnen voran durch den Wald. Die anderen folgen ihm. Nur Fridi wird mit jedem Schritt ein bisschen langsamer.

Plötzlich summt das Handy erneut. Jennifer zieht es aus der Bauchtasche. »Von deinem Papa«, ruft sie aufgeregt. Da steht:

**Fridi, komm sofort nach Hause!**

»Ist doch super.« Zeck dreht sich um und lacht. Er kann zum Glück nie lange böse sein.

»Echt super!« Fridi atmet aus. *Ein Problem weniger! Auch wenn grad ein neues dazugekommen ist. Ich mein, wie soll ich bitte in dem Ding nach Hause kommen?*

# Orangenduft

»Soll ich euch was sagen?«, stöhnt Musti. »Ich hab Hunger.«

»Öfter mal was Neues.« Jennifer lacht.

»Ich schwöre, Ramadan ist vorbei. Heute darf ich ALLES essen, was ich will. Aber wir haben ja nichts!«

Als sie aus dem Wald treten und die Straße überqueren, sehen sie den weißen Van auf dem Parkplatz stehen. Das Bäumchen ragt schief durch das Fenster, und Elvis steht in seinem Pappkarton auf dem Beifahrersitz.

»So, es ist alles fertig gepackt und verschnürt«, meint Poppy. »Ich hab nur noch auf euch gewartet.« Sie sieht Polina und Fridi an. »Ich sag's ja, eine Nacht im Wald bewirkt manchmal Wunder!«

Polina lächelt geschmeichelt. Fridi schluckt verlegen.

»Seine Sachen sind geklaut worden, und ich bin mir sicher, es war ein Tier mit Hufen«, erklärt Musti in wichtigem Ton.

Poppy lacht. »Das war bestimmt der alte Fritz.«

»Der alte Fritz?«, fragt Jennifer.

»Das ist ein Wildschwein.« Poppy nickt.

»Ein Wildschwein«, stottert Polina.

»Seht ihr, Mann!«, unterbricht Musti sie aufgeregt. »Hab ich doch gleich gesagt! Ich schwöre, ich bin der geborene Kommissar!« Er strahlt.

Poppy lässt ihren Blick über Fridi schweifen. »Wie ich sehe, habt ihr das Problem ja auch schon selbst geregelt, sonst hätte ich auch noch mit ein paar Sachen aushelfen können.«

*Bestimmt mit Sachen aus dem Müll oder von ihrem toten Mann. Hilfe! Also, da bleibe ich lieber bei meinem Onesie.* Doch plötzlich fällt Fridi noch etwas anderes ein.

»Wo ist Schnurzelchen?«

»Darüber wollte ich mit dir reden. So eine lange Fahrt im Auto ist nichts für ein Kaninchen, und ich bin mir auch nicht sicher, ob Schnurzelchen dem griechischen Klima so viel abgewinnen kann. Kurz, du musst ihn behalten. Schließlich hast du ihm das Leben gerettet, so was schweißt zusammen.« Poppy drückt Fridi das Kaninchen in den Arm.

»Aber«, stammelt er, »das geht nicht, mein Vater ...«

»Ach, papperlapapp.« Poppy winkt ab. »Du hast ihn mitgenommen, jetzt hast du auch die Verantwortung.«

»Konzerve sagt: Folge dem Weg, den dir dein Herz gezeigt hat, und alle Knoten lösen sich!«, sagt Jennifer weise.

*Wenn es mal so einfach wäre!*

Poppy schmeißt die Kofferraumklappe zu. »Also, Kinder, macht's gut. Jetzt geht's auf nach Griechenland. Elvis scharrt schon mit den Krallen.«

»Vielleicht können wir Sie ja mal besuchen, in Griechenland, ich mein, dachten ja sowieso alle, dass Sie unsere Oma sind.« Jennifer grinst.

»Ja, Mann!« Musti strahlt. »Eine Oma in Griechenland fehlt mir noch! Meine wohnt in Bochum.«

Fridi denkt nach. *Also, eine Oma könnte ich eigentlich auch ganz gut gebrauchen!*

»Schätze, Omas kann man nie genug haben.« Die alte Frau guckt sie nachdenklich an. »Nur ob ich mich für den Job eigne, weiß ich nicht so genau. Ich kenn mich mit Kindern nicht so sonderlich aus.«

»Das merkt man gar nicht, finde ich«, meint Jennifer.

»Echt nicht«, beteuert Musti, »ich schwöre, das geht schon klar.«

»Wir wollen gar nicht, dass sich die Erwachsenen dauernd um uns kümmern«, erklärt Zeck.

»Sagen wir mal so: Wir haben die Nacht überlebt!«, stellt Polina trocken fest.

Musti haut Poppy auf die Schulter. »Keine Sorge, Mann. Sie sind genau richtig.«

»Na gut«, meint Poppy. »Abgemacht! Dann sehen wir uns in den Sommerferien! Und bis dahin kann ich ja noch ein bisschen mit Daisys Enkeltochter Athina üben.«

Poppy steigt ins Auto und lässt die Scheibe runter. »Übrigens hab ich heute früh beim Bäcker eine Frau getroffen, die mir erzählt hat, dass ihr auf unerklärliche Weise fünf weiße Kaninchen zugelaufen sind. Sie glaubt an eine Laune der Natur!«

»Aber wenn das GRAUEN sie nun wiederhaben will?«, fragt Fridi vorsichtig.

»Keine Angst, die rückt sie nicht wieder raus.« Poppy lacht ein heiseres Lachen. »Ihr Einkaufswagen war voll mit Salat, Mohrrüben und Gurken, die Viecher haben das große Los gezogen. Da möchte man glatt ein Kaninchen sein.«

*Na, ich weiß nicht!*

»Arrivederci!« Die alte Frau streckt ihren Kopf aus dem Fenster.

Da nimmt sich Fridi ein Herz, fasst in den Rucksack und zieht das Messer heraus. »Für Sie, damit Sie uns nicht vergessen.« *Ich mein, Papa hat mir das Messer schließlich geschenkt, dann kann ich damit auch machen, was ich will.*

Poppy zieht das Messer vorsichtig aus der Hülle und betrachtet es. Dann sieht sie Fridi ganz fest an. »Danke! Immer, wenn ich Orangen schäle, werde ich an euch denken!« Poppy streckt ihre Hand aus dem Fenster und winkt ihnen zu. »Bis bald mal wieder!«

»Alivi–, ist ja auch egal!«, ruft Jennifer.

Da fällt Polina noch etwas ein. »Meine Jacke! Sie haben noch meine Jacke!«

Doch der weiße Van ist schon mit einem Affenzahn um die Kurve verschwunden.

»Na ja«, Polina seufzt, »um ehrlich zu sein, konnte ich diese blöde Jacke sowieso noch nie leiden!«

*Darum also!*

Fridi steht mit dem Kaninchen im Arm da und weiß nicht so richtig, wie er sich fühlen soll. Sein Herz schlägt schon wieder ganz schnell. Aber diesmal vor Glück!

Bremsenquietschen. Schon taucht der weiße Van wieder an der Straßecke auf, das heißt sein Hinterteil. Im Rückwärtsgang kommt das Auto wieder auf sie zu, und eine Hand schnellt aus dem offenen Fenster. Die alte Frau beugt sich vor. »Hier, hätte ich fast vergessen.« Sie reicht Polina ihre pinke Jacke aus dem Fenster. »Danke fürs Borgen.« Dann hupt sie noch einmal und fährt mit quietschenden Reifen davon.

Polina betrachtet die Jacke, hebt sie dann vorsichtig an ihre Nase und riecht daran.

»Und?«, fragt Jennifer.

»Orangen«, meint Polina verblüfft. Jennifer nimmt ihr die Jacke aus der Hand und vergräbt ihr Gesicht im Stoff. »Eindeutig Orangen.«

»Ich muss euch noch was sagen«, meint Jennifer und

knackt verlegen mit den Fingern. *Also, Fingerknacken ist ziemlich gefährlich, weil sich da so Flüssigkeit in den Gelenken sammelt und die Finger davon aufquellen ... aber mal ehrlich, Oma ist mit ihrer Methode jetzt auch nicht ins Guinness-Buch gekommen, also vergesst es einfach.*

Die anderen sehen Jennifer erstaunt an.

»Schieß los!«, sagt Zeck.

»Gestern Nacht bin ich ja hingefallen, ihr wisst schon im Garten des GRAUENS, und da ist mir die Balletttasche runtergefallen, und es war so dunkel. Ich hatte schon so ein Gefühl, na ja, und als ich heute morgen sicherheitshalber noch mal nachgeguckt habe, da war der Anzug nicht drin.«

Polina wird ganz blass. »Bitte sag, dass das jetzt nicht wahr ist«, zischt sie.

»Reg dich ab«, beruhigt sie Jennifer, »ich hab ihn ja noch geholt.«

»Ach, darum warst du vorhin so lange weg, ich schwöre, hab ich mir gleich gedacht, dass da was nicht stimmt!« Musti nickt zufrieden mit dem Kopf.

»Ich bin in einem Affenzahn zurückgerannt, und als ich gerade im Garten stand und den Anzug gesucht habe – er hing übrigens an einem Zweig –, ratet mal, wer da plötzlich vor mir stand?«

»Das GRAUEN!« Fridi schluckt.

»Ganz genau.« Jennifer nickt. »Ich hab mir vor Schiss fast in die Hose gemacht, aber er war gar nicht sauer. Er hat mir erzählt, dass er sich nach dem Tod von Daisy ziemlich einsam fühlt und nur noch schlechte Laune hat. Er kriegt nichts mehr auf die Reihe, weil sie sich immer um ihn gekümmert hat, und er vermisst sie ganz ganz schrecklich.«

**317**

»Und was ist mit Elvis?«, fragt Zeck streng.

Jennifer seufzt: »Er dachte, Daisy hätte Poppy die Schildkröte schon längst mitgegeben.«

»Und warum hat er sie dann nicht reingelassen, Mann?« Musti verschränkt die Arme vor der Brust.

»Ganz einfach, er hat geschlafen.« Jennifer zuckt mit den Schultern. »Sein Rhythmus ist völlig durcheinander. Er hat überhaupt nichts gegen Poppy. Er denkt bloß, dass sie ihn nicht mag und ihm deshalb aus dem Weg gegangen ist.«

»Und das Messer?«, fragt Polina und sieht Jennifer durchdringend an.

Die winkt ab. »Er hatte sich gerade ein Steak geschnitten. Ist ihm aber voll verbrannt, weil er überhaupt nicht kochen kann.«

»Aber was ist mit den Kaninchen?«, stottert Fridi.

»Ach ja, so was kriegt er nicht runter, hat er gesagt.« Jennifer sieht die anderen an. »Die Einzige, die gerne Kaninchen gegessen hat, war Daisy.«

Den Kindern bleibt der Mund offen stehen.

»Ist er jetzt sehr sauer, dass sie weg sind?«, fragt Fridi zögerlich.

Jennifer schüttelt den Kopf. »Nee, im Gegenteil. Er ist froh. Jetzt kann er endlich los, und ratet mal, wohin?«

»Keine Ahnung«, meint Zeck.

»Zu seiner Tochter nach Griechenland. Daisy hat ihm immer so vorgeschwärmt, von Thymian und Salbei und so, und er war noch nie da, weil eigentlich wollte er ja zusammen mit Daisy fahren. So war der Plan. Egal, er freut sich jedenfalls schon auf Athina und seine neue Aufgabe als Großvater.«

»Na, da wird sich Poppy freuen!« Die Kinder lachen.

»Eins versteh ich nicht«, sagt Musti nachdenklich. »Wollte Daisy jetzt mit Poppy oder mit dem Grauen nach Griechenland fahren, Mann?«

»Na, mit Poppy natürlich!«, sagt Zeck voll Überzeugung.

»Hundertpro mit dem Grauen«, erklärt Jennifer inbrünstig.

*Hoffe ich eigentlich auch!*

Plötzlich macht Jennifer große Augen. »Oh, mein Gott, deine Prüfung, das schaffen wir nie pünktlich!« Sie guckt auf die Uhr.

Polina zuckt mit den Schultern. »Dann lass ich es eben.«

Die Kinder starren sie an.

»Wie jetzt? Ich schwöre, du hast uns irre gemacht mit Fußgymnastik und Säckchen und dem Anzug, wir wären wegen dem fast gestorben, Mann, und jetzt willst du nicht hin. Nee, Mann.« Musti schüttelt den Kopf. »Das geht nicht.«

»Er hat recht! Du gehst da jetzt hin!«, bestimmt Zeck. »Dann kannst du immer noch entscheiden, ob du auf die Schule willst, aber hingehen musst du, sonst wirst du dein Leben lang nicht los, dass du vielleicht eine Chance verpasst hast.«

»Okay, okay. Aber wie?« Polina sieht die anderen fragend an. »Ich mein, wir sind hier ...«

»... am Arsch der Welt!«, ergänzt Zeck.

*Hätte ich heute Morgen auch nicht gedacht, dass ich ausgerechnet da lande ...*

Jennifer zuckt mit den Schultern. »Wir laufen einfach die Straße runter, irgendwo wird schon eine S-Bahn-Station kommen.«

»Oh Mann!«, stöhnt Musti. »Dein Ernst jetzt?«

»Hast du eine bessere Idee?«, fragt Zeck.

»Ja, Mann!« Musti grinst.

# Springende Forellen und fliegende Küsse

Plötzlich hält ein Taxi neben ihnen. »Hallo! Hallo!«

»Das ist Uwe!«, jubelt Jennifer.

»Na, war Ihre Verabredung erfolgreich?« Zeck grinst.

»Jap.« Uwe beugt sich aus dem Fenster und strahlt übers ganze Gesicht. »Das kann man wohl sagen. Meene Simone und ich ham die ganze Nacht geredet, und was soll ich sagen, wir haben uns wieder versöhnt. Nach all den Jahren. Simone is 'ne Wucht. Is noch schöner jeworden, gloobt es oder nich. Da warn 'ne Menge Missverständnisse zwischen uns. Die ham wa beseiticht. Is allet wieder jut. Und dit is alles nur eure Schuld, wenn ick mal so sagen darf.«

»Dürfen Sie«, meint Jennifer. »Dann haben wir bestimmt was bei Ihnen gut! Wir müssten nämlich dringend mal wohin.«

»Na, mit Verjnügen.« Uwe strahlt. »Rin mit euch!«

Schon drängen sich die Kinder ins Auto.

»Seid ihr einer weniga jetzte?« Uwe guckt verwirrt. »Oder einer mehr. Habta jetzt den Ostahasen mit an Bord?« Er zwinkert.

*Oh Mann, echt peinlich!* Fridis Ohren brennen. Aber zum Glück gibt es da ja eine Kapuze. *Fragt sich nur, was schlimmer ist, Hasenohren oder glühende Segelohren. Ich für meinen Teil finde Letzteres. Die Ohren passen wenigstens zum Puschelschwänzchen!*

»Jetzt hab ick's! Eure Oma fehlt.« Uwe kratzt sich die Glatze.

»Die ist nach Griechenland gefahren, aber wir besuchen sie bald!«, meint Jennifer.

»Na, dit is ja schön. Simone und ich wollen nach Grönland, jetzte, wo allet klar is zwischen uns, wollten wir damals schon, hab ick ihr versprochen. Nu komm ick nich mehr raus aus die Numma. Will ick aba och gar nich.«

Fridi drückt Schnurzelchen fest an sich. Kaninchen sind in Taxis bestimmt verboten.

»Wo darf es denn hinjehen?« Uwe lehnt sich nach hinten.

»In die Ballettschule!«, sagt Zeck wie aus der Pistole geschossen. »Und bitte so schnell wie möglich.«

»Habta och noch 'ne Adresse für mich?«

Die Kinder sehen Polina fragend an. Die zuckt ratlos die Schultern.

»Na denn, dit Nawi bringt uns schon hin, wa.«

Während Uwe losfährt, hocken die Kinder erschöpft auf der Rückbank, nur Polina sitzt vorne, schiebt sich nervös immer wieder die Haare aus der Stirn und guckt angespannt aus dem Fenster. Fridi krault Schnurzelchen hinter den Ohren, und Jennifer kuschelt sich an seinen Hasen-Onesie. *Mann, ich muss schon sagen, so ein Hasenschlafanzug hat auch seine Vorteile!*

»Da ist es!«, ruft Polina irgendwann aufgeregt.

Augenblicklich stoppt das Taxi vor einem weißen, großen Gebäude.

»Das wird knapp. Zwölf vor Vier!«, stellt Zeck fest.

»Ach, das schaffen wir locker!« Jennifer macht mit einem Schwung die Tür auf.

»Tschüss und danke!«, rufen die Kinder, knallen die Autotür zu und stürmen los.

»Also denn, viel Glück!«, ruft Uwe ihnen nach.

Die Kinder drängen durch das Tor und rennen über den Rasen.

»Halt!«, ruft Jennifer, als Polina gerade ins Gebäude stürzen will. »Deine Haare!«

»Oh mein Gott, meine Haare!« Polina betastet panisch ihren Kopf. »Das hab ich ja vollkommen vergessen, wie soll ich mir denn jetzt einen Dutt machen?«

»Kriegen wir schon hin.« Jennifer kramt die Haarklammern hervor. »Zum Glück kleben deine Haare noch von der Margarine«, kichert sie und klemmt alle Haare einfach mit Klammern am Hinterkopf fest. »Sieht auf alle Fälle streng aus, nur das Kranzdingsda passt jetzt nicht mehr.« Sie zuckt mit den Schultern.

»Egal!«, ruft Polina. »Wo ist mein Anzug?«

Jennifer zieht den Anzug aus der Bauchtasche. Polina macht ein entgeistertes Gesicht. »Der hat ja ein Loch!«, stammelt sie. Und das ist mitten auf dem Bauch wirklich nicht zu übersehen.

»Oh, Mist! Das muss passiert sein, als er an dem Zweig hängen geblieben ist«, sagt Jennifer kleinlaut und macht ein schuldbewusstes Gesicht.

»Was mach ich denn jetzt?«, fragt Polina verzweifelt. »Ich kann doch nicht mit einem riesigen Loch im Anzug da reingehen.«

»Du hast doch Nähzeug dabei! Ich mein, das war doch Teil von dem Ankerdingsda, da hast du doch bestimmt Nähzeug dabei!«, ruft Jennifer aufgeregt.

Fridi nickt langsam. »Aber ich kann ... ich mein, ich ...«

»Du kannst nähen?«, fragt Musti ungläubig.

»Klar kann er nähen«, meint Jennifer.

*Okay, Fridi, reiß dich zusammen. Das schaffst du! Survival-Regel Nummer irgendwas, wer ein Zweieurostück verschlucken kann, der kann auch so ein kleines Loch flicken.*

»In Ordnung, gib mir den Anzug«, sagt Fridi und versucht, möglichst ruhig zu bleiben.

Jennifer kramt das Nähzeug aus dem Rucksack.

»Aber schnell bitte«, fleht Polina, »ich bin bestimmt gleich dran, und Unpünktlichkeit ist für Balletttänzer eine Todsünde, also neben Süßigkeiten und allem, was sonst noch Spaß macht.« Sie lächelt gequält.

»Kein Problem, hier ist die Nadel und hier der Faden.« Jennifer hält Fridi beides entgegen.

»Aber der Faden ist schwarz«, sagt Fridi.

»Macht nichts«, beruhigt ihn Jennifer, »das sieht man nachher gar nicht.«

Mit zittrigen Fingern versucht Fridi, den Faden einzufädeln.

»Gib her«, Jennifer greift nach der Nadel, »meine Hände sind ruhiger.«

Fridi besieht sich inzwischen das klaffende Loch. »Das ist zu groß«, meint er, und seine Stimme rutscht schon wieder ein bisschen weg, »da fehlt ja richtig ein Stück Stoff, da muss ein Aufnäher oder so was drüber.«

»Ich hab was!«, kreischt Jennifer und reicht Fridi die eingefädelte Nadel. Sie zieht einen Aufnäher aus ihrer Jeanstasche. Ein springender Fisch, unter dem steht: *Es lebe der Angelklub Forelle.*

»Vor dem Angelladen, da stand so eine Verschenke-Kiste.«

»Eine Forelle?«, fragt Polina entgeistert. »Ich soll mir einen Fisch auf den Anzug nähen?«

»Warum nicht?«, meint Jennifer.

»Okay, okay, los!« Polina tritt ungeduldig von einem Bein auf das andere.

Fridi drückt den Aufnäher auf den Stoff und beginnt mit kleinen, sorgfältigen Stichen, die Forelle am Anzug festzunähen, genau so, wie er es auf YouTube gesehen hat.

»Schneller!«, meint Polina.

Fridi strengt sich ziemlich an, und mehrmals sticht er sich vor Aufregung in den Finger, aber als er einmal ganz rumgenäht hat, sitzt die Forelle fest, wenn auch ein bisschen schief, auf dem Ballettanzug.

»Echt stark«, meint Musti anerkennend.

»Ja, super, danke.« Polina strahlt, reißt den Anzug an sich und wirft Fridi eine Kusshand zu. Blitzschnell fängt Jennifer den Kuss auf, bevor er auch nur Fridis Fußspitze berührt.

»Man muss es mit der Dankbarkeit ja nicht übertreiben«, meint sie.

»Echt so«, grummelt Zeck und starrt Polina hinterher.

»Tja, du solltest dir auch so einen Hasenschlafanzug besorgen und nähen lernen, Mann.« Musti haut ihm auf die Schulter. »Ich schwöre, dann liegen dir die Frauen zu Füßen.«

»Ach, und du?«, fragt Zeck und wirft Musti einen sauren Blick zu.

»Ich schwöre, mich finden sie auch so gut.« Musti grinst.

Die Kinder setzen sich auf eine Treppe vor der gläsernen Eingangstür.

»Nee, mal im Ernst«, meint Zeck, »was glaubst du, worauf stehen Mädchen?«

Musti zuckt mit den Schultern. »Ich schwöre, müsstest du doch viel besser wissen, Mann.«

Zeck schüttelt bekümmert den Kopf. »Irgendwie nicht. Ich ticke wie ein Junge.«

*Also, ich glaube ja nach dem heutigen Tag, dass alle Mädchen auf andere Typen stehen. Manche mögen eben mutige, starke, sportliche Jungs, manche lieber die, die immer zu allem eine Meinung haben und sich mit allem auskennen oder witzig sind oder charmant oder aufregend, und manche mögen eben ...*

Plötzlich steckt Polina ihren Kopf durch die Tür. »Ist meine Mutter da?«, fragt sie nervös.

»Nee!« Jennifer schüttelt den Kopf.

»Das sieht ihr gar nicht ähnlich, aber ich muss jetzt rein. Wie seh ich aus?« Polina dreht sich und zupft an ihrer Unterhose. Vor Aufregung hat sie lauter rote Flecken im Gesicht. Der Anzug sieht im Sonnenlicht ein bisschen speckig aus, es kleben auch einige schwarze Fusseln dran – *das kommt garantiert von seinem Aufenthalt in der Bauchtasche* –, die Forelle prangt mit schwarzen, etwas krummen Stichen festgenäht mitten auf dem Bauch, und die Margarine-Frisur ist natürlich auch alles andere als ein perfekter Dutt.

»Super!« Jennifer hält den Daumen hoch.

»Hoffentlich sieht man den Nagellack nicht so«, jammert Polina.

*Also, das ist jetzt wirklich ihr geringstes Problem!*

»Quatsch«, sagt Jennifer, »fällt gar nicht auf.«

»Okay, dann geh ich mal.« Polina macht ein ängstliches Gesicht.

»Und denk an unsere Survival-Regeln!«, ruft Zeck.

Polina guckt verzweifelt. »Ich hab grad alles vergessen, mein Hirn ist ein einziges Loch.«

»Survival-Regel Nummer eins: Bleib ruhig, keine Angst haben«, sagt Zeck.

Polina nickt.

»Und denk an die wichtigste Regel: Immer locker bleiben!«, meint Jennifer.

Polina nickt wieder.

»Hab immer Haferbrei in der Tasche, ich schwöre, damit kannst du die da drin im Notfall bisschen bestechen.« Musti lacht.

Polina sieht ihn unsicher an. »Aber ich hab ja gar keine Tasche, und Haferbrei hab ich auch nicht, und ich glaub auch ganz ehrlich nicht, dass die so was überhaupt mögen.«

»Ja, Mann, glaub ich auch nicht!«

»Quatsch, Spaß!«, meint Zeck.

»Also, wenn alles schiefgeht, hast du drei Sekunden, um abzuhauen.« Jennifer zuckt mit den Schultern.

Polina macht ein noch unglücklicheres Gesicht.

Da fällt Fridi etwas ein. »Die Zwei-Euro-im-Hals-Survival-Regel: Wenn man Zweieurostücke verschlucken kann, kann man auch so eine Prüfung durchstehen.«

»Aber ich hab ja gar kein Zweieurostück verschluckt, das könnte ich gar nicht«, stammelt Polina.

*Nee, aber ich kann es!* Und plötzlich erscheint ein Lächeln auf Fridis Gesicht. »Du schaffst das trotzdem!«

»Viel Glück!«, ruft Zeck.

»Wir drücken dir die Daumen!« Jennifer reißt ihre geballten Fäuste hoch.

Polina lächelt zaghaft.

»Ja, Mann, mach sie fertig. Du weißt schon, setz den Killerblick auf, ich schwöre, dann trauen die sich gar nicht, dich
durchfallen zu lassen.«

»Also gut!« Polina holt tief Luft und ist auch schon hinter
der Glastür verschwunden.

In dem Moment kommen eine Mutter und eine perfekt zu-
rechtgemachte Tochter an ihnen vorbei. Das Mädchen hat
den straffsten Dutt dieser Welt, und ihr kleines weißes Kränzchen glänzt auf ihrem Kopf wie das Sahnehäubchen auf einer
Torte. Die Mutter hat wahnsinnig hohe Schuhe an – *also, das
würde mein Zeh garantiert nicht mitmachen* –, trägt ein eng
sitzendes Kostüm und redet die ganze Zeit auf ihre Tochter
ein, die blass neben ihr hertippelt.

Und dann kommt noch eine Frau über den Asphalt gehetzt.
Sie ist ganz rot im Gesicht und ihre Haare sehen etwas zerzaust aus. Während sie an ihnen vorbeifegt, spricht sie aufgeregt in ihr Handy. Das ist eindeutig Polinas Mutter.

»Na dann, prost Mahlzeit.« Jennifer zieht eine Augenbraue
hoch.

Fridi hält das Kaninchen auf seinem Arm und streichelt
es. Komischerweise macht es ihm gerade nicht mal was aus,
dass ihm die vorbeihuschenden Ballettmädchen interessierte
Blicke zuwerfen. *Die gucken jetzt auch nicht irgendwie ab-
fällig oder fies, mehr so, als fragten sie sich, ob ich vielleicht
eine Superrolle in einer Ballettaufführung gekriegt habe und
warum sie leer ausgegangen sind oder ob man sich vielleicht
noch bewerben kann ...*

Irgendwann, nach einer Ewigkeit – die Kinder sind an-
einandergelehnt schon fast eingenickt, und Schnurzelchen
schlummert friedlich auf Fridis Arm –, öffnet sich die Tür und

Polinas Mutter kommt, das Handy ans Ohr gedrückt, heraus-
gestürzt, dicht gefolgt von Polina.

Sie springen alle fast gleichzeitig auf.

»Und?«

# Zwei glühende Ufos

Polina schüttelt den Kopf und strahlt. »Ich bin durchgefallen.«

»Was?« Die Kinder starren sie enttäuscht an.

»Nur, weil du bisschen schmutzig bist, Mann. Voll ungerecht.«

Jennifer wirft Musti einen strafenden Blick zu.

Polina lacht. »Also, die haben schon nicht schlecht gestaunt, als ich reinkam. Alle haben meinen Anzug angestarrt, aber keiner hat was gesagt.«

»Warum bist du dann durchgefallen?«, fragt Zeck.

»Weil mein eines Bein kürzer ist als das andere. Die haben alles genau ausgemessen. Das ist mir vorher noch gar nicht aufgefallen. Und mit zwei verschieden langen Beinen kann man eben keine Balletttänzerin werden.«

Die anderen gucken sie betreten an.

»Ist nicht schlimm.« Polina lacht.

»Und deine Mutter?«, fragt Jennifer vorsichtig.

»Na ja, für meine Beine kann ich schließlich nichts. Sie meint, das ist alles die Schuld von meinem Vater und dass ich diese Anomalie nur von ihm haben kann. Aber es ist okay. Sie sagt, jetzt ist es noch früh genug, sich was anderes zu suchen. Ein bisschen traurig ist sie natürlich schon, aber meine Tante muss operiert werden, und deshalb hat sie jetzt andere Sorgen im Kopf.« Sie kichert nervös. »Meine neue Frisur hat sie nicht mal bemerkt, na ja, ich hab mich auch immer so gestellt, dass sie mich nur von vorne gesehen hat.«

»Aber du hast so lange dafür gearbeitet«, beginnt Jennifer, »ich mein, bist du wirklich nicht traurig?«

Polina schüttelt den Kopf. »Jetzt hab ich wenigstens was von meinem Vater, das meine Mutter mir nicht wegnehmen kann.« Sie lächelt. »Werd ich eben gleich Anwältin.«

»Gut so, Mann. Ich schwöre, dann setzt du deinen Killerblick auf und machst alle fertig.« Musti haut ihr auf die Schulter.

»Polina!«, ruft Polinas Mutter ungeduldig und hält ihr das Tor auf.

»Wollt ihr mitfahren?«, fragt Polina.

»Klar!« Jennifer nickt.

»Dann los! Meine Mutter wartet nicht gerne!«

Die Kinder rennen über den Rasen. Polinas Mutter, die schon im Auto sitzt, sieht etwas überrascht aus, als Polina die Autotür öffnet und sie nacheinander hineinschiebt. Eine Sekunde bleibt ihr Blick an Fridi hängen, doch dann redet sie schon wieder auf Polina ein. Während der ganzen Fahrt sprechen die beiden auf Russisch miteinander. Fridi schließt die Augen. *Das klingt wie so ein Fluss, der mal wild über Felsen schießt und sich dann so dazwischen hindurchschlängelt und auch wieder ganz ruhig fließt und die Steine so ganz sanft umspült ...* Die Kinder drücken sich ganz still auf der Rückbank zusammen.

»Ich freu mich schon, heute ist Zuckerfest«, flüstert Musti und reibt sich die Hände, »mjam, mjam!«

»Ich geh heute mit Mama und Oma Pizza essen, weil es unser letzter Abend zusammen ist. Mama ist bestimmt heilfroh, dass Oma wieder wegfährt.« Jennifer seufzt.

»Also, ich geh zu Marthas Freundin, die nimmt mich sicher für eine Nacht auf. Dann muss ich zwar den ganzen Abend

*Bibi und Tina* hören, aber ist in Ordnung.« Zeck verdreht die Augen.

*Immer noch besser als das, was mich heute erwartet. Ich sag nur siebenundfünfzig SMS ...*

*Was ich sehe*

*helllila Splitter*

*Schokoladenkrümel*

*einen Apfelkern*

Plötzlich hält das Auto an. Die Kinder steigen aus und holen den Rucksack aus dem Kofferraum. Polina steckt noch einmal den Kopf durchs Fenster, und dann saust ihre Mutter los.

»Wie? Du bleibst hier?«, fragt Jennifer erstaunt.

Polina nickt. »Meine Mutter muss wieder nach Hamburg zu meiner Tante. Ich hab Sturm, jedenfalls so halb.« Sie schüttelt ein kleines Schlüsselbund. »Einer darf bei mir schlafen.«

»Echt?«, fragt Jennifer.

Polina nickt. »Natürlich nur ein **Mädchen**.« Sie guckt Zeck an.

»Das trifft sich doch gut«, er grinst, »also, rein biologisch bin ich ein lupenreines Mädchen. Kann ich beweisen.«

Polina lächelt verlegen. »Ist nicht nötig! Hab ich am See gesehen, als du, na ja ...«

Bevor Zeck rot werden kann, fährt sie fort: »Aber wir dürfen nichts kaputt machen, nicht den Computer anmachen, nicht an die Anlage gehen, den Herd nicht bedienen und auf keinen Fall laut sein.«

»Hört sich doch super an!«, sagt Zeck heiter.

Einen Moment stehen noch alle zusammen.

»Ich schwöre, war doch voll gut, unsere Fahrt«, meint Musti.

»Ja, stimmt«, sagt Polina und löst sich die Klammern aus dem Haar.

»Ich schwöre, wir sind echt voll gute Pfadfinder, Mann, ohne Handy und so, bisschen wie in der Steinzeit, aber hat Spaß gemacht. Und du bist echt der Oberpfadfinder!« Er haut Fridi auf die Schulter.

*Komisch, es hat wirklich Spaß gemacht. Und schlimmer kann es eigentlich gar nicht werden. Ich meine, hey, Mann, diese Ankerkreuzprüfung schaff ich mit links!*

»Vielleicht fahr ich nächstes Mal wirklich mit auf Fahrt«, meint Fridi verlegen.

»Auf jeden Fall«, sagt Zeck.

»Aber eins musst du noch üben.« Jennifer sieht ihn ernst an.

»Was denn?«, fragt Fridi unsicher.

»Gruppenkuscheln«, sagt Jennifer. »Das gehört schließlich auch dazu.«

Fridi schluckt. Er spürt, wie er sofort wieder ziemlich rot wird. Doch im nächsten Moment umarmen sich schon alle, und auf seiner linken Schulter liegt Jennifers Arm und auf der rechten der von Musti. Sie drängen sich alle irgendwie zusammen und schreien »GRUPPENKUSCHELN«, und da ploppt der Korken hoch, und Fridi schreit einfach mit.

Ein bisschen außer Atem lassen sie sich los. Fridi weiß jetzt nicht so genau, wo er hingucken soll. *Also, ein bisschen, ja, ein minikleines bisschen, ihr wisst schon ...*

»Ankerherzprüfung bestanden!«, sagt Jennifer und stellt sich ganz dicht vor ihn hin. So dicht, dass er genau in ihre Augen sieht. Die sind grün mit ganz vielen gelben Sprenkeln drin. Irgendwie sieht es so aus, als wäre etwas in ihren Augen

explodiert und hätte leuchtende Farbpunkte herumgeschleu-
dert. *Echt superschön!*

Und plötzlich küsst sie ihn auf die Wange.

Fridi schluckt. Seine Ohren sind bestimmt genauso rot wie
zwei gühende Ufos, die auf seinem Kopf gelandet sind, und
sein Herz rast schneller als der schnellste Komet auf seiner
Umlaufbahn. Seine Hände schwitzen. Sein Blut schießt durch
seinen Körper. Fridi hält einfach nur Schnurzelchen fest und
kann sich nicht mehr bewegen.

KANINCHENDOPPELSCHOCK! *aber so was von*
Sie stupst Fridi gegen die plüschige Brust.

*Natürlich stört es sie nicht im Geringsten, dass alle um
sie herumstehen, aber mich, um ehrlich zu sein, auch nicht ...
also höchstens ... na ja*

»Na dann, bis morgen!«, ruft Jennifer und hüpft einfach
davon.

*Das ist ja wieder mal typisch!*

Fridi guckt ihr hinterher. Wie sie über den Bürgersteig
hüpft mit ihrem türkisen Pullover und dem nicht mehr kleinen Loch am Ellenbogen. Er sieht ihre Turnschuhe auf dem
Asphalt, grün und lila – *also Oskar und Charly* –, und er sieht
ihren Haarreif mit den wippenden Katzenohren und ihr Haar,
das im Licht so schimmert wie Gold – *genau so!*

»Wie machst du das, Kumpel?« Zeck knufft Fridi gegen die
Schulter.

*Um ehrlich zu sein, ich mach gar nichts, ich bin einfach
so, wie ich eben bin. Fridolin Schulze! Und eigentlich will
ich meine Angst auch gar nicht mehr tauschen, sie gehört
irgendwie zu mir, und gerade ihr hab ich es ja zu verdanken,
dass ich manchmal ziemlich mutig bin, also fast ein Held ...*

»Ich schwöre, Mädchen stehen auf Angsthasen, das ist sein Trick.« Musti sieht Zeck an und grinst, doch im nächsten Moment vergeht ihm das Grinsen. »Oh nein! Da ist Serkan, und meine Cousins! Die waren bestimmt schon bei Onkel Kaplan, siehst du, wie voll seine Tasche ist? So ein Streber, immer muss er alles zuerst abräumen.« Musti guckt ganz verzweifelt. »Ist immer so, für mich bleibt nie was übrig, Mann.« Er guckt seinem Bruder mit finsterer Miene entgegen.

»Musti, kleiner Salak, wo warst du?« Serkan haut Musti mit einem harten Schlag auf die Schulter. »Hier!« Er drückt Musti eine randvolle Plastiktüte mit Süßigkeiten in die Hand. »Wir haben für dich mitgesammelt. Ist deins.«

»Echt jetzt?«, fragt Musti erstaunt.

Serkan nickt. »Ohne dich hat es keinen Spaß gemacht. Kommst du nach Hause? *Anne* hat lecker Börek gemacht.«

»Ja, Mann«, meint Musti. Seine Augen leuchten. »Ich werd jetzt übrigens Kommissar!« Während er seinem Bruder von seiner genialen Idee erzählt, winkt er ihnen zum Abschied zu. Dann kommt er noch mal zurück und drückt Polina die Tüte mit den Süßigkeiten in die Hand. »Hier, kannst du behalten. Sind ganz viele Chips drin.« Er wackelt mit den Augenbrauen. »Heute soll man großzügig sein und anderen abgeben. Ich schwöre, du hast bisschen was nachzuholen. *Happy bayram!*«

»*Happy bayram*«, sagt Polina verdutzt.

»Wo bleibst du?« Serkan legt den Arm um Musti, zieht seinen Kopf zu sich und strubbelt durch sein Haar.

»Also, wir hauen auch ab«, meint Zeck. »Schließlich müssen wir eine nicht bestandene Prüfung feiern.« Polina schüttelt die Süßigkeiten. Und schon machen sich die beiden auf den Weg. Zecks Parka flattert im Wind.

Fridi schultert den Rucksack. Mit schweren Schritten schleppt er sich vorwärts und macht sich auf das Schlimmste gefasst. *Wahrscheinlich ist Mama schon ausgezogen, ich mein, der Trennungstest war ja eindeutig! Aber vielleicht darf ich zum Trost wenigstens Schnurzelchen behalten? Als Frau Pistorius ausgezogen ist, hat Herr Pistorius Danny einen Labrador gekauft, und ein Kaninchen ist ja wohl viel kleiner und pflegeleichter als ein Hund.* Fridi drückt Schnurzelchen fest an sich, und plötzlich weiß er, was er mitnehmen würde! *Schnurzelchen, na klar!* Es ist ganz gut, etwas so Weiches im Arm zu haben, wenn eine schlimme Nachricht einen trifft ...

# Wieder da!

Das silberne Auto steht mitten in der Einfahrt. Seine Mama leuchtet schon von Weitem. Sie trägt einen violetten Pullover, der so leuchtet, dass sich gewisse Leute da garantiert nicht konzentrieren können, und ist gerade dabei, etwas im Kofferraum zu verstauen, die Rückbank ist, soweit Fridi das erkennen kann, schon ziemlich vollgestellt.

*Hab ich's doch gewusst!*

»Fridi!«, ruft seine Mama. »Komm, hilf mir mal!«

*Na, die hat Nerven, jetzt soll ich ihr auch noch packen helfen, oder was? Nö!*

Fridi macht noch ein paar lahme Schritte.

»Warum in aller Welt hast du deinen Schlafanzug an?« Mamas Blick wandert einmal über Fridi und bleibt an seinen giftgrünen Fingernägeln hängen. »Du siehst ganz verändert aus.« Sie will ihm durchs Haar wuscheln, zieht dann aber die Hand zurück. Im nächsten Moment springt die Kofferraumklappe auf, und da sieht er es: Blumen!

Seine Mama strahlt. »Ich verkaufe jetzt essbare Blüten im Internet. Stell dir vor, ich hab so viele Anfragen, dass ich kaum hinterherkomme.«

*Okay, Mama beginnt offensichtlich ein völlig neues Leben ...*

»Und Papa?«, fragt Fridi mit erstickter Stimme.

»Dein Vater und ich haben uns gestern in aller Ruhe unterhalten und beschlossen, unserem Leben eine neue, nun ja, Richtung zu geben«, beginnt seine Mama.

Fridi schluckt.

»Ich hab sein Büro gekapert.« Sie kichert ein bisschen albern. »Ich erledige da drin jetzt meine Internetgeschäfte, und Papa hilft mir dabei. Er bedient das Telefon, das klingelt zur Abwechslung mal.« Sie lächelt.

»Warum hast du nichts davon gesagt?«, stottert Fridi.

»Ich wusste ja noch nicht, ob es klappt«, meint seine Mama zögernd. »Aber es ist ein Riesenerfolg. Ich bin, um ehrlich zu sein, die geborene Geschäftsfrau. Schade, dass ich nicht schon früher darauf gekommen bin.«

*Siebenundfünfzig SMS, es scheint ja wirklich ganz gut zu laufen ...*

»Ich hab in Omas altem Schrebergarten Blumen angebaut. Der Balkon war auf die Dauer wirklich zu klein.« Sie schiebt eine Kiste in den Kofferraum und ist mal wieder so beschäftigt, dass sie nicht mal merkt, was Fridi auf dem Arm hat.

Da kommt sein Papa aus der Tür, schwer beladen mit einer Pflanzkiste, und Fridi traut seinen Augen kaum. *Papas Hemd ist knalllila.*

»Das ist jetzt unsere Firmenfarbe.« Papa strahlt. »Passend zu unseren Blumen. *Give all for your business!* Toll, wie das läuft, ich sag dir, wir steigen ganz groß ins Geschäft ein. Start-up mit essbaren Blüten, also, wie deine Mutter das macht, top!«

Und Fridi sieht wohl nicht richtig: Hat er seine Mama da gerade geküsst?

*Da muss ich mir wohl keine Sorgen machen, also erst mal ...*

Sein Papa mustert ihn. »Die Pfadfinder sind auch nicht mehr das, was sie mal waren! Gut, dass du wieder da bist«, meint er kopfschüttelnd, »wenn ich gewusst hätte, was das für eine Fahrt ist, dann hätte ich dir nie erlaubt, da mitzufahren.«

»Ach«, meint Fridi, »auf Fotos sieht ja immer alles schlimmer aus, als es ist.« Seine Hände vergräbt er lieber schnell unter Schnurzelchens Fell.

»Gut, ich muss los!« Mama, drückt auf die Hupe, und schon braust der silberne Audi davon.

»Auch das noch.« Papa macht sich plötzlich ganz klein, fast scheint es Fridi so, als wolle er sich hinter ihm verstecken. Da kommt ein ziemlich bulliger Typ über die Straße.

»Hey, Weichei«, brüllt er und winkt.

Fridi sieht sich erschrocken um, doch da ist weit und breit niemand außer ...

»Na?« Der Typ schlägt seinem Papa die Pranke auf die Schulter.

*Hä?*

»Dein Vater und ich hatten früher eine Menge Spaß zusammen.« Er boxt seinen Papa in die Rippen. »Mensch, weißt du noch, wie wir dir die Füße mit Margarine eingerieben haben und wie dann am Morgen lauter Nacktschnecken an dir dran geklebt haben, echt zum Schreien.« Er lacht so, dass sein Kopf ganz rot wird. »Mensch, ich hätte schwören können, dass ich dich neulich im Auto gesehen hab, ich hab dir gewinkt, aber du hast mich nicht erkannt. Na, wir sind groß geworden, was.« Er lacht wieder. »Und du«, er guckt Fridi amüsiert an und boxt gegen seinen Rucksack, »auch bei den Pfadfindern? Auf Fahrt gewesen, was?«

Fridi überlegt einen Moment, dann nickt er. »Ja, wir waren haiken.«

Der Typ und sein Papa gucken ihn mit großen Augen an.

»Haiken bedeutet, dass man mit dem Rucksack an einem bestimmten Punkt loswandert und keine Ahnung hat, wo man ankommt. Man kocht überm Feuer, schläft in der Kothe und weiß vorher nicht, wo man die Nacht verbringt«, erklärt Fridi und lächelt.

»Mensch, das wäre nichts für deinen Papa gewesen. Der war dauernd krank, hat sich nichts getraut, und gegessen hat der auch nichts, so mäklig war der! Stimmt's, Weichei?« Er boxt seinem Papa gegen die Schulter. »Mein Spitzname war Zunder, hatte immer Feuer unterm Hintern, und mein Sprössling heißt jetzt Knall.« Er lacht. Papa wird immer kleiner. »Und, hast du auch einen Spitznamen?«, fragt der Typ und sieht Fridi aus seinen kleinen flinken Augen vergnügt an.

Fridi überlegt. Er hält Schnurzelchen ganz fest. »Angsthase«, meint er schließlich. *Tja, the apple falls not far away from the tree, was so viel heißt wie: Der Apfel fällt eben nicht weit vom Stamm!*

Er lächelt seinem Papa schüchtern zu. Der legt den Arm um Fridi. »Los, deine Mutter braucht bestimmt unsere Hilfe. Die hat nämlich ein Riesending am Laufen«, erklärt er Zunder. »Top! Ist ganz groß eingestiegen ins Geschäft.« Er macht ein vielsagendes Gesicht, fährt sich durch die Streuhaare und sieht schon wieder aus wie immer.

»Echt?«, fragt Zunder.

Sein Papa nickt. »Meine Frau hat es wirklich drauf. Deshalb hat sie ja auch mich geheiratet.« Er zwinkert Fridi zu. Zunder lassen sie einfach stehen. »Du, Papa«, Fridi räuspert sich, »ich hab das Messer verschenkt.«

Einen Moment macht sein Papa ein ganz trauriges Gesicht. Dann lacht er. »Weißt du was, ich glaub, du brauchst gar kein Messer.« Sein Blick liegt auf dem Kaninchen, und er sagt nichts weiter als: »Komm, Fridi!«

Der schüttelt den Kopf. Er spürt, wie sein Bauch grummelt. »Also, ich muss noch mal schnell hoch, um ... um ... und dann hab ich noch was vor.«

Fridi flitzt die Treppen hoch, schleudert den Rucksack in die Ecke und setzt Schnurzelchen vorsichtig in seinem Zimmer ab. Das Kaninchen beginnt sofort herumzuhoppeln und alles zu erkunden. Vorsichtig schließt Fridi die Tür. Morgen wird er seinen Papa fragen, ob sie im Schrebergarten nicht zusammen einen Stall bauen können.

Im Bad huscht sein Blick über den Spiegel. Da guckt ihm ein Fridi entgegen, dessen Anblick ihm, *oh Mann!*, echt den Atem verschlägt. Fast hätte er sich gar nicht erkannt. Wenn man versuchen sollte, die Frisur zu beschreiben, dann vielleicht so: Es gibt auf seinem Kopf Stellen mit viel und Stellen mit wenig Haar. Manchmal ist das Haar sogar dicht an der Kopfhaut abrasiert, also vor allem im Nacken, und dann gibt es da noch einen millimeterkurzen Streifen, der wie eine Schneise mitten über die linke Kopfseite führt. Insgesamt sieht das Ganze erstaunlich gut und irgendwie – *das ist jetzt noch erstaunlicher* – sogar harmonisch aus, wie einzelne Puzzleteile, die sich zusammenfügen und ein Bild ergeben.

Fridi betrachtet sich aufmerksam. Das Gute ist, dass seine Ohren gar nicht mehr so auffallen, weil man jetzt von den Haaren abgelenkt wird. *Binde dir eine lange Kette aus Würstchen um den Hals, und keiner wird mehr sehen, dass du schiefe Zähne hast! So ungefähr.*

# Hier und Jetzt

Eine Stunde später.

*Was ich sehe*

*Ein loses Kabel*

*ein winziges Loch in der gelben Hauswand*

*einen durchgekauten Kaugummi auf dem Klingelschild*

*Also, ich könnte wetten, der gehört ... Aber nee, lieber nicht, jedenfalls nicht, bevor ich meine Schulden bezahlt hab!*

Fridi schiebt sich die blaue Strähne aus dem Gesicht, holt tief Luft und drückt auf die Klingel.

»Wer ist da?«, kommt eine helle Stimme aus dem Lautsprecher.

»Ich bin's, Fridi«, bringt er schließlich heraus, und er kann nicht verhindern, dass seine Stimme ein minibisschen krächzig klingt.

Es dauert einen Moment, dann kommt Jennifer die Treppen heruntergeschossen. »Hey!«

Fridi räuspert sich. »Ich hab noch was für dich.«

Er zieht das Zweieurostück aus der Hosentasche. Jennifer lacht. »Fridi Hasenherz, ich hab dir doch gesagt, auf meine Nase ist hundertprozentig Verlass!«

Der türkise Pullover liegt um ihre Schultern, auf ihren Haaren wippt der Katzenhaarreif, und *... kann es sein, dass ihre Zähne schwarz sind? ...* Doch Fridi hat überhaupt keine Zeit länger darüber nachzudenken, denn dann kommt sie ein Stück näher an ihn heran, und Fridi – *ich meine, das ist jetzt* *echt die Gelegenheit!* – macht einen Schritt auf sie zu und gibt ihr einen Kuss, so einen richtig langen, mitten auf den Mund.

*Und ich schmecke Kaugummi und Seewasser und etwas Klebrig-Süßes, der Vampirlutscher, ganz klar – oh, mein Gott, hoffentlich hat sie wenigstens die Hundehaare vorher abgemacht. Aber immer noch besser als Hundekuchen ... also vielleicht, oder? Fridolin Schulze, jetzt reiß dich zusammen, das hier ist der erste Kuss deines Lebens, also genieß ihn, Mann, und denk einfach mal an nichts ...*

Fridi schließt die Augen und

*... das ... das ist ein Gefühl wie elektrisch, aber so was von! Als ob Strom durch meine Adern fließt und in mir drin eine Million Pfennigschwärmer explodieren, und zwar gleichzeitig! Und eigentlich will ich, dass es nie, nie aufhört.*

Fridi steht einfach nur da und fühlt, wie das Glück durch seinen Körper rieselt.

*Also, das war wirklich der einmalig gigantischste Kuss, den ich je mitgemacht hab. Okay, es ist auch der einzige Kuss, den ich je mitgemacht habe.*

Jennifer zupft ihn noch einmal kurz an einem Hasenohr, dann verschwindet sie im Hausflur. Und, *oh Mann*, da fällt ihm ein, dass er ja völlig vergessen hat, den Schlafanzug auszuziehen. *Aber auch schon egal, weil, zum Glück steht sie ja auf Hasenherzen!*

Fridi rennt die Straße entlang, mitten hinein in den Sonnenuntergang. Er fühlt sich plötzlich ganz leicht. *Denn was soll sein? Ich hab die Fahrt geschwänzt, ein Zweieurostück verschluckt, ein Kaninchen gerettet und noch tausend andere Sachen gemacht und ich lebe immer noch und sehe:*

*Zweige*
*Den Himmel*
*Ein kleines Pappelblatt im Wind*

*Hey, Leute, und fragt mich jetzt bitte nicht, wo ich die zwei Euro herhabe. Über manche Dinge sollte man besser nicht sprechen! Echt nicht!*

*Horridoh!*

*Nein, halt, stopp, da ist noch was!*

*Also, ihr werdet es nicht glauben, man kann sich die Ohren zuhalten und trotzdem was hören:*

»... übrigens hab ich mir auch gedacht, dass du noch nie jemanden geküsst hast.« Polina kichert.

*Oh Mann wie peinlich!*

»Ich mir auch«, meint Zeck.

»Hallo, Leute! Jetzt beruhigt euch mal. Ich hab auch noch nie jemanden geküsst«, verkündet Jennifer.

*Okay, das ist jetzt irgendwie beruhigend!*

»Ich auch nicht, Mann, außer *anne* und so«, murmelt Musti im Halbschlaf.

»Ich ...« Aber Polina flüstert so leise, dass man sie nicht versteht. *Mist!*

Alle warten gespannt. *Weil, als sie zusammen am See waren, das war ja die Gelegenheit!*

»Ich auch nicht«, sagt Zeck irgendwann mit tonloser

Stimme, »aber lass mir auch noch 'n bisschen Schlafsack. Meine Füße sind kalt.«

Tja, meine lieben Freunde, ich würde mal sagen: The luck was flying over me and I take it!

# Kleines Pfadfinder-Lexikon

Hey, Leute, hier kommen ein paar Dinge, die echt pfadfindermäßig sind:

**Auf Fahrt gehen:** Bedeutet, dass man sich mit einer Gruppe wandernd fortbewegt und eine Zeit lang ein einfaches Leben in der Natur führt. Dabei verzichtet man auf technische Geräte, also zum Beispiel auf Handys und Taschenlampen, MP3-Player und so weiter, und versucht, im Einklang mit Tieren und Pfanzen zu sein und so ein bisschen zu sich zu kommen. Ach ja, und Fastfood is' nicht, das ist manchmal schon hart. Ich mein, stellt euch vor, ihr kommt vollkommen hungrig und erschöpft an einem McDonald's vorbei ...

**Haiken:** Du startest an einem bestimmten Punkt mit Gepäck und hast keine Ahnung, wo du die Nacht verbringst. Gekocht wird überm Feuer, geschlafen in der Kothe. Du weißt vorher nicht, wo du ankommst. Hey, und das ist manchmal doch wirklich ganz erstaunlich!

**Pfadfinder:** Der Begriff zeigt schon, dass es darum geht, den richtigen Pfad im Leben zu finden. Richtig heißt, dass jeder die Welt mit seinem Leben etwas besser machen sollte, also um es jetzt mal mit Jennifers Worten zu sagen. Anders drückt es das Pfadfinderversprechen aus, gemeint ist aber so ziemlich dasselbe.

**Pfadfinderversprechen**: Das Pfadfinderversprechen besteht aus drei Teilen. 1. Du hast eine Verpflichtung gegenüber Gott (wird heute aber oft weggelassen). 2. Du hast eine Verpflichtung gegenüber deinen Mitmenschen. 3. Du hast eine Verpflichtung gegenüber dir selbst. Heißt also, dass du für dich und die Welt um dich herum verantwortlich bist. Hab ich auch so erlebt, und irgendwie war sogar Gott mit dabei, *also gefühlt*.

**Pfadfindergruß**: Die Pfadfinder begrüßen sich mit der linken Hand, weil die vom Herzen kommt. Das war früher so was wie ein Geheimzeichen. Die rechte Hand wird erhoben, und mit den Fingern wird das Pfadfinderversprechen symbolisiert.

**Pfadfindermotto**: Jeden Tag eine gute Tat.

**Lilie**: Das Zeichen aller Pfadfinder ist die Lilie. Da sie auf alten Seemannskompassen die Nordmarkierung zeigte, steht sie für das »Sichausrichten« auf den Pfad des Lebens. Außerdem ist sie ein Symbol des Friedens. Die drei Spitzen der Blätter stehen für das Pfadfinderversprechen. Der sie umgebende Weberknoten zeigt den Zusammenhalt aller Pfadfinder auf der ganzen Welt. Die Lilie ist also eigentlich doch ein ganz cooles Symbol, wenn man weiß, was sie bedeutet.

**Kothe**: Leicht zerlegbares Feuerzelt aus vier großen schwarzen Stoffbahnen, in das bis zu acht Leute reinpassen, mit

Rucksäcken wird es dann allerdings ein bisschen eng. Die Kothenplanen sind regenabweisend und dürfen unter keinen Umständen gewaschen werden. Merken: Bei Regen rate ich euch dringend, nicht außen zu liegen, weil die Kothe undicht wird, sobald man sie berührt. Das kann dann echt unangenehm und ziemlich nass werden. Oben ist ein Loch, damit man bei Regen in der Kothe ein Feuer machen kann und der Rauch abzieht. So eine Kothe ist übrigens viel gemütlicher, als sie aussieht. Und nur nebenbei, eigentlich werden die Kothenbahnen auf Fahrt auch gerechter untereinander aufgeteilt, also, jeder nimmt eine. Die sind nämlich ziemlich schwer, wie ihr vielleicht mitgekriegt habt.

**Kluft**: Die Pfadfinder tragen eine Kluft. Dadurch fühlen sie sich einander zugehörig. Ein Gedanke, der hinter der Kluft steckt, war der, dass man nicht merken sollte, wer mehr und wer weniger Geld hat. Also, Polina hätte dann dasselbe an wie Jennifer, Musti, Zeck und ich. Ich gebe zu, diese Vorstellung ist schon etwas strange, was soviel heißt wie merkwürdig. Da es sehr viele verschiedene Pfadfinder gibt, sieht die Kluft immer anders aus, besteht aber meistens aus: Hemd oder Takelbluse, Halstuch und Juja.

**Juja**: Jungenschaftsbluse, gibt es aus Wolle oder Kothenstoff. Sie hat eine lange Tradition: Eberhard Koebel, mit Fahrtenname tusk, hat sie 1928 in Anlehnung an die Marineblusen der Roten Schwarzmeermatrosen entworfen.

**Poncho**: Ist oberwichtig, weil es echt nichts Schlimmeres gibt, als bei Regen stundenlang zu wandern. Meistens werden die

Ponchos aus alten Beständen der Bundeswehr genommen. Außerdem nützlich, um bei Regen das Kothenloch abzudecken (falls man den Drachen vergessen hat) oder den Boden auszulegen, um so eine halbwegs trockene Nacht zu verbringen. Trotzdem, Leute, ich kann euch sagen, Dauerregen ist auf Fahrt der Horror, vor allem, weil es dann nicht mal was Warmes zu essen gibt ...

**Affenparade**: Bei der Affenparade müssen alle ihre Rucksäcke ausleeren, und der Hortenleiter guckt, ob auch nur eingepackt wurde, was auf der Packliste steht, also keine Kuscheltiere, Ersatz-T-Shirts, Hamster, Rasierer oder sonst irgendwas. Es soll schon vorgekommen sein, dass einer sein Lieblingsbuch *Moby Dick*, mitgeschleppt und es, ich schwöre, bei jedem Schritt bereut hat. Es liegt jetzt irgendwo an einer Bushaltestelle im hohen Norden ... Bücher sind übrigens nicht zu empfehlen, man ist abends nämlich so müde, dass einem sowieso die Augen zufallen. Also, wenn ihr was reinschmuggelt, dann auf alle Fälle was Süßes – bloß keine Schokolade, das kann im Sommer fatale Folgen haben, vor allem, wenn man nur ein einziges T-Shirt mithat ... besser sind Jelly Beans!

**Fahrtenmesser**: Ein Fahrtenmesser ist auf Fahrt wahnsinnig wichtig, weil man damit schnitzt, Äste anspitzt, zum Beispiel, um sie beim Kothenaufbau besser in den Boden stecken zu können, Kartoffeln schält, Brot schneidet und sich damit Brötchen schmiert ... (also das ist jetzt echt Luxus).

**Koschi**: Kochgeschirr, ein Plastikgefäß, aus dem von Müsli, Haferflocken über Suppe bis Reis mit Scheiß alles gegessen (und getrunken) wird. Besonders beliebt, um sich aufzuwärmen, ist Chai, also Tee mit Nüssen, Früchten und allem, was man so findet.

**Göffel**: Eine Seite Löffel, eine Seite Gabel.

**Klampfe**: Gitarre. Es ist echt schön, abends am Feuer zu sitzen, wenn alle zusammen singen und jemand Gitarre spielt. Würde ich jedem mal empfehlen. Kann sehr potisch sein!

**Horte**: Ist so was wie eine Gruppe, also die kleinste Einheit des Pfadfinderbundes. Man trifft sich in der wöchentlichen Gruppenstunde, wo man spielt, singt, plant, kocht und gemeinsam Zeit verbringt.

**Hortenpott**: Kriegt man, wenn man zum Beispiel einfach anfängt zu essen, obwohl die anderen noch nicht so weit sind, oder weil man in der Kothe furzt und nicht rausgeht. Der mit den meisten Hortenpötten muss meistens den Abwasch machen, das ist auf Fahrt jetzt nicht sooo lecker.

**BP**: Die Pfadfinder wurden von einem Engländer namens Sir Robert Stephenson Smyth Baden-Powell – Lord of Gilwell (1857–1941), kurz BP, gesprochen »BiPi«, gegründet. In Großbritannien hießen und heißen die Pfadfinder übrigens *scouts*.

**Auch noch wichtig**: Während der Zeit des Nationalsozialismus wurden die Pfadfinder in Deutschland verboten. Die Kinder und Jugendlichen sollten nur die nationalsozialistischen Gruppen BDM und HJ besuchen. Um diese Gruppen für die

Kinder interessant zu machen, hat man hier viele Dinge angeboten, die auch Teil der Pfadfinderkultur waren. Musizieren, Geländespiele und vieles mehr. Selbst die Kluft wurde in veränderter Form übernommen. Auch wenn die Pfadfinder natürlich zuerst da waren und das Pfadfinderversprechen eine ganz andere Einstellung zeigt, die in keinster Weise der nationalsozialistischen Gesinnung entspricht, ist das der Grund, warum Zeck Bauchschmerzen hat, wenn alle ein Halstuch tragen müssen oder ein Hortenleiter ihn bei der Affenparade kontrolliert. Auch bestimmte Wanderlieder singt Zeck lieber nicht mit, weil sie auch in der Nazizeit am Lagerfeuer gesungen wurden. Ich hab da eigentlich nie drüber nachgedacht, aber das sollte ich vielleicht mal machen ...

Eins noch:

**Sprühdeo**: Also das ist auf Fahrt absolut lebensnotwendig, da würde mir Polina wohl sofort zustimmen. Dass Sprühdeos in der Kothe verboten sind, weil sie die Kothe undicht machen, ist aber, glaube ich, nur ein Gerücht. Jennifer hat es, *klar,* ausprobiert, wir werden es also beim nächsten Regen feststellen ...

In diesem Sinne, liebe Freunde, horridoh!

Leu-te, ich hab ein Problem. Also, ich komm jetzt definitiv zu kurz. Ich hab auch noch ein bisschen was zu klären:
— Schläppchen
— Pas de chat
— Pirouette

- Dutt
- Auswärts
- Spann
- Fußstretcher

Aber da ich jetzt eh nicht mehr Primaballerina werde, klären wir das vielleicht ein anderes Mal, ich mein, man soll schließlich immer nach vorne gucken ...

# Sechs Kinder, ein Rehpinscher und eine wichtige Mission

Julia Blesken
**Mission Kolomoro oder:**
**Opa in der Plastiktüte**
Mit Illustrationen von Barbara Jung
288 Seiten · Ab 9 Jahren
ISBN 978-3-7512-0052-3

Vor einem Supermarkt, am Anfang der Herbstferien, treffen sechs Kinder zufällig aufeinander: Katja, die sich mit ihren Vätern gestritten hat. Polina, die nur eben Backpulver kaufen wollte, Fridi, Mustafa und Zeck sowie Jennifer mit Rehpinscher Püppi und der Asche ihres Opas in einer Plastiktüte. Als Mustafa einen Rocker auf dem Parkplatz reinlegt, müssen die Kinder schnellstens abhauen. Ohne Handys und fast ohne Geld. Aber mit einer wichtigen Mission: Jennifers Opa soll seine letzte Ruhe in Kolomoro finden. Nur: Wie geht das, wenn man keine Ahnung hat, wo Kolomoro liegt?

Ausgezeichnet mit dem Kirsten-Boie-Preis der Hamburger Literaturstiftung.

Weitere Informationen unter: www.oetinger.de
Neswletter: www.oetinger.de/newsletter